V&R

Tobias Mörschel (Hg.)

Macht Glaube Politik?

Religion und Politik in Europa und Amerika

Vandenhoeck & Ruprecht

Bibliografische Information Der Deutschen Nationalbibliothek

Die Deutsche Nationalbibliothek verzeichnet diese Publikation in der Deutschen Nationalbibliografie; detaillierte bibliografische Daten sind im Internet über <http://dnb.d-nb.de> abrufbar.

ISBN 10: 3-525-56962-9
ISBN 13: 978-3-525-56962-7

Satz: Eva Jain, Göttingen
Druck und Bindung: ⊕ Hubert & Co, Göttingen

Gedruckt auf alterungsbeständigem Papier.

Inhalt

Macht Glaube Politik? Eine Einführung
TOBIAS MÖRSCHEL 7

Religiöse Wandlungsprozesse in der Moderne

Religion und Moderne:
Religionssoziologische Erklärungsmodelle
DETLEF POLLACK 17

Religiöse Transformationsprozesse der Moderne deuten
FRIEDRICH WILHELM GRAF 49

Die Ironie Gottes. Die politische Kultur der Moderne
zwischen Resakralisierung und Religiotainment
THOMAS MEYER 61

Macht Religion Politik? Ein Panorama
OTTO KALLSCHEUER 84

Religion und Politik im transatlantischen Vergleich

Kirchen Religion und Religiosität in Deutschland
KARL GABRIEL 103

Das Verhältnis von Politik und Religion in der politischen
Kultur Deutschlands. Ein Streifzug durch aktuelle religions-
politische Diskurse im Krisenland der Moderne
ROLF SCHIEDER 115

Sonderweg Europas oder Sonderweg Amerikas?
Religiosität und Kirchlichkeit im transatlantischen Vergleich
HARTMUT LEHMANN 134

Religiöse Politik und politisierte Religion in den USA:
Was ist neu daran?
RAINER PRÄTORIUS 147

Das politische Erfolgskonzept der Christlichen Rechten
in den USA: Vom fundamentalistischen Sektierertum
zum politischen Pragmatismus
JOSEF BRAML 165

Tobias Mörschel

Macht Glaube Politik? Eine Einführung

Religion hat Konjunktur. Kraftvoll haben sich die Religionen in den letzten Jahrzehnten in die öffentliche Wahrnehmung zurückgeschoben, und spätestens seit dem 11. September 2001 ist hinreichend deutlich geworden, dass auch in der vermeintlich säkularisierten westlichen Welt Religion ein nicht zu vernachlässigender Faktor im politischen Geschehen ist. Überall auf dem Globus sind in verstärktem Maße fundamentalistische Bewegungen, die als politisierte Religionen nach weltlicher Macht und Einflussnahme streben, auszumachen. Religionen aller Couleur werden von Splittergruppen zur Legitimation von Gewalt und Terror instrumentalisiert. Die viel zitierte „Rückkehr der Religionen“ scheint vor diesem Hintergrund einem Rückfall in die religiös intolerante und repressive Vormoderne gleichzukommen, bei dem wesentliche Errungenschaften der Gegenwart wie Menschenrechte (zu denen bekanntlich auch die Religionsfreiheit gehört), Pluralismus und freiheitliche Demokratie in Frage gestellt werden.

Doch die Rückkehr der Religion ist vielgestaltiger und hat auch andere Gesichter. Der Bogen reicht von den mannigfaltigen Formen neuartiger Religiositäten bis hin zur altehrwürdigen römischen Papstkirche. So hat die weltweite, sich in verschiedensten Formen manifestierende Anteilnahme an Sterben, Tod und Beerdigung von Papst Johannes Paul II. nicht nur Religionssoziologen überrascht. Diese (mediale) Präsenz von Religion im öffentlichen Raum wirkt auf viele sich als aufgeklärt verstehende Zeitgenossen ähnlich irritierend wie die politisierten Religionen und ist ebenfalls geeignet, das Misstrauen gegen Religion und ihre gesellschaftliche und politische Dimension zu verstärken.

Religion ist wieder „in“ – zumindest im öffentlichen Diskurs. Fraglich ist allerdings, ob die vielfach konstatierte Renaissance der Religionen nur eine Renaissance der *Wahrnehmung* von Religion darstellt. Ist die Religiosität in den letzten Jahrzehnten tatsächlich angewachsen oder bestand bezüglich des religiösen Feldes nicht vielmehr eine gewisse Betriebsblindheit der Moderne, die sich gerade auch in Abgrenzung von Religion definierte und von ihrem allmählichen Absterben ausging? Unabhängig davon, ob von einer Wiederkehr, von einem fortschreitenden Einfluss- und Bedeutungsverlust oder – gleichsam als Mittelposition – von einer neuen Sichtbarkeit von Religion ausgegangen wird, muss zweifelsohne die Verhältnisbestimmung von Religion und Moderne, die zugleich eine von Religion und Politik ist, neu austariert werden.

Auch wenn das religiöse Feld nie ein statisches war, so weisen doch seit gut zwanzig Jahren zahlreiche Religionssoziologen, Politologen und aufmerksame Beobachter darauf hin, dass sich die religiösen Transformationsprozesse beschleunigt haben und Religion weltweit wieder auf dem Vormarsch ist. Es drängt sich der Eindruck auf, dass der mit den gesellschaftlichen Modernisierungsprozessen einhergehende Niedergang der Religion gestoppt ist und diese nicht mehr als unsichtbare Religion ein unbeachtetes Nischendasein als Privatvergnügen eines jeden Einzelnen führt. Spätestens seit dem Abdanken des Kommunismus und dem Ende der bipolaren Weltordnung scheint sich auch die von Max Weber in so poetischer Weise bezeichnete „Entzauberung der Welt" erledigt zu haben.

Wie erklärt sich dieser Wandel? Ist angesichts der pluralisierten, globalisierten, unübersichtlichen und chaotischen Welt das Bedürfnis nach Sinngebung, nach Deutung – also auch nach Glauben und Religion – wieder gestiegen? Oder war die Säkularisierungsthese lediglich ein Bestandteil des westlichen Modernisierungsmythos, der die religiösen Wandlungsprozesse der Gegenwart nicht wahrzunehmen wusste? Geht mit dem Formwandel von Religion in der Moderne tatsächlich auch ihr Bedeutungsverlust einher oder sind die „Entzauberung der Welt" und die „Rückkehr der Götter" lediglich zwei Seiten derselben Medaille? Macht Glaube (wieder) Politik?

Indes, Religion hat immer Politik gemacht, Politik aber auch Religion – wenngleich in unterschiedlichen, historisch stark variierenden Ausprägungen. So trägt das transzendente Christentum durch die Scheidung von Jenseits und Diesseits, von Weltlich und Geistlich den Keim der Säkularisierung bereits in sich. Gleichzeitig waren *imperium* und *sacerdotium,* Kirche und Staat, stets aufeinander verwiesen. Die Ausbreitung des Christentums ist ohne das Römische Reich, das es schließlich zur Staatsreligion erhob, ebenso wenig zu verstehen, wie die Entstehung des modernen (Macht-)Staates ohne die Indienstnahme der Religion. Parallel zur fortschreitenden Entflechtung und Ausdifferenzierung dieser beiden Gewalten in der Neuzeit versuchte der Staat schließlich selbst Religion zu werden. Die (totalitären) Staaten des 20. und 21. Jahrhunderts wollten und wollen *geglaubt* werden – mit fatalen Konsequenzen.

Die sukzessive Trennung der Hemisphären ist im Wesentlichen eine Entwicklung des christlichen Okzidents. Bereits die Ostkirchen haben einen anderen Weg eingeschlagen – vom Islam und weiteren Religionen ganz zu schweigen. Da aber der in Europa erfundene moderne, souveräne Nationalstaat seinen Siegeszug über den Globus antrat und – zumindest de jure – bis heute seine politische Gestalt prägt, wurde gleichzeitig der gesamten Welt die okzidentale, stark etatistisch geprägte Verhältnisbestimmung von Religion und Politik übergestülpt. Die in Europa entstandenen großen Erzählungen wie die der Entzauberung oder der Säkularisierung wurden als Deutungsmuster globalisiert und machten blind für die Mannigfaltigkeit der religionspolitischen Realitäten. So ist es wohl kein Zufall, dass parallel zu der weltweit zu beobachtenden Krise des Nationalstaats – sei es in Form von supranationalen Zusammenschlüssen oder seien es die *falling states* in Afrika und anderswo – Religion in ihrer gesellschaftlichen und politischen Dimension wieder in den Blick geraten ist. Was bei dieser Wiederkehr der Religion Ursache und was Wirkung ist, vermag nicht immer trennscharf benannt zu werden.

Die weltweit zu beobachtenden Transformationsprozesse von Religion werfen zahlreiche Fragen auf. Am grundlegendsten vielleicht, ob Religion und Moderne wirklich in einem Gegensatz stehen. Es gilt zu bestimmen, welchem Formwandel Religion in der Gegenwart unterworfen ist und was dies für ihre politische und gesellschaftliche Relevanz bedeutet. Was sind die Ursachen für den sozialen Wandel von Religion, welche politischen Auswirkungen zeitigt er und mit welchen Kategorien und Theoriebildungen können diese Transformationen religionssoziologisch und politikwissenschaftlich am besten beschrieben und analysiert werden? Wird zukünftig der Einfluss von Religion auf Politik steigen oder wird es zu einer fortschreitenden Trennung der Bereiche kommen?

Dies sind die Leitfragen des vorliegenden Sammelbandes, dessen Anliegen es ist, einen umfassenden und analytisch tiefenscharfen Einblick in die Verhältnisbestimmung von Religion, Gesellschaft und Politik in vergleichender Perspektive zu ermöglichen. Im ersten Teil werden alternative Deutungskonzepte zur Erklärung der religiösen Wandlungsprozesse vorgestellt und kritisch diskutiert, wobei die Autoren zu durchaus unterschiedlichen Einschätzungen kommen. Der zweite Teil wendet sich den gegenwärtigen, oft widersprüchlichen religionspolitischen Entwicklungen in Europa und den USA zu. Die Fokussierung auf den transatlantischen Vergleich erklärt sich aus zwei Gründen, einem pragmatischen und einem systematisch-analytischen. So würde es den Umfang des Bandes sprengen beziehungsweise stark auf Kosten seiner analytischen Qualität gehen, wenn das Verhältnis von Religion und Politik in allen Regionen und Religionen der Welt gleichermaßen berücksichtigt werden sollte. Zum anderen haben Europa und die USA in ihrer Diversität durchaus exemplarischen Charakter für die Produktivität und zugleich auch Komplexität des religionspolitischen Feldes. Die Gegenüberstellung zeigt sehr eindrucksvoll, wie bei durchaus vergleichbaren Ausgangsvariablen (kultureller Hintergrund, politische Verfasstheit, sozioökonomisches System und diesbezügliche Standards) sich höchst unterschiedliche Ausformungen des Verhältnisses von Religion und Politik beziehungsweise Kirche und Staat entwickeln können.

In dem einleitenden Beitrag unterzieht *Detlef Pollack* die mittlerweile gern als überholt angesehene Säkularisierungsthese einer umfassenden theoretischen und empirischen Überprüfung und vergleicht ihre Erklärungskraft mit den alternativen, in ihren Aussagen fundamental gegensätzlichen religionssoziologischen Deutungskonzepten des ökonomischen Marktmodells sowie der Individualisierungsthese. Pollack macht in Deutschland einen Bedeutungsrückgang von Religion und Kirche auf fast allen sozialen Konstitutionsebenen, nicht nur der makrosoziologischen und institutionellen, sondern auch der individuellen, aus. Die Geltungskraft des Marktmodells wird hingegen stark in Frage gestellt und der durchaus konstatierte Trend hin zu einer religiösen Individualisierung vermag den Säkularisierungsprozess nicht aufzuhalten, sondern wird als genuiner Teil dieses Prozesses beschrieben. Um den sozialen Wandel von Religion in modernen Gesellschaften besser erklären zu können, entwickelt Pollack die Grundzüge eines kausalanalytischen religionssoziologischen Modells, dessen Grundlage die kontingenzbewältigende Funktion von Religion ist.

Demgegenüber vertritt *Friedrich Wilhelm Graf* die Position, dass die großen Meistererzählungen wie die Säkularisierungsthese die Widersprüchlichkeit des religiösen Feldes nicht zu erklären vermögen, und stellt vier alternative Theorien zur Deutung des religiösen Wandels in der Moderne vor. Dies sind die Religionsgeographie, die sich um die konkrete Verortung des gelebten Glaubens kümmert und hierbei eine zuvor kaum geahnte Göttervielfalt ausmacht, die Religionsästhetik, die die Bildwelten des religiösen Bewusstseins zu entschlüsseln versucht, die Religionsdramaturgie, die sich den Selbstinszenierungen religiöser Organisationen zuwendet, sowie die Religionsökonomie, die den religiösen Markt mit den Kategorien von Konkurrenz, Angebot und Nachfrage zu erfassen sucht. Hierbei zählen gemäß Graf „harte" Anbieter von Religion, im Islam wie im Christentum gleichermaßen, momentan auf allen offenen Religionsmärkten zu den großen Gewinnern.

Obgleich die kirchlich gebundene Gläubigkeit deutlich zurückgeht und die Überzeugungskraft von Religion bei vielen schwindet, beobachtet *Thomas Meyer* einen hierzu gegenläufigen wachsenden Anspruch der Sprecher der Kirchen im öffentlichen Raum und eine fortschreitende christliche Resakralisierung der liberalen Öffentlichkeit. Der aus dem amerikanischen Kontext nach Deutschland übertragene Begriff der „Zivilreligion" wird zu einer wirkungsvollen Scheinbegründung für die neue Hegemonie von Religion im öffentlichen Raum, die aber die Grenze zwischen Glaubensansprüchen und politischen Überzeugungen verwischt. In diesem Prozess der Resakralisierung kommt der medialen Inszenierung von Religion eine maßgebliche Rolle zu. Die Entertainisierung der Religionskultur, das „Religiotainment", ermöglicht es nach Meyer Religionen, die Öffentlichkeit mit eindrücklichen Ritualen und unterhaltsamen Inszenierungen zu durchdringen und die säkulare Vernunft aus dem öffentlichen Raum der visualisierten Gegenwartskultur zu verdrängen.

Die weiter fortschreitende Politisierung des Religiösen oder seine erweiterte Zivilisierung sind nach *Otto Kallscheuer* die beiden Alternativen bei der Beantwortung der Frage nach künftigen Bewegungsformen universalistischer Religionen im Zeitalter der

Globalisierung. Anhand der Einordnung in einen umfassenden kultur- und geistesgeschichtlichen Kontext legt Kallscheuer dar, wie in Europa die Zivilisierung des Religiösen durch den Staat geschah. In den nächsten Jahrzehnten steht allerdings in der südlichen Hemisphäre ein gewaltiger Schub der Ausbreitung von Christentum und Islam bevor, beides Religionen mit einem expliziten missionarischen Auftrag. So wird die Zukunft der Christenheit afrikanisch, asiatisch, lateinamerikanisch sein. Insbesondere die *megacities* sind hierbei das Missionsfeld des radikalen Monotheismus, von Islam und Christentum gleichermaßen, was neue Konfliktdynamiken nach sich ziehen wird.

Die Tendenzen, denen die religiöse Landschaft in Deutschland seit dem Zweiten Weltkrieg ausgesetzt ist, lassen sich nach *Karl Gabriel* um die drei teils gleich-, aber auch gegenläufigen Prozesse der Entkirchlichung, der Pluralisierung sowie der Entprivatisierung beziehungsweise der neuen Sichtbarkeit der Religionen gruppieren. So ist in Deutschland ein Prozess fortschreitender Entkirchlichung auszumachen, und auch im 21. Jahrhundert wird sich der Rückgang der kirchlich institutionalisierten Religion fortsetzen. Dieser Prozess wird begleitet von einer wachsenden Pluralisierung und Individualisierung auf dem Feld der Religionen, wobei zwischen einer inter- und einer intraorganisatorischen Pluralisierung unterschieden werden muss. Die Etablierung eines ausgebauten Mediensystems und die damit verbundene öffentliche Präsenz des Privaten sorgt für ein neues Sichtbarwerden von Religion, was durch die Konfliktthemen, die sich mit Religion in Zusammenhang bringen lassen, noch verstärkt wird.

Welche mediale Präsenz Religion erlangen kann, wurde nicht zuletzt beim Tod des alten beziehungsweise der Wahl des neuen Papstes deutlich. Ausgehend von einer mehrschichtigen Analyse der Bild-Schlagzeile „Wir sind Papst!“ unternimmt *Rolf Schieder* einen Streifzug durch aktuelle religionspolitische Diskurse in Deutschland. Hierbei legt Schieder dar, dass im Unterschied zu den USA die zivilreligiöse Dimension in der Bundesrepublik sehr schwach ausgeprägt ist, nicht zuletzt weil vor dem Hintergrund der historischen Erfahrungen die junge Republik nach 1945 auf eine religiöse Selbstdefinition verzichtete. Das Wachstum des Islam und die migrationsbedingte Pluralisierung der religiösen Landschaft hat aber die alte bundesrepublikanische Arbeitsteilung zwischen Kirche und Staat aus den Angeln gehoben. Der Staat muss daher seine Zurückhaltung aufgeben und die zivilreligiösen Aufgaben selbst organisieren. Hierbei ist die religionspolitische Kultur in Deutschland noch auf der Suche nach einem eigenen Stil.

Ganz anders ist hingegen die Situation in den USA. Trotz vergleichbarer ökonomischer, sozialer und politischer Rahmenbedingungen haben sich Europa und die USA in religiöser Hinsicht höchst unterschiedlich entwickelt. Zur Erklärung dieses Befundes ist nach *Hartmut Lehmann* insbesondere die migrationsbedingte religionspolitische Genese der Vereinigten Staaten zu berücksichtigen. Millionen entwurzelter Einwanderer fanden in den diversen, höchst ausdifferenzierten Religionsgemeinschaften Halt, Unterstützung und Anbindung an die Heimat. Aus den kirchendistanzierten Emigranten aus Europa wurden kirchentreue amerikanische Neubürger. Aber auch Europa ist rapiden Transformationsprozessen ausgesetzt, da es mittlerweile selbst ein Immigrationskontinent geworden ist und somit all jene psychologischen Mechanismen greifen dürften, die einst zur Entstehung des *Christian America* beigetragen haben. Vor diesem Hintergrund stellt sich die Frage, ob die Säkularisierung Europas ein welthistorisches Pilotprojekt darstellt, dem die anderen Länder und Kulturen über kurz oder lang folgen werden, oder ob sie eher eine weltgeschichtliche Episode ist.

Politische Einflussnahme aus religiösen Antrieben ist eine Konstante der amerikanischen Geschichte. Die USA haben sich über die Jahrhunderte hinweg in hohem Maße als fähig erwiesen, solche Einflüsse zu integrieren oder produktiv zu kanalisieren. Das Bedenkliche an der gegenwärtigen Situation ist gemäß *Rainer Prätorius* nicht das schlichte Vorhandensein bedeutender Kräfte, die ihre Religiosität in politische Richtungsvorgaben ummünzen wollen, sondern die veränderten Konstellationen, in denen dieses Bestreben wirkt. Gemäß Prätorius sind die dominanten Versionen des Christentums nicht mehr die inklusiven und moderaten, von denen auch ökumenische und sozialfürsorgliche Kooperationsbeziehungen ausgehen. Die alte Balance zwischen Gemeinschaftsbildung und Individualisierung in der amerikanischen Religion scheint sich zu individualistischen, konsumierenden Aspekten hin zu verschieben. Der gesellschafts-stabilisierende und konsensstiftende Ertrag einer sozial engagierten, pragmatisch gewendeten

Gemeindefrömmigkeit verliert dadurch an Ausstrahlung. Die einstigen Integrationsmechanismen sind beschädigt. Die gegenwärtige Situation kann somit eine Etappe auf dem Weg zu einem neuen Arrangement des Verhältnisses von Religion und Politik in den USA darstellen.

Wie es der christlichen Rechten in den USA konkret gelingt, Einfluss auf die Politik zu nehmen, zeichnet *Josef Braml* nach. Seit dem Beginn der achtziger Jahre kam es zu einem Erstarken konservativer evangelikaler und fundamentalistisch-religiöser Bewegungen in den Vereinigten Staaten, die ihren politischen Aufstieg nicht zuletzt der Machtsymbiose und der personell-thematischen Verflechtung mit der Republikanischen Partei verdanken. Parallel dazu haben religiöse Faktoren und Einstellungen deutlich größeren Einfluss auf das Wahlverhalten gewonnen. Die christliche Rechte spielt nicht nur eine zentrale Rolle als Wählerpotenzial und Wahlkampfhilfe für die Republikaner, sondern bestimmt auch die innen- und außenpolitische Agenda der Vereinigten Staaten mit. Insbesondere Themen der nationalen Sicherheit spielen eine zentrale Rolle, weil sie die Kohäsion einer heterogenen Wählerschaft fördern und die Grundlage dauerhafter republikanischer Mehrheiten bilden. Der von der christlichen Rechten moralisch fundierte Kampf gegen Terrorismus könnte somit neue Macht- und Wertestrukturen in den USA etablieren – ein eindrückliches Beispiel, wie Glaube Politik macht.

Der vorliegende Band vereinigt im Wesentlichen Beiträge, die im April 2005 im Rahmen einer Fachtagung der Politischen Akademie der Friedrich-Ebert-Stiftung zum Thema „Religion in der politischen Kultur der Gegenwart“ entstanden sind. An dieser Stelle sei insbesondere den Autoren, dem Verlag Vandenhoeck & Ruprecht und seinem Lektor Jörg Persch sowie Kathrine Kollenberg, die sich der Drucklegung des Manuskriptes angenommen hat, herzlich gedankt.

Religiöse Wandlungsprozesse in der Moderne

DETLEF POLLACK

Religion und Moderne: Religionssoziologische Erklärungsmodelle

Sozialwissenschaftler waren es über Jahrzehnte hinweg gewöhnt, das Verhältnis von Religion und Moderne als ein Spannungsverhältnis darzustellen und die Entwicklung von Religion und Kirche unter den Bedingungen moderner Gesellschaftsformationen als Krisenszenario zu behandeln. Geschult durch die Ansätze der soziologischen Klassiker, die das soziologische Denken tief beeinflussten, gingen sie davon aus, dass mit der Ausbreitung moderner Lebensformen, mit Urbanisierung, Industrialisierung, Rationalisierung und Pluralisierung die soziale Relevanz von Religion und Kirche abnehmen und religiöse Weltsichten mehr und mehr durch wissenschaftlich fundierte, rationalisierte, säkulare Weltdeutungen ersetzt würden.

Inzwischen glaubt kaum noch ein Sozialwissenschaftler an die Gültigkeit solcher Behauptungen. So wie es vor mehr als dreißig Jahren selbstverständlich war, von dem abnehmenden gesellschaftlichen Stellenwert von Religion und Kirche auszugehen, so gehört es in den Geistes- und Sozialwissenschaften heute zum guten Ton, sich von Säkularisierungs- und Modernisierungstheorien, die einen gesellschaftlichen Bedeutungsrückgang von Religion und Kirche postulieren, abzugrenzen und sie als eindimensional, deterministisch und fortschrittsgläubig abzutun. Man spricht von der „Renaissance der Religionen", von „De-Säkularisierung", von der „Rückkehr der Religionen", der „Rückkehr der Götter" oder auch von der „Entprivatisierung des Religiösen" und versieht Behauptungen von einer Erosion des Glaubens mit skeptischen Fragezeichen.[1] Positionen, die einen Konflikt zwischen Religion und Moderne

[1] Vgl. CASANOVA, JOSÉ: Public Religions in the Modern World, Chicago 1994; BERGER, PETER L. (Hg.): The Desecularization of the World: Resurgent Religion and World Politics, Washington, D.C., 1999; GRAF, FRIEDRICH WILHELM: Die Wiederkehr der Götter. Religion in der modernen Kultur, München 2004.

wahrnehmen und Signale eines religiösen Traditionsabbruches beobachten, gelten als überholt, methodologisch unterreflektiert und dogmatisch, und wer solche Positionen dennoch vertritt, muss damit rechnen, aus dem Kreis der ernst zu nehmenden Forscher ausgestoßen, nicht beachtet oder mit Spott überzogen zu werden.[2] Es scheint, dass die Behauptung der Wiederkehr der Religionen selbst zu einem Glaubenssatz geworden ist, der magische Austreibungsrituale rechtfertigt. Als distanzierter Beobachter wundert man sich, warum Kritiker von Modernisierungstheorien so viel Wert darauf legen, auf der Höhe der Zeit zu sein, und warum es für sie ein Argument darstellt, eine These abzutun, weil sie alt ist.

Wenn es überhaupt so etwas wie ein Ethos sozialwissenschaftlichen Arbeitens gibt, dann dürfte es darin bestehen, sich modischen Trends zu entziehen. Angesichts der Konjunktur, die polemische Abgrenzungen von der Säkularisierungsthese derzeit verbuchen, dürfte es daher geraten sein, genau zu prüfen, welche Erklärungskraft diese These heute noch besitzt, was sie überhaupt besagt, welche Argumente gegen sie und welche für sie sprechen sowie welche Alternativen zur Deutung der gegenwärtig ablaufenden religiösen Wandlungsprozesse zur Verfügung stehen. Als solche Alternativen kommen vor allem das von US-amerikanischen Religionssoziologen entworfene ökonomische Marktmodell sowie die insbesondere in der europäischen Religionssoziologie verbreitete These der religiösen Individualisierung in Frage, die beide einen Gutteil ihrer Plausibilität aus der Kritik an der Säkularisierungsthese beziehen. Bevor wir zu einer Überprüfung der Gültigkeit der unterschiedlichen religionssoziologischen Ansätze kommen, sollen sie vorgestellt werden.

[2] HUBER, WOLFGANG: Glauben verstehen – Protestantismus und Theologie. Hauptvortrag beim 30. Deutschen Evangelischen Kirchentag in Hannover am 26. Mai 2005, 4, spricht von „selbsternannten Säkularisierungspäpsten“. GRAF: Wiederkehr, 17, meint, westliche Intellektuelle prognostizierten in „besserwisserischer Arroganz“ noch immer „ein Ende der Religion mit ebenjener glaubensstarken Erwartungssicherheit, mit der [...] fromme Christen von der eschatologischen Wiederkunft ihres Herrn überzeugt sind“.

1. Drei religionssoziologische Modelle

1.1 Die Säkularisierungsthese

Die Säkularisierungsthese ist zweifellos die prominenteste unter den drei in der soziologischen Diskussion befindlichen Ansätzen und zugleich die mit der längsten Wissenschaftsgeschichte. Bereits Weber und Durkheim gingen davon aus, dass Religion in modernen Gesellschaften ihre einst zentrale Stellung eingebüßt hat und nicht mehr wie noch in vormodernen Gesellschaften eine gesamtgesellschaftlich verbindliche Weltdeutung anzubieten vermag. Weber sprach von einem Konflikt zwischen unterschiedlichen Wertsphären, der charakteristisch für moderne Gesellschaften sei, Durkheim von Formen der Differenzierung und Arbeitsteilung. In beiden Fällen wird angenommen, dass religiöse Weltansichten und Praktiken an den Rand der Gesellschaft gedrängt werden und nicht mehr in der Lage sind, zu bestimmen, was allgemeine soziale Anerkennung findet. Im Gegensatz zu Auguste Comte waren Durkheim und Weber allerdings nicht der Auffassung, dass Religion in der Moderne zum Untergang verurteilt ist und durch eine wissenschaftliche Weltsicht ersetzt zu werden vermag. Wenn heute Kritiker der Säkularisierungsthese den Anhängern dieser These unterstellen, sie würden annehmen, Prozesse der Modernisierung brächten Religion und Glaube zum Verschwinden, so ist dies falsch. Weder Weber und Durkheim vertraten eine solche Annahme, noch tun dies die neueren Säkularisierungstheoretiker wie Bryan Wilson, Steve Bruce oder Karel Dobbelaere.

Was sie vertreten, ist allerdings die Position, dass der die gesamte soziale Struktur umwälzende Prozess der Modernisierung an den Beständen religiöser Traditionen und Institutionen nicht folgenlos vorübergeht. Was man auch immer unter Modernisierung im Einzelnen versteht, die Kernthese der Säkularisierungstheoretiker besagt, dass Prozesse der Modernisierung einen letztlich negativen Einfluss auf die Stabilität und Vitalität von Religionsgemeinschaften, religiösen Praktiken und Überzeugungen ausüben. Die These lautet nicht, dass sich diese Entwicklung unausweichlich vollzieht,[3]

[3] NORRIS, PIPPA/INGLEHART, RONALD: Sacred and Secular. Religion and Poli-

und auch nicht, dass sie unumkehrbar ist,[4] und schon gar nicht, dass sie wünschenswert ist,[5] wohl aber, dass sie wahrscheinlich ist. Wenn Kritiker der Säkularisierungsthese wider besseres Wissen unterstellen, Vertreter dieser These würden eine solche Unausweichlichkeit und Unumkehrbarkeit behaupten, so tun sie das, um sich leichter von ihr abgrenzen zu können. Einen Beleg aus der neueren Literatur wird man für diese Aussage in ihren Schriften aber vergeblich suchen.

Bryan Wilson sieht vor allem Prozesse der sozialen Differenzierung, der Vergesellschaftung und der Rationalisierung als ausschlaggebend für die religiösen Positionsverluste an.[6] Soziale Differenzierung meint, dass Religion ihren bestimmenden Einfluss auf andere gesellschaftliche Teilbereiche wie Wirtschaft, Wissenschaft, Politik, Kunst, Familie oder Medizin verliert und sich diese Teilbereiche in Emanzipation von der Vorherrschaft der Religion funktional zunehmend verselbstständigen. Mit Vergesellschaftung (societalization) ist gemeint, dass sich Formen der Gemeinschaft, aus denen die Religion einen Großteil ihrer sozialen Kraft bezieht, im Modernisierungsprozess tendenziell auflösen und zunehmend durch übergemeinschaftliche und unpersönliche Organisationen und Institutionen ersetzt werden. Rationalisierung schließlich bedeutet, dass soziale Ziele, seien es politische, wissenschaftliche, ökonomische, medizinische, erzieherische oder andere, mehr und mehr isoliert und die Mittel zur Erreichung dieser Ziele verbessert werden. Während es auf diese Weise möglich werde, immer fer-

tics Worldwide, Cambridge 2004, 16, wollen ihre modernisierungstheoretische Argumentation als „probabilistic, not deterministic" verstanden wissen.

[4] „Nothing in the social world is irreversible or inevitable", erklären zwei Hauptvertreter der Säkularisierungsthese: WALLIS, ROY/BRUCE, STEVE: Secularization. The orthodox model, in: dies. (Hg.): Religion and Modernization. Sociologists and Historians Debate the Secularization Thesis, Oxford 1992, 8–30, hier 27.

[5] Die Behauptung eines Fortschrittsglaubens als charakteristischen Merkmales der Säkularisierungsthese ist unter allen gegen sie vorgebrachten Argumenten das schwächste. Selbst wenn sie berechtigt sein sollte, ist damit über die Gültigkeit der Säkularisierungsthese noch keine Aussage getroffen. Ob man den Modernisierungsprozess begrüßt oder beklagt, besagt nichts darüber, ob ein Zusammenhang zwischen Modernisierung und Säkularisierung besteht. Allein um diesen Zusammenhang aber geht es in der Säkularisierungsthese. Vielmehr ist anzunehmen, dass sich dort, wo die Behauptung eines solchen Zusammenhanges als fortschrittsgläubig denunziert wird, lediglich ein Unbehagen an der Moderne artikuliert.

[6] WILSON, BRYAN: Religion in Sociological Perspective, Oxford 1982.

ner liegende Ziele zu erreichen, ließe sich die Erreichung religiöser Ziele, da sie sich auf Übernatürliches beziehen, durch Rationalisierungsanstrengungen nicht so leicht optimieren.[7]

Steve Bruce stellt insbesondere den Einfluss des zunehmenden religiösen Pluralismus und des Egalitarismus ins Zentrum seiner Analysen.[8] Aufgrund des wachsenden religiösen Pluralismus sehen sich Staaten, die Prinzipien der rechtlichen Gleichberechtigung von Individuen akzeptieren, mehr und mehr gezwungen, ihre Unterstützung für einzelne Religionsgemeinschaften zurückzunehmen und ihre zentralen Institutionen, zum Beispiel die Schule, zu säkularisieren. Gleichzeitig verliert die Religion in religiös pluralen Gesellschaften die regelmäßige tagtägliche Bestätigung, die sie durch ihre Einbettung ins alltägliche Leben in kulturell homogenen Gesellschaften genießt, und damit jenen Grad an selbstverständlicher Anerkennung, wie er für homogene Kulturen charakteristisch ist. Außerdem wird, so Bruce, unter den Bedingungen eines religiösen Pluralismus das dogmatisch sektiererische Glaubenssystem zunehmend durch eine liberalere, tolerantere und ökumenischere Form des Glaubens ersetzt. Wer meint, dass seinen Kindern die ewige Verdammnis droht, wenn sie nicht der einen Wahrheit anhängen, wird alles tun, um sie im Glauben zu erziehen. Liberal eingestellte Gläubige, die meinen, dass es mehr als einen Weg zur Wahrheit gibt und dass die Kinder ihren eigenen Weg zu Gott finden sollten, werden weniger in die religiöse Kindererziehung investieren. Auch wenn sie selbst dem Glauben treu bleiben, ist es daher wahrscheinlich, dass sie weniger Kinder für den Glauben rekrutieren, als nötig wären, um die Glaubensgemeinschaft, der sie angehören, stabil zu halten. Die Wahrscheinlichkeit des Glaubensabfalls ihrer Kinder steigt, wenn diese aus gemischtkonfessionellen Ehen stammen, deren Zahl in religiös pluralen Gesellschaften zunimmt, denn für Kinder aus solchen Ehen ist es weitaus schwerer, ihren Glauben zu bewahren, als für Kinder aus konfessionell homogenen Ehen.

Für Pippa Norris und Ronald Inglehart wird die Bedeutung, die Religion in einer Gesellschaft besitzt, vor allem durch das Gefühl der existenziellen Sicherheit und der Verletzbarkeit durch physi-

[7] Ebd., 44.
[8] BRUCE, STEVE: God is Dead. Secularization in the West, Oxford 2002.

sche, gesellschaftliche und personale Risiken bestimmt.[9] In Gesellschaften, die stärker existenziellen Risiken ausgesetzt sind, ist der Bedarf an Religion größer als in Gesellschaften, in denen ein höherer Grad an existenzieller Sicherheit herrscht. Im Gegensatz zum ökonomischen Marktmodell gehen Norris und Inglehart also davon aus, dass der Bedarf an Spiritualität nicht konstant ist, sondern von Gesellschaft zu Gesellschaft variiert. Existenzielle Sicherheit meint zum einen Freiheit von Naturkatastrophen wie Flut, Erdbeben, Dürre und Hurrikans, zum anderen Freiheit von sozial produzierten Risiken und Gefahren wie Krieg, Menschenrechtsverletzungen, Armut und sozialer Ungleichheit. In dem Maße, wie Gesellschaften den Frieden sichern, sich Zugang zu sauberem Wasser und angemessenen Nahrungsmitteln verschaffen, ihr Gesundheitssystem verbessern, das Bildungsniveau der Bevölkerung anheben, Einkommenszuwächse garantieren, soziale Ungleichheiten abbauen und ein soziales Sicherheitsnetz installieren, steige das Niveau empfundener existenzieller Sicherheit. Wenn Gesellschaften im Zuge der Modernisierung wohlhabender und sicherer werden, nehme daher der Bedarf an religiösen Werten, Glaubenssysteme und Praktiken ab. Entscheidend für den Bedarf an Religion seien dabei die Erfahrungen, die die Menschen während ihrer formativen Jahre gemacht haben.

Die gesellschaftliche Bedeutung von Religion hängt nach Norris und Inglehart allerdings nicht nur von der ökonomischen Entwicklung einer Gesellschaft ab; auch das kulturelle Erbe religiöser Traditionen übt einen Einfluss aus, denn religiöse Traditionen hinterlassen einen prägenden Eindruck in ihren jeweiligen Gesellschaften, der selbst dann erhalten bleibt, wenn Säkularisierungsprozesse einsetzen. Die gesellschaftliche Wirksamkeit von Religionen ist also pfadabhängig und insofern nicht nur ökonomisch, sondern auch kulturell bedingt.

[9] NORRIS/INGLEHART: Sacred and Secular.

1.2 Das ökonomische Marktmodell

Während Säkularisierungstheorien zwischen Religion und Moderne ein Spannungsverhältnis wahrnehmen, gehen die Vertreter des ökonomischen Marktmodells von der Kompatibilität beider Größen aus.[10] In Abgrenzung von der Position Peter L. Bergers[11] und anderer Religionssoziologen wie Steve Bruce und Karel Dobbelaere, die ihm darin folgen, nehmen die Vertreter des ökonomischen Marktmodells nicht an, dass die sich in modernen Gesellschaften vollziehenden Prozesse der religiösen Pluralisierung einen negativen Effekt auf die Stabilität religiöser Gemeinschaften, Glaubensüberzeugungen und religiösen Praktiken ausüben. Im Gegenteil. Je pluralistischer der religiöse Markt sei, desto mehr Konkurrenz herrsche zwischen den einzelnen religiösen Anbietern. Konkurrenz aber fordere die einzelnen Religionsgemeinschaften und ihre Vertreter heraus, ihren Service zu verbessern, da sie nur auf diese Weise ihre Klientel halten und neue Kunden gewinnen könnten. Besäßen religiöse Gemeinschaften in einer Region dagegen das Monopol, tendiere der Klerus dazu, faul und nachlässig zu werden und an den aktuellen Bedürfnissen der Menschen vorbeizugehen. Konkurrenz zwinge die religiösen Anbieter zu kundenorientierter Sensibilität, zu Leistungssteigerung und permanenter Anspannung der Kräfte. Die in modernen Gesellschaften beobachtbare Vervielfältigung der Glaubensoptionen übe insofern einen stimulierenden Einfluss auf die Vitalität von Religionsgemeinschaften aus. Es überrascht daher nicht, dass die Vertreter des ökonomischen Marktmodells die religiöse Vitalität in Städten höher einschätzen als die auf dem Lande. In Städten sei die Zahl der religiösen Anbieter höher als auf dem Lande und die Konkurrenz insofern schärfer.

Von der institutionellen Ebene zu unterscheiden ist die Ebene der individuellen Konsumenten. Aber auch auf dieser Ebene stimuliert den Markttheoretikern zufolge ein höheres Maß an

[10] Die zentralen Argumente des Marktmodells finden sich in: STARK, RODNEY/ FINKE, ROGER: Acts of Faith. Explaining the Human Side of Religion, Berkeley/Los Angeles 2000.

[11] Vgl. insbesondere BERGER, PETER L.: Der Zwang zur Häresie. Religion in der pluralistischen Gesellschaft, Frankfurt a.M. 1980.

religiösem Pluralismus die religiöse Energie, denn wenn mehr religiöse Angebote zur Verfügung stehen, nehme die Wahrscheinlichkeit zu, dass der Einzelne unter ihnen dasjenige finde, was seinen Bedürfnissen entspreche. Unter den Bedingungen eines religiösen Monopols steige dagegen die Wahrscheinlichkeit von Produktunzufriedenheit, denn die Bedürfnisse seien zu verschieden, als dass sie von einem Anbieter optimal befriedigt werden könnten, und es steige außerdem die Wahrscheinlichkeit, dass der Kunde im Falle hoher Unzufriedenheit aufgrund des Mangels an Alternativen dem religiösen Markt überhaupt den Rücken kehrt.

Die Bedingung für dic Entstehung eines religiösen Pluralismus besteht den Markttheoretikern zufolge allerdings darin, dass Kirche und Staat strikt getrennt sind und keine Religionsgemeinschaft gegenüber anderen eine privilegierte Stellung einnimmt. Nur wenn der Staat sich aus religiösen Angelegenheiten weitgehend heraushalte und keine der großen Kirchen bevorzuge, seien die Startkosten für kleinere Religionsgemeinschaften so gering, dass sie sich neben den etablierten Kirchen herausbilden könnten. Käme es aber zur Entstehung eines religiösen Pluralismus, dann würde aufgrund der wachsenden Konkurrenz die Produktivität des gesamten religiösen Marktes ansteigen.

Mit dieser Argumentation sind die bekannten Muster der Säkularisierungstheorie umgekehrt: Religiöse Pluralität senkt nicht, sondern steigert das Niveau der Religiosität; Trennung von Kirche und Staat schadet nicht, sondern nützt der sozialen Bindungsfähigkeit von Religionsgemeinschaften und Kirchen; Städte sind nicht religiös schwächer, sondern vitaler als das Land. Wenn Modernisierung durch Prozesse der kulturellen Pluralisierung, der institutionellen Differenzierung und der Urbanisierung charakterisiert ist, dann leidet Religion nicht unter Prozessen der Modernisierung, sondern profitiert von ihnen.

Die Erklärung der religiösen Mobilisierung in modernen Gesellschaften erfolgt nicht wie in der Säkularisierungstheorie auf der makrosoziologischen Ebene. Als ausschlaggebend angesehen für die Produktivität des religiösen Feldes werden vielmehr die Anstrengungen der religiösen Anbieter, also die Aktivitäten auf der institutionellen und organisatorischen Ebene. Gesamtgesellschaftliche Bedingungen bilden allenfalls den Rahmen für die

Erklärung des Mobilisierungsgrades der intermediären Ebene. Als weitgehend vernachlässigbar werden aber auch die Interessen, Bedürfnisse und Wünsche des Individuums bewertet. Bei dem ökonomischen Marktmodell handelt es sich um einen *supply-side-Ansatz*. Die religiösen Bedürfnisse der Bevölkerung werden als mehr oder minder konstant unterstellt. Sie können zur Erklärung der Unterschiede im Niveau der Religiosität wenig beitragen. Wenn das religiöse Niveau in einer Region unter dem einer anderen liegt, dann hat das mit der Qualität der angebotenen religiösen Leistungen zu tun. Da das Bedürfnis nach Religion als konstant angesetzt ist, gehen die Vertreter des Marktmodells davon aus, dass es nicht zu einem umfassenden Verlust von Religiosität kommen kann, sondern dass auf Perioden des religiösen Niedergangs Perioden des religiösen Aufschwungs folgen.

1.3 Die Individualisierungsthese

Die Individualisierungsthese liegt theoriearchitektonisch gewissermaßen zwischen der Säkularisierungstheorie und dem ökonomischen Marktmodell.[12] Mit der Säkularisierungstheorie teilt sie den Ausgangspunkt bei makrosozialen Veränderungsprozessen wie funktionale Differenzierung, Rationalisierung oder kulturelle Pluralisierung. Im Unterschied zur Säkularisierungstheorie nimmt sie allerdings nicht an, dass diese umfassenden Umwälzungsprozesse zu einem Bedeutungsverlust der Religion in modernen Gesellschaften führen. Vielmehr geht sie mit den Markttheoretikern davon aus, dass Moderne und Religion miteinander kompatibel seien. Mit der Modernisierung der Gesellschaft komme es nicht zu einer Positionsschwächung von Religion. Diese wandle nur ihre Formen. Während in vormodernen Gesellschaften Religion in den

[12] Die wichtigsten Vertreter der Individualisierungsthese sind LUCKMANN, THOMAS: Die unsichtbare Religion, Frankfurt a.M. 1991; DAVIE, GRACE: Religion in Britain since 1945. Believing without Belonging, Oxford 1994; HERVIEU-LÉGER, DANIÈLE: Pilger und Konvertiten. Religion in Bewegung, Würzburg 2004, und KRÜGGELER, MICHAEL/VOLL, PETER: Strukturelle Individualisierung – ein Leitfaden durchs Labyrinth der Empirie, in: Alfred Dubach/Roland J. Campiche (Hg.): Jede(r) ein Sonderfall? Religion in der Schweiz, Ergebnisse einer Repräsentativbefragung, Zürich/Basel 1993, 17–49.

Kirchen institutionalisiert gewesen sei, löse sich der Zusammenhang zwischen Religiosität und Kirchlichkeit in modernen Gesellschaften zunehmend auf. Religion und Religiosität seien heute auch an Orten zu finden, wo man sie früher nicht erwartet hätte: in der Psychoanalyse und Körperpflege, in der Freizeitkultur und im Gemeinschaftskult, im Tourismus und im Sport. Das Verhältnis des Einzelnen zur Religion habe sich aus der Vormundschaft der großen religiösen Institutionen befreit und sei zunehmend in die Autonomie des Individuums gestellt. Heute bestimmen nicht die Kirchen, was der Einzelne glaubt, vielmehr entscheidet jeder selbst über seine weltanschauliche Orientierung. Die Konstitution der individuellen religiösen Überzeugungen und Praktiken gestalte sich daher zunehmend als individuell einzigartige Auswahl aus unterschiedlichen religiösen Traditionen, innerhalb deren das Christentum zwar noch ein wichtiges Element darstellen könne, aber eben nur noch eines neben anderen. Selbst dort, wo der Einzelne an seiner Zugehörigkeit zur Kirche festhalte, gewinne seine Glaubenspraxis den Charakter von Selbstbestimmtheit und Individualität. Mit dem Rückgang der gesellschaftlichen Bedeutung der religiösen Institutionen gehe also nicht ein Bedeutungsverlust des Religiösen für den Einzelnen einher. Im Gegenteil: Institutionalisierte Religion und individuelle Spiritualität stehen, wie einige der Individualisierungstheoretiker, etwa Grace Davie,[13] behaupten, sogar in einem umgekehrt proportionalen Verhältnis. Mit dem Bedeutungsrückgang der Kirchen kommt es ihnen zufolge zu einem Aufschwung individueller Religiosität.

Worin die Ursachen für die konstatierten Individualisierungsprozesse bestehen, bleibt zuweilen offen. Zumeist nehmen die Individualisierungstheoretiker an, dass Prozesse der Wohlstandsanhebung, der Bildungsexpansion, der Verbreitung von Massenkommunikationsmedien und der Ausweitung des Arbeitsmarktes zu einer Abschmelzung gewachsener Milieus und einer Auflösung ständegesellschaftlicher Strukturen, die durch eine hohe Übereinstimmung zwischen Klasse, Religion, Weltanschauung und politischer Orientierung charakterisiert waren, führen. Die Auflösung dieser traditionalen Strukturen setze das Individuum zunehmend

[13] DAVIE, GRACE: Europe. The Exceptional Case. Parameters of Faith in the Modern World, London 2002, 8.

aus gewachsenen Bindungen frei und statte es mit einem höheren Maß an biographischer Eigenverantwortung aus, in deren Einzugsgebiet dann eben mehr und mehr auch seine religiöse Überzeugung und Praxis hineinfalle.

Betrachtet man diese drei äußerst unterschiedlichen Ansätze der Säkularisierungsthese, des ökonomischen Marktmodells sowie der Individualisierungsthese, so muss man zunächst feststellen, dass sich alle drei durch ein hohes Maß an interner Kohärenz und Plausibilität auszeichnen. Auf den ersten Blick könnte man für jede der drei bestätigende Beobachtungen finden. Zugleich aber widersprechen sich die Aussagen der drei religionssoziologischen Ansätze derart fundamental, dass es unausweichlich ist, sie gegeneinander abzuwägen. Die nunmehr vorzunehmende Überprüfung der Gültigkeit der drei Theorien wird sich sowohl theoretischer als auch empirischer Argumente bedienen. Darüber hinaus kommt ihr aber auch die Aufgabe zu, durch sie Kriterien für den Entwurf eines eigenen Erklärungsmodells zu entwickeln.

2. Überprüfung der religionssoziologischen Modelle

2.1 Die Säkularisierungstheorie

Was die Säkularisierungsthese betrifft, so muss man zunächst feststellen, dass die empirische Evidenz, die für die Gültigkeit dieser These spricht, überwältigend ist. Um diese Evidenz zu demonstrieren, seien zwei Indikatoren ausgewählt, die für das religiöse Feld nicht marginal, sondern zentral sind und mit einer Vielzahl weiterer, hier nicht darzustellender Indikatoren positiv korrelieren: zum einen der Kirchgang, zum anderen der Glaube an Gott.

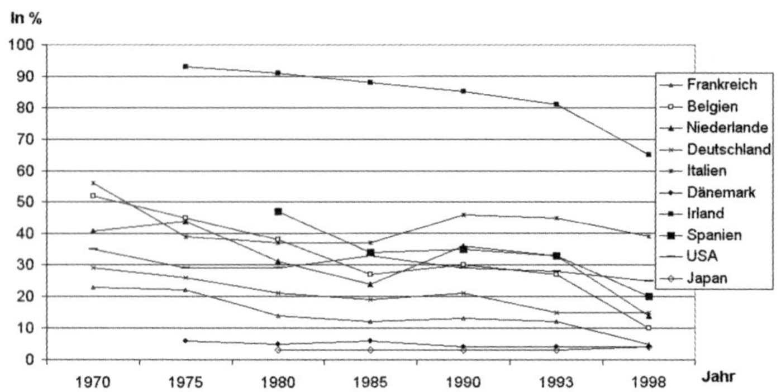

Quelle: The Mannheim Eurobarometer Trend File 1970–1999, U.S. General Social Survey 1972–2002.

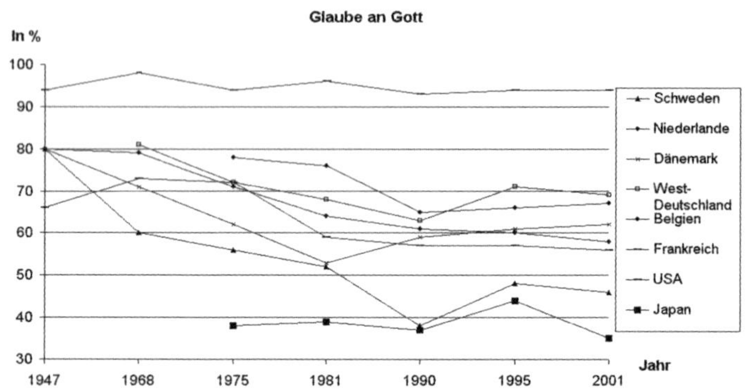

Quelle: 1947 Gallup Opinion Index, 1968 Gallup Index, 1975 Gallup Opinion Index, 1981–2001 World Values Survey/European Values Survey.

Eine Betrachtung der Entwicklung des Gottesdienstbesuches in den letzten dreißig Jahren in den westeuropäischen Ländern zeigt einen klaren Abwärtstrend. In Deutschland zum Beispiel gehen heute nicht mehr etwa 28% mindestens einmal in der Woche zum Gottesdienst, wie noch 1970, sondern nur noch etwa 15%.[14] Selbst

[14] Wie man angesichts eines solchen Rückgangs erklären kann, dass die Kirchen heute „mit größter Zufriedenheit auf die zweite Hälfte des 20. Jahrhunderts zurück-

in einem so hochkirchlichen Land wie Irland ist die Zahl der Gottesdienstbesucher in den letzten Jahren dramatisch gefallen. Auch in den USA ist die Gottesdienstbeteiligung rückläufig. Und wenn man einen Blick auf außerchristliche und außereuropäische moderne Gesellschaften wie etwa Japan wirft, bestätigt sich das Bild. Weiterführende Analysen zeigen,[15] dass es einen statistischen Zusammenhang gibt zwischen der Häufigkeit des Kirchgangs und dem Modernisierungsgrad einer Gesellschaft, gemessen mit Hilfe des Human Development Index, der nicht nur das Bruttoinlandsprodukt pro Kopf, sondern auch die Lebenserwartung und den Alphabetismus in einem Land umfasst. Je moderner eine Gesellschaft, desto geringer die Beteiligung der Bevölkerung am kirchlichen Leben.

Ein ähnliches Bild zeigt sich beim Blick auf die Entwicklung des Glaubens an Gott in den letzten 45 Jahren. Auch hier lässt sich trotz einiger zeitlich begrenzter Gegentendenzen im Ganzen eine klare Abwärtsentwicklung konstatieren. Nur in den USA ist der Gottesglaube über den gesamten Zeitraum gleichbleibend hoch. Wenn also die Säkularisierungsthese bei Berücksichtigung des Kirchgangs und Gottesglaubens als Religiositätsindikatoren für Europa weitgehend als bewährt angesehen werden kann, so versagt sie bei der Erklärung des hohen Grades individueller Religiosität in den USA. Die USA stellen hinsichtlich der Entwicklung des Gottesglaubens eine Ausnahme unter den hoch industrialisierten Ländern der Welt dar.

Neben der religiösen Ausnahmesituation in den USA gibt es freilich weitere Faktoren, die als Argumente gegen die Gültigkeit der Säkularisierungsthese angeführt werden können. So spricht es gegen die Säkularisierungsthese, dass Prozesse der Modernisierung

blicken“ könnten und die Jahre nach 1945 „in die westdeutsche Kirchengeschichtsschreibung als goldene Jahre eingehen“ würden (SCHIEDER, ROLF: Wieviel Religion verträgt Deutschland?, Frankfurt a.M. 2001, 33), ist mir unbegreiflich. Eine solche Verdrängung der krisenhaften Entwicklungen, denen die Kirchen in der Bundesrepublik seit mehr als dreißig Jahren ausgesetzt sind, kann wohl nur selbst als ein Ausdruck der Krise gewertet werden.

[15] NORRIS/INGLEHART: Sacred and Secular, 61ff. Für Westeuropa vgl. auch POLLACK, DETLEF/PICKEL, GERT: The Vitality of Religion – Church Integration and Politics in Eastern and Western Europe in Comparison, Discussion Paper Frankfurter Institut für Transformationsstudien 13/00, Frankfurt (Oder) 2000.

nicht immer mit einem Bedeutungsverlust von Religion einhergehen. Die Anfangsepochen der Industrialisierung und Urbanisierung im England des 19. Jahrhunderts zum Beispiel waren durch einen Anstieg der gottesdienstlichen Beteiligungsraten charakterisiert.[16] Zwischen Modernisierung und Säkularisierung besteht also tatsächlich kein deterministischer Zusammenhang. Kritisch wird gegen die Säkularisierungsthese aber vor allem eingewandt, dass Religion seit Mitte der siebziger Jahre ihren privaten Charakter verloren habe, als Medium zur Austragung ethnischer und sozialer Konflikte in die Politik zurückgekehrt sei und an öffentlicher Sichtbarkeit gewonnen habe.[17] Außerdem wird betont, dass es zu religiösen Aufbrüchen außerhalb der traditionellen religiösen Institutionen, zu einem Aufschwung von Psychogruppen, esoterischen und okkulten Praktiken, Zen-Meditation, Reiki, Bachblütentherapie und anderen Formen außerkirchlicher Religiosität gekommen sei.[18]

Wahrscheinlich ist es sinnvoll, von der Gleichzeitigkeit von Prozessen der Säkularisierung und der Revitalisierung der Religion auszugehen[19] und unterschiedliche Ebenen, auf denen sich diese Prozesse abspielen, zu unterscheiden. Im deutschen Kaiserreich zum Beispiel besaß der Protestantismus ein großes öffentliches Gewicht, während gleichzeitig die kirchliche Beteiligung der Bevölkerung vergleichsweise gering war. Bis zur Mitte der siebziger Jahre des 20. Jahrhunderts spielten fundamentalistische und evangelikale Gruppen in der Öffentlichkeit der USA nur eine marginale Rolle, obwohl sie die Lebenswelt einer wachsenden Zahl von Amerikanern bestimmten. Gewöhnlich differenziert man zwischen einer gesamtgesellschaftlichen, einer organisatorisch-institutionellen, einer interaktionistischen und einer individuellen

[16] Vgl. BROWN, CALLUM G.: A revisionist approach to religious change, in: Roy Wallis/Steve Bruce (Hg.): Religion and Modernization. Sociologists and Historians Debate the Secularization Thesis, Oxford 1992, 31–58.

[17] CASANOVA: Public Religions.

[18] Für Deutschland vgl. etwa EBERTZ, MICHAEL: Kirche im Gegenwind. Zum Umbruch der religiösen Landschaft, Freiburg i.Br./Basel/Wien 1997, 147, oder KRECH, VOLKHARD: „Missionarische Gemeinde". Bedingungen und Möglichkeiten aus soziologischer Sicht, in: Evangelische Theologie 58 (1998), 433–444, hier 435.

[19] So auch RIESEBRODT, MARTIN: Die Rückkehr der Religionen. Fundamentalismus und der „Kampf der Kulturen", München 2000, 11 und 49f.

Ebene.[20] Prozesse eines Bedeutungsgewinns und -verlustes spielen sich auf allen diesen Ebenen zugleich ab. Es dürfte aber möglich sein, zu bestimmen, welche der Tendenzen auf den einzelnen Ebenen überwiegt.

Auf der gesamtgesellschaftlichen Ebene ist trotz der zunehmenden Wahrnehmbarkeit und Aufmerksamkeit für das in Religionen steckende Konfliktpotenzial insgesamt wohl eher von einem Bedeutungsverlust des Religiösen zu sprechen. Die gesellschaftlichen Funktionsbereiche wie Recht, Ökonomie, Erziehung, Wissenschaft oder Medizin funktionieren weitgehend ohne religiöse Unterstützung. Ein erhöhter Bedarf an zivilreligiösen Legitimationen besteht kaum. Die Absage an große Erzählungen betrifft nicht nur die Philosophie, sondern auch die Religion. Selbst wenn über den personellen Wechsel im Amt des römischen Bischofs medial breit berichtet wurde und religiöse Themen sich einer neuen Beliebtheit unter den Medienmachern erfreuen, handelt es sich bei diesen Berichten doch nur um selektive Medienereignisse, die den Stellenwert der Religion im modernen ausdifferenzierten System von Wirtschaft, Politik, Wissenschaft, Recht und Kunst mit ihren jeweils bereichsspezifischen Codes und Wirklichkeitszugängen nicht wesentlich beeinflussen.

Auf der institutionellen Ebene ist die Schwächung des Religiösen in modernen Gesellschaften am unmittelbarsten greifbar. In den meisten europäischen Ländern durchleben die großen christlichen Kirchen derzeit eine Tradierungs-, Struktur-, Personal- und Finanzkrise, die sie zu erhöhten organisatorischen Anstrengungen herausfordert. Durch die Ausarbeitung von Programmen, Expertenanhörungen, öffentliche Diskussionen, Gremienarbeit und Aktivitäten aller Art soll das Laienengagement gestärkt und die Arbeit der auf spezielle Zielgruppen ausgerichteten funktionalen Dienste intensiviert werden, die fachliche Kompetenz der hauptamtlichen Mitarbeiter erhöht und die Jugendgemäßheit speziell organisierter Gottesdienste, die Medienarbeit und die Kampagnen-

[20] DOBBELAERE, KAREL: Towards an integrated perspective of the processes related to the descriptive concept of secularization, in: Sociology of Religion 60 (1999), 229–247, unterscheidet nur zwischen Makro-, Meso- und Mikroebene. Es dürfte aber sinnvoll sein, die Mikroebene noch einmal in eine interaktionistische und individuelle Ebene zu unterteilen.

politik zum Kircheneintritt kirchlich Fernstehender verbessert werden.[21] Nie waren die Kirchen argumentativ, organisatorisch und teilweise sogar personell so gut gerüstet wie heute, um ihr Anliegen in die Gesellschaft zu tragen, und zugleich doch auch so ohnmächtig gegenüber den ablaufenden gesellschaftlichen Wandlungsprozessen, denen sie hilflos ausgeliefert zu sein scheinen. Ob dabei mehr Anpassung oder mehr Abgrenzung, mehr Schärfung des eigenen Profils oder mehr Öffnung oder auch eine Mischung aus beiden Orientierungen angemessen sind, bleibt angesichts der gemachten Ohnmachtserfahrungen weitgehend unklar.

Auf der interaktionistischen Ebene scheinen in der gegenwärtigen Situation noch am ehesten Prozesse eines religiösen Aufschwungs beobachtbar zu sein. Innerhalb und außerhalb der Kirchen entsteht eine Vielzahl von kleinen religiösen Gruppen, Initiativen, Bewegungen, die teilweise eng miteinander vernetzt sind und rege Beziehungen zur säkularen Umwelt unterhalten.[22] Die Fülle der Gemeindekreise, christlichen Elterninitiativen, kirchlichen Chöre, Therapiegruppen, Gemeindefeste, Gesprächsabende, Meditationskurse etc. ist schier unüberschaubar. Gleichzeitig heißt das allerdings, dass das Phänomen der Vervielfältigung interaktionistischer Aktivitäten sich nur schwer messen lässt und daher seine tatsächliche soziale Relevanz kaum eingeschätzt werden kann.

Was nun schließlich den Bedeutungswandel des Religiösen auf der individuellen Ebene angeht, so muss dem weit verbreiteten Bild eines überbordenden allgemeinen religiösen Bedürfnisses widersprochen werden. Allein die beiden hier demonstrierten Entwicklungen der Kirchgangshäufigkeit und des Glaubens an Gott, die sich mühelos durch weitere Religiositätsindikatoren ergänzen ließen, sprechen eine andere Sprache. Auch wenn die Zahl der überzeugten Atheisten in den europäischen Ländern gering bleibt, geht die Zahl der kirchlich Engagierten und Gottesgläubigen zu-

[21] Eine Verstärkung des Organisationscharakters der Kirchen beobachten HERMELINK, JAN: Organisation der christlichen Freiheit. Beispiele, Tendenzen und Programme gegenwärtiger Kirchenreform, in: Theologische Literaturzeitung 128 (2003), 127–138, sowie vor ihm bereits EBERTZ: Kirche im Gegenwind.

[22] Vgl. GABRIEL, KARL (Hg.): Religiöse Individualisierung oder Säkularisierung. Biographie und Gruppe als Bezugspunkte moderner Religiosität, Gütersloh 1996; KRÜGGELER, MICHAEL u.a.: Solidarität und Religion. Was bewegt Menschen in Solidaritätsgruppen?, Zürich 2002.

rück und nimmt die Zahl der religiös Indifferenten, für die Religion in ihrer persönlichen Lebensführung kaum eine Rolle spielt, zu.

Abgesehen von der hier vorgeschlagenen Ebenendifferenzierung, die in säkularisierungstheoretischen Analysen oft nicht beachtet wird, versäumen es die Säkularisierungstheoretiker häufig auch, die Frage nach den kausalen Mechanismen, über die gesellschaftliche Prozesse auf das Handeln und Denken der Individuen einwirken, zu stellen. Um Prozesse der Bedeutungsabnahme von Religion zu erklären, reicht es nicht aus, allgemeine Merkmale der Moderne wie funktionale Differenzierung, Rationalisierung oder Pluralisierung ausfindig zu machen. Notwendig ist es auch anzugeben, über welche kausalen Mechanismen diese makrosoziologischen Merkmale die Verhaltensweisen und Einstellungen des Individuums beeinflussen.[23] Wenn sich im Prozess der Modernisierung das Wohlstandsniveau einer Gesellschaft erhöht, so kann das, wie Steve Bruce meint,[24] dazu führen, dass der religiöse Eifer zurückgeht: Je angenehmer dieses Leben, desto schwerer ist es, sich auf das, was nach ihm kommt, zu konzentrieren. Ebenso ist es allerdings denkbar – und das ist die Position von Inglehart und Baker[25] –, dass mit der Erhöhung des Lebensstandards eine Abwendung von materialistischen und eine Hinwendung zu postmaterialistisch-spirituellen Werten erfolgt. Welche Mechanismen für die religiösen Haltungen und Handlungsweisen des Individuums als ausschlaggebend angesehen werden, bestimmt also nicht nur die Erklärungskraft der Theorie, sondern sogar die Richtung ihrer Argumentation.

[23] Vgl. STOLZ, JÖRG: Secularization Theory and Rational Choice. An Integration of Macro- and Microtheories Using the Example of Switzerland, Manuskript eines Vortrages, gehalten auf der Tagung „Religion in Modern Societies" am 5.4.2004 in New York.

[24] BRUCE: God is Dead, 23.

[25] INGLEHART, RONALD/BAKER, WAYNE E.: Modernization, globalization, and the persistence of tradition. Empirical evidence from 65 societies, in: American Sociological Review 65 (2000), 19–55.

2.2 Das ökonomische Marktmodell

Die Vorzüge des religionssoziologischen Marktmodells bestehen darin, dass hier die religiösen Gemeinschaften und Kirchen nicht nur als passive Objekte makrosoziologischer Prozesse angesehen werden, sondern als aktive Gestalter ihres Schicksals in Blick kommen. Religionsgemeinschaften und Konfessionen reagieren auf ablaufende Prozesse gesellschaftlichen Wandels äußerst unterschiedlich und sind diesen Prozessen daher auch auf unterschiedliche Weise ausgesetzt. Diese Differenzen lassen sich durch einen *Supply-side*-Ansatz analytisch erfassen und überzeugend erklären. Ein anderer Vorzug dieses Ansatzes besteht darin, dass die soeben angesprochenen kausalen Mechanismen in die Analyse einbezogen werden und die Erklärung religiöser Veränderungen auf der Ebene des handelnden Individuums erfolgt.

Bei einem genaueren Blick auf das Marktmodell werden aber auch schnell seine Schwächen offenbar. Eine erste hat mit einer der Stärken zu tun, die wir gerade herausstellten. Aufgrund der Konzentration auf die Aktivitäten der religiösen Anbieter kommt es im Marktmodell wie überhaupt in allen *Rational-choice*-Ansätzen nämlich leicht zu einer Unterschätzung der kulturellen Rahmenbedingungen, unter denen die entdeckten kausalen Mechanismen überhaupt nur wirken. So hat möglicherweise der Wettbewerb zwischen den einzelnen religiösen Anbietern in den USA nur deshalb einen die religiöse Vitalität befördernden Effekt, weil religiöse Werte und Inhalte in den USA allgemeine Akzeptanz besitzen und säkulare Alternativen – vom Kommunismus bis hin zum Freidenkertum – keine vergleichbare gesellschaftliche Unterstützung zu erlangen vermögen. Was sich in europäischen Gesellschaften größtenteils neben und in Konkurrenz zu den religiösen Gemeinschaften entwickelt hat – soziale Dienstleistungen, Wohlfahrtsverbände, Bildungsinstitutionen, kommunale Einrichtungen, Umweltinitiativen etc. –, das trägt in den USA vielfach einen religiösen Charakter. Wenn aber in den USA die Konkurrenz hauptsächlich zwischen religiösen Anbietern und in Europa stärker zwischen religiösen und nicht-religiösen Institutionen verläuft, dann ist klar, dass der Wettbewerb, der sowohl in den USA als auch in Europa zu beobachten ist, jenseits des Atlantiks die religiösen Gemeinschaften eher stärkt, während er sie in Europa eher schwächt.

Weiterhin lässt sich gegenüber dem ökonomischen Marktmodell kritisch einwenden, dass das sich auf dem religiösen Markt bewegende Individuum zwischen bestehenden Alternativen häufig gar nicht wählt, sondern derjenigen Religionsgemeinschaft anhängt, in der es aufgewachsen ist. Die sozialisatorischen Prägungen schränken die Wahlfreiheit so stark ein, dass die Vorstellung vom frei wählenden Individuum in die Irre führt. Hinzu kommt, dass sich im Unterschied zu in Preisen ausdrückbaren Gütern der Nutzen religiöser Überzeugungen zumeist nur schwer messen lässt.[26] Worin der Vorteil der einen Religionszugehörigkeit im Vergleich zu einer anderen liegen soll, ist im Vorhinein nur schwer abschätzbar. Man muss Erfahrungen in den unterschiedlichen Konfessionen, Kirchen und Gemeinschaften sammeln, um den Wert, den sie für einen haben, herauszufinden. Dann aber hat der Einzelne bereits so viel in seine Mitgliedschaft in einer bestimmten Gruppe investiert, dass ein Wechsel nur mit großen Kosten möglich ist und sich der jeweilige Nutzen im Vergleich zu dem Nutzen, den man in anderen Religionsgemeinschaften hätte erlangen können, nicht mehr bestimmen lässt.

Die im Marktmodell aufgestellte Behauptung einer Konstanz des religiösen Bedarfs ist ebenfalls äußerst zweifelhaft. Wenn man mit Norris und Inglehart unterstellt, dass der Bedarf an Religion unter anderem von dem Grad der erfahrenen existenziellen Unsicherheit abhängt, ist es in hohem Maße unplausibel anzunehmen, dass der Bedarf an Religion in Gesellschaften, die gegenüber Risiken wie Hunger, Krankheit, Armut hochanfällig sind, der gleiche ist wie in Gesellschaften mit einem ausgebauten sozialen Sicherheitsnetz, hohem Wohlstand und guter medizinischer Versorgung.

Schließlich kann man die Frage aufwerfen, ob unter den Bedingungen eines religiösen Pluralismus die einzelnen Religionsgemeinschaften auf demselben Markt agieren oder ob der Markt nicht hoch fragmentiert ist. Für den Angehörigen einer New-Age Gruppe stellt die Zugehörigkeit zu einer jüdischen Gemeinde wahrscheinlich ebenso wenig eine denkbare Alternative dar wie die Mitgliedschaft in der griechisch-orthodoxen Kirche für einen Buddhisten. Konversionen treten denn auch nicht zufällig vor al-

[26] Vgl. BRUCE, STEVE: Choice and Religion. A Critique of Rational Choice Theory, Oxford 1999.

lem zwischen einander verwandten Religionsgemeinschaften auf.[27] Zwischen diesen besteht Konkurrenz, nicht aber zwischen religiösen Gruppen, die einander völlig fremd sind.

Besonderen Problemen ist das Marktmodell ausgesetzt, wenn man versucht, es auf die beobachtbaren Veränderungen im religiösen Feld empirisch anzuwenden. Abgesehen von den methodischen Problemen bei der Erstellung eines angemessenen Pluralismus-Index[28] lässt sich ohne große Mühe eine Reihe von Beispielen auffinden, die der Pluralismusthese der Markttheoretiker widersprechen. So weisen Polen, Irland, Italien, Rumänien und Kroatien in Europa die höchsten Religiositätsindizes auf und sind zugleich allesamt durch einen exzeptionell geringen Grad an religiösem Pluralismus gekennzeichnet. Selbst für die USA kommen die meisten der empirischen Studien, wie Chaves und Gorski herausgearbeitet haben,[29] zu dem Ergebnis, dass religiöser Pluralismus Kirchgang und Kirchenzugehörigkeit nicht befördert, sondern unterminiert. Angesichts der starken religiösen Homogenität einzelner Regionen wie etwa der Südstaaten oder eines Bundesstaates wie Utah verwundert dies nicht so sehr. Möglicherweise beruht die hohe Religiosität in den USA weniger auf Konkurrenz als auf der durch religiöse Pluralität bedingten Tendenz der einzelnen Religionsgemeinschaften, mehr oder minder geschlossene Kommunikationszusammenhänge aufzubauen, in denen die Mitglieder einander bestärken und unterstützen und sich gleichzeitig von anderen Netzwerken abgrenzen. Die als Umkehrung der Pluralismusthese zu lesende Behauptung, dass der Klerus, wenn eine Religionsgemeinschaft das religiöse Monopol besitze, nachlässig und faul werde, ist absurd. Pfarrer und Priester suchen, auch wenn sie Mehrheitskirchen angehören, nach sozialer Anerkennung und ziehen volle leeren Kirchen vor. Sie kämpfen häufig nicht gegen andere reli-

[27] BIBBY, REGINALD W./BRINKERHOFF, MERLIN B.: The circulation of the saints. A study of people who join conservative churches, in: Journal for the Scientific Study of Religion 12 (1973), 273–283; SHERKAT, DARREN E./WILSON, J.: Preferences, constraints, and choices in religious markets. An examination of religious switching and apostasy, in: Social Forces 72 (1995), 993–1026.

[28] VOAS, DAVID/OLSON, DANIEL/CROCKETT, ALASDAIR: Religious pluralism and participation. Why previous research is wrong, in: American Sociological Review 67 (2002), 212–230.

[29] CHAVES, MARK/GORSKI, PHILIPP S.: Religious pluralism and religious participation, in: Annual Review of Sociology 27 (2001), 261–281.

giöse Anbieter, sondern gegen religiöse Gleichgültigkeit und antikirchliche Strömungen und fühlen sich durch kirchendistanzierte und kirchenkritische Haltungen und Verhaltensweisen genauso herausgefordert wie Pfarrer und Priester in religiös pluralen Situationen durch religiöse Konkurrenten. Will man dem Marktmodell Gerechtigkeit widerfahren lassen, muss man allerdings einräumen, dass in Diasporasituationen Minderheitskirchen oft tatsächlich eine höhere Mobilisierungsfähigkeit besitzen. Dass hier Konkurrenz einen belebenden Effekt ausübt, lässt sich schwerlich bestreiten. Wenn freilich behauptet wird, dass die kleinen Kirchen und Gruppen aufgrund ihrer moralischen und theologischen Rigidität zugleich auch die stärkeren seien,[30] so muss man sagen, dass in Deutschland zum Beispiel auch viele der kleineren strikteren Kirchen nicht wachsen[31] und dass viele der strikteren Kirchen dazu tendieren, ihr scharfes Profil abzumildern,[32] da sie nur so in einer zunehmend pluralistischen und toleranten Gesellschaft ihre Mitgliederbestände zu bewahren vermögen.

Ebenso steht das ökonomische Marktmodell im Konflikt mit den empirischen Daten, wenn seine Aussagen über die Wirkungen des Staat-Kirche-Verhältnisses in Betracht gezogen werden. Seit über 100 Jahren vollzieht sich in fast allen europäischen Ländern ein Prozess der Deregulierung des religiösen Marktes. Mehr und mehr religiöse Rechte werden gewährt, immer mehr Privilegien für einzelne Religionsgemeinschaften abgebaut, Staatskirchen aufgelöst; dennoch hat das nicht zu einer Erhöhung des allgemeinen Niveaus von Religiosität und Kirchlichkeit geführt, sondern zu seinem anhaltenden Niedergang.[33] Chaves und Cann konnten in einer beeindruckenden Studie zwar nachweisen, dass eine stärkere Trennung von Staat und Kirche sich auf die Vitalität von Religion positiv auswirkt.[34] Andere Studien fanden indes keine statistisch

[30] IANNACCONE, LAURENCE R.: Why strict churches are strong, in: American Journal of Sociology 99 (1994), 1180–1211; STARK/FINKE: Acts of Faith, 219.

[31] HENKEL, REINHARD: Atlas der Kirchen und der anderen Religionsgemeinschaften in Deutschland – eine Religionsgeographie, Stuttgart 2001.

[32] BRUCE: God is Dead, 216f.

[33] Vgl. die überzeugende Argumentation von LECHNER, FRANK: Secularization in the Netherlands?, in: Journal for the Scientific Study of Religion 35 (1996), 252–264.

[34] CHAVES, MARK/CANN, DAVID E.: Regulation, pluralism, and religious market structure. Explaining religion's vitality, in: Rationality and Society 4 (1992), 272–290.

signifikanten Effekte.[35] Und selbst wenn man einen positiven Effekt unterstellt, ist noch offen, worauf er beruht. Es muss nicht Konkurrenz sein, durch die sich die religiösen Aktivitäten verstärken. Es könnte auch sein, dass bei einer schärferen Trennung von Kirche und Staat die Wahrscheinlichkeit sinkt, dass Kirchen als Herrschaftsinstitutionen wahrgenommen werden und dass daher Vorbehalte gegenüber dem Staat nicht automatisch auf die Kirche übertragen werden. Wie bei der Pluralismusthese stellt sich also auch hier wieder die Frage nach den hinter den aufgezeigten statistischen Zusammenhängen stehenden kausal wirksamen Mechanismen.

Theoretisch wie empirisch ist die Geltungskraft des ökonomischen Marktmodells also äußerst fragwürdig. Oft reagieren die Vertreter dieses Modells auf die zutage getretenen Widersprüche zur empirischen Realität durch die Einführung von Zusatzannahmen, etwa der Annahme, dass sich die hohe Integrationskraft des Katholizismus aus seiner internen Differenzierung erkläre oder dass die hohe Vitalität religiös homogener Kulturen Konflikten, die an die Stelle von Konkurrenz treten, zuzurechnen sei.[36] Solche Zusatzannahmen lösen die aufgetretenen Probleme, die sich aus der Logik des Marktansatzes ergeben, nicht, sondern verschlimmern sie, da nun das angewandte Modell in sich widersprüchlich wird. Was soll man von einer Theorie halten, die einmal behauptet, religiöse Aktivitäten würden dadurch befördert, dass die Startkosten für kleinere Religionsgemeinschaften gering seien, und dann, dass kleine Religionsgemeinschaften von hohen Startkosten profitieren würden, oder die einmal Religion als umso vitaler einschätzt, je pluraler der religiöse Markt strukturiert sei, und dann behauptet, dass auch religiöse Homogenität für Religion gut sei? Man gewinnt den Eindruck, dass alle Bedingungen, welche es auch seien, die Attraktivität von Religion steigern und Säkularisierung einfach keine Chance haben darf. Mit einer solchen Theorie, in der alle Bedingungen zum unausweichlichen religiösen Aufschwung führen, lässt sich letztendlich gar nichts erklären, weder der Aufschwung noch der Abschwung.

[35] NORRIS/INGLEHART: Sacred and Secular, 127ff; vgl. auch POLLACK/PICKEL: The Vitality of Religion.

[36] Vgl. STARK/FINKE: Acts of Faith, 239ff, 243ff.

2.3 Die Individualisierungstheorie

Empirisch deutlich besser fundiert ist der dritte der hier zu behandelnden religionssoziologischen Ansätze: die Individualisierungstheorie. Die von ihr behaupteten Individualisierungs- und Pluralisierungsprozesse auf dem religiösen Feld lassen sich tatsächlich nachweisen. Das Verhältnis des Einzelnen zur Religion erhält in der Tat mehr und mehr selbstbestimmte und synkretistische Züge. Das Interesse an außerkirchlichen religiösen Formen nimmt zu. Und die individuelle Religiosität scheint vom Bedeutungsverlust der Kirchen mit einer gewissen Phasenverzögerung und in einem vergleichbar geringerem Maße betroffen zu sein.

Dennoch müssen auch gegenüber der Individualisierungsthese einige Einwände geltend gemacht werden. Erstens ist der von Individualisierungstheoretikern unterstellte Religionsbegriff zuweilen so breit, dass Prozesse eines Bedeutungsrückgangs von Religion schon definitorisch ausgeschlossen sind. Thomas Luckmann zum Beispiel definiert Religion als Transzendierung des biologischen Organismus des Menschen und fasst damit alle Prozesse der sinnhaften Deutung der Welt als Religion.[37] Auch Ulrich Oevermann versteht unter Religion eine anthropologisch angelegte Grundstruktur des Menschseins, die aus der Grundspannung zwischen der Endlichkeit des Menschen und der Unendlichkeit seiner hypothetischen Möglichkeiten notwendig entstehe und daher, selbst wenn die religiösen Inhalte verblassen, erhalten bleibe und eine nicht anzuhaltende Bewährungsdynamik auslöse.[38] Das Problem derartiger funktionaler Religionsdefinitionen besteht darin, dass sie eine unhintergehbare Notwendigkeit von Religion postulieren, die dem beobachtbaren Wandel des Religiösen nicht gerecht wird.[39] Die soziale Relevanz von Religion hängt aber nicht nur

[37] LUCKMANN, THOMAS: Verfall, Fortbestand oder Verwandlung des Religiösen in der modernen Gesellschaft, in: Oskar Schatz (Hg.): Hat Religion Zukunft?, Graz 1971, 69–82, hier 75.

[38] OEVERMANN, ULRICH: Ein Modell der Struktur von Religiosität. Zugleich ein Strukturmodell von Lebenspraxis und von sozialer Zeit, in: Monika Wohlrab-Sahr (Hg.): Biographie und Religion. Zwischen Ritual und Selbstsuche, Frankfurt a.M./ New York 1995, 27–102, hier 28f, 66f.

[39] Ausführlicher vgl. POLLACK, DETLEF: Säkularisierung – ein moderner Mythos. Studien zum religiösen Wandel in Deutschland, Tübingen 2003, 8ff.

von dem gesellschaftlichen Bedarf an ihr ab, sondern auch von der Qualität und Vielzahl der religiösen Angebote sowie der Verfügbarkeit von nicht religiöser Alternativen, denn das Problem, das funktionale Religionsdefinitionen ausfindig machen, kann auf verschiedene Weise gelöst werden und bringt nicht schon durch sich selbst religiöse Lösungsmöglichkeiten hervor.

Diese Schwierigkeit ließ sich auch schon in dem funktionalistischen Ansatz von Norris und Inglehart beobachten. Auf Erfahrungen existenzieller Unsicherheiten kann durch den Aufbau wohlfahrtsstaatlicher Einrichtungen, die Konstitution familiärer Solidaritätsnetzwerke, durch Wohlstandsanhebung, Entwicklung von Versicherungssystemen oder Verbesserung der medizinischen Betreuung reagiert werden. Das Angebot religiöser Deutungssysteme und Praktiken ist nur eine Möglichkeit unter vielen. Sofern funktionale Religionsdefinitionen von dem Bedarf an Religion umstandslos auf ihre gesellschaftliche Bedeutung schließen und die Spezifik religiöser Lösungsformen im Unterschied zu nichtreligiösen Alternativen nicht eigens thematisieren, neigen sie dazu, die gesellschaftliche Bedeutung von Religion systematisch zu überschätzen.

Zweitens ist der Aufschwung an außerkirchlicher Religiosität nicht in der Lage, die Verluste zu kompensieren, die die traditionalen Formen der Religion hinzunehmen haben. In den siebziger Jahren des vorigen Jahrhunderts, als die neuen religiösen Bewegungen erstmals von sich reden machten, verloren die großen Kirchen in Deutschland etwa zwei Millionen Mitglieder; die Zahl der Mitglieder in den neuen religiösen Bewegungen belief sich Ende der siebziger Jahre aber auf nicht mehr als etwa 30.000.[40] Dies macht nur etwa 2% des Verlustes der großen Kirchen aus. In England betrug dieser Wert etwa 4%.[41] Das Ausmaß der Verbreitung von Formen außerkirchlicher Religiosität wird aufgrund der überzogenen Medienberichterstattung über dieses Phänomen

[40] HANSELMANN, JOHANNS/HILD, HELMUT/LOHSE, EDUARD (Hg.): Was wird aus der Kirche? Ergebnisse der zweiten EKD-Umfrage über Kirchenmitgliedschaft, Gütersloh 1984, 24; USARSKI, FRANK: Die Stigmatisierung Neuer Spiritueller Bewegungen in der Bundesrepublik Deutschland, Köln/Wien 1988, 110.

[41] BARKER, EILEEN: Neue Religiöse Bewegungen. Religiöser Pluralismus in der westlichen Welt, in: Kölner Zeitschrift für Soziologie und Sozialpsychologie, Sonderheft 33 (1993), 231–248, hier 241.

in der Regel grob überschätzt. Allerdings lässt es sich statistisch auch sehr schwer erfassen. Es ist in seinen Erscheinungsformen nicht nur inhaltlich diffus, sondern sozial auch nur schwach institutionalisiert.

Drittens besteht schließlich zwischen traditionaler und außerkirchlicher Religiosität kein Alternativverhältnis. Das heißt, dass die Zuwendung zu Okkultismus und Esoterik, zu Psychogruppen und Meditation nicht in dem Maße anwächst, wie sich die Menschen von den christlichen Kirchen abwenden. Zwischen Kirchlichkeit und außerkirchlicher Religiosität ist weder ein positiver noch ein negativer signifikanter Zusammenhang nachweisbar.[42] Oder anders gesagt: Alternative Religiosität profitiert nicht, wenn die Kirchen an Bedeutung verlieren, sowenig dies ihr schadet. Nur in der Gruppe jüngerer, hochgebildeter Städter korreliert das Verhältnis zwischen traditionaler und alternativer Religiosität in einigen Ländern negativ.[43] In diesen Ländern kann man tatsächlich davon ausgehen, dass die Akzeptanz außerkirchlicher Religiosität in dem Maße zunimmt, wie sich die Bindung an die Kirchen abschwächt.

Wenn aber in der Regel Kirchlichkeit und außerkirchliche Religiosität nicht in einem umgekehrt reziproken Verhältnis zueinander stehen und alternative religiöse Orientierungen ohnehin nur von Minderheiten vertreten werden, dann kann man zwar sagen, dass es einen Trend hin zu einer religiösen Individualisierung gibt, dass dieser Trend den Säkularisierungsprozess aber nicht aufhält, sondern sich in ihn einfügt und einen genuinen Teil dieses Prozesses darstellt.

Fasst man die Ergebnisse dieser Überprüfung der drei vorgestellten religionssoziologischen Ansätze zusammen, so ist jede zukünftige religionssoziologische Theorie dazu herausgefordert, auf drei Fragen eine Antwort zu geben:

[42] Nachweise in POLLACK, DETLEF/PICKEL, GERT: Deinstitutionalisierung des Religiösen und religiöse Individualisierung in Ost- und Westdeutschland, in: Kölner Zeitschrift für Soziologie und Sozialpsychologie 55 (2003), 447–474.

[43] POLLACK, DETLEF: Religiousness inside and outside the church in selected post-communist countries of Central and Eastern Europe, in: Social Compass 30 (2003), 321–334.

1. Wie ist der Bedeutungsrückgang von Religion und Kirche in Europa auf fast allen sozialen Konstitutionsebenen zu erklären, nicht nur auf der makrosoziologischen und institutionellen, sondern auch auf der individuellen?
2. Welche Faktoren sind für den Ausnahmefall der USA verantwortlich zu machen, die zweifellos ein modernes Land darstellen und doch zugleich ein hohes Religiositätsniveau besitzen?
3. Aus welchen sozialen Bedingungen lassen sich die Prozesse religiöser Individualisierung ableiten, die Säkularisierung zwar nicht aufzuhalten vermögen, im religiösen Feld aber an Bedeutung gewinnen?

Wenn im Folgenden einige Überlegungen angestellt werden, die zeigen sollen, wie man mit diesen drei Fragen umgehen kann, so kann dies im hier gesetzten Rahmen selbstverständlich nur äußerst skizzenhaft geschehen. Dennoch vermögen die nachfolgenden Überlegungen vielleicht anzudeuten, in welche Richtung gedacht werden sollte. Den Ausgangspunkt bilden Ideen zu einer Bestimmung des Religionsbegriffs. Darauf folgen einige wenige Bemerkungen über eine mögliche Theorie moderner Gesellschaften, deren Entwicklung für eine Erklärung des gegenwärtigen sozialen Wandels von Religion unverzichtbar ist.

3. Skizze eines kausalanalytischen religionssoziologischen Modells[44]

In dem Versuch, eine funktionale Religionsdefinition mit einem substanziellen Religionsbegriff zu verbinden, sei zunächst das Problem, auf das sich jede Religion funktional bezieht, benannt und sodann die Form herausgestellt, in der sie es bearbeitet. Im Anschluss an Luhmann, Habermas, Lübbe und andere[45] sei ange-

[44] Die nachfolgenden Überlegungen verdanken viel den religionstheoretischen Bestimmungen Luhmanns, die vor allem in zwei Büchern zu finden sind, in: LUHMANN, NIKLAS: Funktion der Religion, Frankfurt a.M. 1977, sowie in: Die Religion der Gesellschaft, Frankfurt a.M. 2000.

[45] LUHMANN: Funktion der Religion; HABERMAS, JÜRGEN: Legitimationsprobleme im Spätkapitalismus, Frankfurt a.M. 1979, 163ff; LÜBBE, HERMANN: Religion nach der Aufklärung, Graz 1986.

nommen, dass das Bezugsproblem der Religion im Problem der Kontingenz und Sinnhaftigkeit allen Daseins besteht. Kontingenz meint, dass etwas möglich, aber nicht notwendig ist, dass es ist, was es ist, aber auch ganz anders sein könnte. Kontingenz ist also durch die gleichzeitige Negation von Notwendigkeit und Unmöglichkeit definiert und provoziert die Frage, warum etwas so ist, wie es ist, und warum es nicht anders ist.

Warum-Fragen können in jeder Situation aufkommen: Warum musste gerade mir dies passieren? Warum gerade jetzt? Warum lese ich diesen Artikel, wo das Leben doch auch andere interessante Tätigkeiten bereithält? Das Problem der Kontingenz, auf das sich Religion bezieht, ist von universaler Relevanz. Die Voraussetzung für sein Aufkommen besteht in dem Bewusstsein anderer Möglichkeiten, die im Augenblick zwar nicht aktualisierbar, prinzipiell aber denkbar sind. Das Wissen um die Kontingenz ist an die Weite des vorstellbaren Welthorizonts gebunden. Kontingenz ist emotional vor allem erfahrbar, wenn etwas Unerwartetes, etwas Gutes oder Schlechtes, geschieht. Die affektive Kontingenzerfahrung ist häufig mit Gefühlen von Furcht und Hoffnung, von Freude und Dankbarkeit, von Trauer und Bedauern verbunden. Hervorgebracht wird die Kontingenzerfahrung insbesondere, wenn die Menschen mit Situationen von Ohnmacht, Hilflosigkeit und Unvermögen konfrontiert sind, wenn sie zum Beispiel konfrontiert sind mit Krankheit, Tod, Armut, unaufhaltsamem sozialen Abstieg, Ungerechtigkeit, mit dem Zerbrechen sozialer Beziehungen oder unerklärlichen inneren Ängsten. Zieht man die unterschiedlichen Arten der Kontingenzerfahrung in Rechnung, so lassen sich eine kognitive, eine affektive und eine Verhaltensdimension der Kontingenzerfahrung unterscheiden.

In jedem Falle bringt die Kontingenzerfahrung ein Gefühl der Unsicherheit und Ungewissheit mit sich und ein Bedürfnis nach Sicherheit, Ordnung, Beruhigung und Trost. Mit dem Kontingenzproblem ist also das erfasst, was die Markttheoretiker unter *demand-side* verstehen. Es ist klar, dass das Bedürfnis nach Religion, wenn es von Kontingenzerfahrungen abhängt, nicht konstant ist, sondern nach sich wandelnden Umständen jeweils variiert. Das Kontingenzproblem selbst kann nicht als religiös bezeichnet werden, und es gibt die verschiedensten Strategien, mit denen auf dieses Problem reagiert zu werden vermag: Man kann sich Ideologien und Weltdeutungen zurechtlegen, die die erfahrene Kontingenz erklären, man kann sich in psychotherapeutische Behandlung begeben, sein Verhalten verändern, Gespräche mit guten Freunden führen, sich in harte Arbeit stürzen oder auch seine Erwartungen zurücknehmen. Religiöse Ideen und Praktiken sind nur eine Möglichkeit neben anderen, mit Kontingenzproblemen fertig zu werden.

Was unterscheidet religiöse Lösungsformen von anderen Antworten auf das Kontingenz- und Sinnproblem? Religion arbeitet mit der Unterscheidung von Immanenz und Transzendenz. Während alles Immanente erreichbar, hinterfragbar, bezweifelbar und kritisierbar ist, bietet das Transzendente aufgrund seiner Unerreichbarkeit Sicherheit und Nichtirritierbarkeit. Mit der Einführung der Unterscheidung von Immanenz und Transzendenz schließt Religion die Horizonte der Welt und überführt sie das Unbestimmbare der Welt in Bestimmbares. Auf diese Weise macht sie Kontingenz tragbar und steigert sie tragbare Unsicherheit.

Wenn die Sicherheit, die die Unterscheidung zwischen Immanenz und Transzendenz gewährt, auf der Unzugänglichkeit des Transzendenten beruht, dann kommt es für Religion, will sie Kontingenz bewältigen, allerdings außerdem darauf an, das Transzendente zugänglich zu machen. Sie tut dies, indem sie die Unterscheidung zwischen Immanenz und Transzendenz in die Immanenz einführt und so die Erreichbarkeit der Transzendenz in der Immanenz sicherstellt. Durch diese Form vermittelt sie zwischen Mensch und Gott, zwischen dem Verfügbaren und dem Unverfügbaren, dem Bestimmten und dem Unbestimmten. Rückt ihr Transzendenzanspruch die religiösen Formen in einen unhinterfragbaren Status, so erlaubt ihnen ihre Verhaftung in der Immanenz, dass sie zugänglich, erfahrbar und kommunizierbar sind. Nur wenn beides garantiert ist – ihr Bezug auf Transzendenz und ihre Verfügbarkeit in der Immanenz –, können die religiösen Formen ihre Funktion der Kontingenzbewältigung erfüllen. Was gemeint ist, wird deutlich, wenn wir uns vergegenwärtigen, dass zum Beispiel im Abendmahl die Teilnehmer Brot und Wein zu sich nehmen, Brot und Wein aber zugleich den Körper und das Blut des auferstandenen Christus repräsentieren, so dass also durch einen höchst konkreten, irdischen Vorgang die Einheit mit Gott erfahrbar wird.

Die typischen religiösen Formen wie Rituale, Gebete, Meditationen, Ikonen, Prozessionen, Predigten oder Heilige Schriften haben die Aufgabe, Zugang zum Transzendenten zu gewähren. Gleichzeitig sind sie jedoch aus der Immanenz genommen. Für Religionen ist es daher notwendig, ihre Formen mit Unüberbietbarkeitsansprüchen auszustatten, als unerreichbar hinzustellen, Kommunikationsbarrieren aufzurichten, Tabus und Zonen des Geheimnisvollen zu konstituieren, Autoritäten zu etablieren, innere Zirkel aufzubauen und, wenn alles nichts hilft, den Ungläubigen zu exkommunizieren. Nur durch diese Barrieren der Kommunikation lassen sich die religiösen Formen gegen Kritik und Zweifel schützen.

Wenn wir Religion auf diese Weise definieren, dann lautet die Frage, welches die für moderne Gesellschaften als typisch unterstellten Wandlungsprozesse sind, die auf diese Art von Religion einen Einfluss ausüben. Natürlich ist es ausgeschlossen, hier ein umfassendes Bild dieser Wandlungsprozesse zu zeichnen. Nur vier seien abschließend kurz erläutert: Wohlstandsanhebung, funktionale Differenzierung, kulturelle Pluralisierung und Horizonterweiterung.

Die mit Prozessen der Modernisierung verbundene Anhebung des allgemeinen Wohlstandsniveaus minimiert das Gefühl existenzieller Unsicherheit. Wenn der Lebensstandard steigt, soziale Sicherungssysteme eingerichtet werden, durch verbesserte medizinische Verfahren, Instrumente und Medikamente mehr und mehr Krankheiten geheilt oder verhindert werden können und die Politik zunehmend Schutz gegen äußere Bedrohungen und Kriege zu garantieren vermag, dann geht das Gefühl, kontingenten Ereignissen hilflos ausgeliefert zu sein, zurück. Das aber hat zur Folge, dass der Bedarf an Religion sinkt. Mit anderen Worten: In der Verhaltensdimension des Kontingenzproblems nimmt mit der höheren Kontrolle über Natur und Gesellschaft, die moderne Gesellschaften bieten, das Bedürfnis nach religiöser Kontingenzbewältigung ab. Insofern ist es nicht zufällig, dass sich das Religiositätsniveau in hoch entwickelten Gesellschaften unter dem weniger entwickelter Gesellschaften befindet. Wenn das Bedürfnis nach Religion mit dem Kontingenzerleben zusammenhängt, dann könnte darin zugleich einer der Gründe für das höhere Religiositätsniveau in den USA liegen. In den USA ist der Einzelne stärker den Risiken des Arbeitsmarktes, den Gefahren sozialen Abstiegs, den Unwägbarkeiten von Krankheit und Armut ausgesetzt als der Bürger in europäischen Gesellschaften mit ihrem ausgebauten sozialen Sicherungsnetz. Zugleich ist die soziale Ungleichheit in den USA so groß wie in keinem anderen hoch entwickelten Land. Wenn Norris und Inglehart einen signifikanten statistischen Zusammenhang zwischen sozialer Ungleichheit und Religiosität nachweisen können, dann ist damit vielleicht einer der Faktoren für die höhere Religiosität in den USA identifiziert.[46]

Funktionale Differenzierung meint, dass die einzelnen gesellschaftlichen Sphären wie Recht, Ökonomie, Wissenschaft, Medizin, Kunst oder Erziehung sich aus der Vorherrschaft der Religion lösen und an Autonomie gewinnen. Die zunehmende Unfähigkeit der Religion, die unterschiedlichen gesellschaftlichen Bereiche mit ihren Werten, Normen und Lehren zu durchdringen, die auf der makrosoziologischen Ebene beobachtbar ist, hat Konsequenzen auf der individuellen Ebene insofern, als das Verhalten des Individuums mehr und mehr von säkularen Institutionen geprägt und seine religiöse Orientierung nicht mehr im gleichen Maße durch nichtreligiöse Institutionen unterstützt wird wie in vormodernen Gesellschaften. Im Gegensatz zur Auffassung José Casanovas[47] ist es daher sehr wahrscheinlich, dass der Prozess der funktionalen Differenzierung zu einem Bedeutungsrückgang der Religion auf der individuellen Ebene und, wenn man die individuellen Verhaltensweisen aggregiert, auch auf der gesellschaftlichen Ebene führt. Zugleich eröffnet der Prozess der funktionalen Differenzierung jedoch nicht nur für andere Funktionssysteme, sondern auch für Religion die Möglichkeit eines Zugewinns an funktionaler Autonomie. Unter den Bedingungen funktionaler Differenzierung sind die Handlungen religiöser Institutionen weniger durch nichtreligiöse Rücksichten, Gesichtspunkte und Interessen bestimmt als unter vormodernen Bedingungen und können daher eher um ihrer selbst willen bejaht oder abgelehnt werden. Die schärfere Trennung zwischen Kirche und Staat, wie sie typisch ist für die USA, dürfte einer der wesentlichen Gründe dafür sein, warum die Menschen in den USA mehr Vertrauen in die Kirchen haben und religiöser

[46] NORRIS/INGLEHART: Sacred and Secular, 107f.
[47] CASANOVA: Public Religions, 25ff.

sind als die Bürger in Europa. Aufgrund ihrer strikteren Trennung vom Staat wurden die Kirchen in den USA nie als quasi-staatliche Herrschaftsinstitutionen wahrgenommen. In Europa dagegen hat den Kirchen nichts so sehr geschadet wie ihr enges Bündnis mit den Herrschenden. Ob sich die Attraktivität der Kirchen in jedem Falle erhöht, wenn Religion von anderen gesellschaftlichen Bereichen klar getrennt ist, mag man freilich mit guten Gründen bezweifeln. Auf der individuellen Ebene scheint es der Religion jedenfalls besonders schwer zu fallen, verständlich zu machen, warum man ausschließlich aus religionsinternen Motiven zur Kirche gehen soll. Im Unterschied zur Funktionstypik anderer gesellschaftlicher Bereiche gibt es im Religionssystem möglicherweise systemspezifische Barrieren, die es verhindern, den Beteiligungsnutzen systemextern zu plausibilisieren.

Eng verbunden mit dem Prozess der funktionalen Differenzierung ist die Tendenz zur kulturellen Pluralisierung. Aufgrund der Verbesserung des Lebensstandards, der Erhöhung des Bildungsniveaus, der Ausbreitung des Arbeitsmarktes, der Zunahme geographischer Mobilität sowie der Expansion von Massenkommunikationsmitteln lösen sich geschlossene sozialmoralische Räume zunehmend auf und treten Sozialstruktur und Kultur zunehmend auseinander. Durch Herkunft und Milieu ist nun nicht mehr festgelegt, was der Einzelne politisch und religiös denkt und wie er sich politisch und religiös verhält. Vielmehr wird es mehr und mehr in die Hände des Einzelnen selbst gelegt, welchen Ideen er anhängt und welches Leben er führt. Die mit der Individualisierung der Lebensführung einhergehende Pluralisierung der Lebensstile hat zur Konsequenz, dass der Einzelne seine Überzeugungen und Verhaltensweisen nicht mehr mit der Mehrheit seiner Nachbarn und Verwandten teilt und in ihnen durch seine soziale Umwelt bestärkt wird. Damit ist religiösen Überzeugungen und Praktiken in kulturell pluralen Situationen die selbstverständliche Geltung genommen, die sie in vormodernen Gesellschaften noch besaßen. Aufgrund ihres Bezugs zum Unzugänglichen, Unbegreifbaren und Transzendenten sind Religionen auf soziale Bestätigung allerdings in besonderem Maße angewiesen. Mit der Pluralisierung des religiösen Feldes nimmt daher die Geltungskraft religiöser Deutungssysteme deutlich ab. Auch wenn durch Prozesse der kulturellen Pluralisierung die Möglichkeiten steigen, unabhängig von institutionellen Vorgaben religiöse Sonderleistungen zu erbringen, dürfte im Großen und Ganzen der Prozess der religiösen Individualisierung in den damit ausgelösten allgemeinen Prozess der Relativierung religiöser Geltungsansprüche hineingezogen und selbst Bestandteil dieses Säkularisierungsprozesses sein. Dass das Religiositätsniveau in den USA höher als in den meisten Ländern Europas ist, könnte mithin unter anderem damit zusammenhängen, dass in den USA bezüglich religiöser Sätze wie der Existenz Gottes, des Weiterlebens nach dem Tode oder der Dualität von gut und böse so etwas wie ein *common sense* besteht und die Pluralität einander widersprechender Glaubensaussagen eingeschränkt ist.

Schließlich sei darauf hingewiesen, dass Prozesse der funktionalen Differenzierung und kulturellen Pluralisierung zwangsläufig eine enorme Horizonterweiterung mit sich bringen, die bei weitem das übersteigen, was in früheren Zeiten vorstellbar war. Wettbewerb und Konkurrenz führen zu einer steten Verbesserung der sozialen Praktiken und Kenntnisse. Nichts kann dieser Tendenz zur Steigerung der Perspektiven, zur Ausweitung des Wissens, zur permanenten Überprüfung des bereits Erreichten und zur Ausdehnung des Raumes des Erfahrbaren stoppen, und nichts kann dieser Tendenz entkommen. Ein Punkt der Gewissheit wird von modernen Gesellschaften nicht mehr zugelassen. Eine solche Tendenz zur stetigen Horizonterweiterung und Reflexivität betrifft die Fähigkeit des Religionssystems, mit dem Problem der Kontingenz fertig zu werden, im Kern. Wenn jedes Element des sozialen Wissens hinterfragbar ist, wenn jede Praxis, jede Institution, jede Erfahrung einem ständigen Prozess der Reformulierung und Korrektur ausgesetzt ist, wenn mit anderen Worten nichts sicher ist, dann werden die religiösen Sinnformen, deren Funktion es ist, Kontingenz zu bewältigen, selber kontingent. Mit der Ausweitung sozialer Horizonte ist dann also die Kompetenz des Religionssystems, Symbole des Transzendenten immanent plausibel anzubieten, beeinträchtigt. Die Analyse führt zu einem paradoxen Befund: Auf der einen Seite erscheinen in modernen Gesellschaften aufgrund der erweiterten Horizonte alle individuellen und sozialen Erfahrungen zunehmend als kontingent. Auf der anderen Seite stoßen in modernen Gesellschaften die religiösen Lösungsformen, die in der Lage sind, den sich aus der Horizonterweiterung ergebenden erhöhten Bedarf an Religion zu befriedigen, offenbar zunehmend auf Akzeptanzvorbehalte.

FRIEDRICH WILHELM GRAF

Religiöse Transformationsprozesse der Moderne deuten

Als historisch geschulter Gegenwartsdiagnostiker öffentlich über religiöse Transformationsprozesse der Moderne nachzudenken heißt zunächst, sich selbst – und anderen! – die Grenzen seiner analytischen Kompetenz zu vergegenwärtigen. So ist es ausnahmsweise einmal nicht der üblichen akademischen Bescheidenheit geschuldet, wenn ich gleich vorab feststelle, dass wir von dem Thema vieles einfach nicht wissen, geschweige denn erklären können. Klassische Begriffe akademischer Religionsdeutung sind oftmals analytisch wenig hilfreich gewesen, zumal bei dem Versuch, die hochkomplexen, nicht selten gegenläufig wirkenden Religionsgeschichten der Moderne seit 1800 angemessen zu erfassen. Lineare Erklärungskonzepte funktionieren als Deutungsmuster für diese Epoche überhaupt nicht mehr, die großen Meistererzählungen und Meganarrative – allen voran das immer neu variierte Säkularisierungsparadigma – haben ihre Suggestionskraft eingebüßt. Andere gern empfohlene Orientierungshilfen in der Unübersichtlichkeit des religiösen Feldes verbergen sich hinter Konzeptchiffren wie „Pluralisierung", „Differenzierung", „Individualisierung", verkürzen jedoch gleichfalls oft widersprüchlich wirkende, vielfältig gebrochene Prozesse auf allzu eingängige Formeln mit Universalerklärungsanspruch und unterlaufen damit einzufordernde Komplexitätsstandards der Kulturwissenschaften am Beginn des 21. Jahrhunderts. So gilt es zunächst einmal dem aufdringlichen Charme dichotomischer Oppositionsfiguren wie „alt und neu", „traditional versus modern" zu widerstehen und sich in gebotener Selbstreflexivität zu vergegenwärtigen, dass es für den Religionsdeuter keinen neutralen Beobachtungsposten geben kann. Sogar konfessorische Atheisten können allem subjektiv postreligiösen Aufklärungspathos zum Trotz nicht vergessen machen, dass sie in den Prozessen ihrer Sozialisation immer auch von den religionskulturellen Überlieferungen des Christentums (beziehungsweise des

Judentums, Islam etc.) mitgeprägt wurden und als Bürger eines demokratischen Gemeinwesens beispielsweise an den freiheitsdienlichen Unterscheidungen von Politischem und Religiösem teilhaben, die auch als Konkretion christlicher Differenzierungen der zwei Regimente oder Reiche Gottes zu interpretieren sind. Selbst wer sich, etwa durch allzumal hilfreiche Max-Weber-Lektüre, als Historiker um trennscharfe analytische Begriffe und methodenstrenge „Werturteilsfreiheit" bemüht, bleibt in seinen Religionsdiagnosen doch gebunden an die *cognitive maps* und impliziten normativen Axiome einer bestimmten Kultur, die in aller Regel auch durch deren religiöse Überlieferungen – im Falle des modernen okzidentalen Rationalismus etwa: durch Transformationen des jüdischen Monotheismus und christlicher Persönlichkeitsideale – beeinflusst sind. Religionshistoriker welcher Herkunft auch immer tun daher gut daran, ihre Erzählmuster mit starken Reflexivitätselementen zu verknüpfen, um mögliche konfessionsspezifische Konstruktionselemente ihrer Deutungsperspektiven zu bedenken. Doch niemandem stehen Reflexionsinstrumente zur Verfügung, um die blinden Konfessionsflecken ein für alle Mal verschwinden zu lassen.

Deshalb kurz das kleine biographische Credo: Meine individuelle Sicht auf Religion, Christentum und moderne europäische Religionsgeschichten ist stark geprägt durch die mehr oder minder konstruktivistischen Religionstheorien des deutschen liberalen Kulturprotestantismus. In Sachen Religion heißt liberal zu sein vor allem, selbstkritische Skepsis zu pflegen und Wissensarroganz zu vermeiden. Als ein Repräsentant der ersten Generation geborener Bundesdeutscher, die mit diesem Staat älter geworden sind und auf eine Stärkung der liberalen Demokratie und die weitere politische Integration Europas setzen, schätze ich Toleranz mehr als Glaubensfanatismus und starke individuelle Freiheit mehr als autoritäre Vergemeinschaftung. Nach einem Studium der Philosophie, Geschichte und evangelischen Theologie lehre ich in einer evangelisch-theologischen Fakultät als Professor für „Systematische Theologie und Ethik", bin also schon kraft akademischen Amtes an normativer Geltung christlicher Überlieferung interessiert. Auch wenn ich mich sehr ernsthaft um „interdisziplinäre" Wahrnehmungssensibilität für die Forschungen der Religionswissenschaftler, Kulturanthropologen, Historiker und Sozialwissenschaftler welcher methodologischen Couleur auch immer bemühe, bleibt mein analysierender, verstehensbemühter Religionsblick durch das Interesse des Theologen bestimmt, ein Eigenrecht des religiösen Bewusstseins oder, in klassischer, von Schleiermacher bis Troeltsch entfalteter kulturprotestantischer Begrifflichkeit, die Autonomie des Glaubens, die „Selbständigkeit der Religion" anzuerkennen: Für die Frommen ist ihr Glaube immer mehr und ganz anderes, als die gelehrten Religionsdeuter – welcher akademischen Disziplin sie auch angehören – je zu erschließen imstande sein werden. Diese unter Religionsethnologen vielfältig diskutierte Insider-Outsider-Differenz[1] lässt sich auch durch dichteste Beschreibung und langjährige Feldforschung nicht zum Verschwinden bringen, weil kein Religionsanalytiker die Binnenperspektive der Gläubigen selbst einzunehmen vermag. Gefordert ist desto dringlicher die offensive Nachdenklichkeit über die eigene Perspektivität. Vor diesem „Bekenntnis"-Hintergrund sollen nun einige Theorieangebote zur Deutung religiösen Wandels in der Moderne vorgestellt werden.

1. Religionsökonomie oder: Auch Gott muss verkauft werden

Zu den vielversprechenderen Deutungsangeboten der Religionswissenschaften zählt schon seit einigen Jahrzehnten die sogenannte Religionsökonomie. 1963 hat der heute in Boston lehrende Religionssoziologe Peter L. Berger seinen inzwischen berühmten Essay „A market model for the analysis of ecumenicity" publiziert.[2] Berger hat dort zwei widersprüchliche Entwicklungen auf den Religionsmärkten der USA analysiert. Einerseits ließen sich vielfältige Gesprächskontakte zwischen christlichen Kirchen und kleineren religiösen Gemeinschaften beobachten, Verhandlungen über konkrete Zusammenarbeit, etwa im sozialen Bereich, Vereinbarungen über Zweckbündnisse, auch Gespräche über Fusionen. Zur modernen Religionskultur gehört eben der permanente ökumenische

[1] Vgl. McCutcheon, Russell T. (Hg.): The Insider/Outsider Problem in the Study of Religion, London/New York 1999.

[2] Berger, Peter L.: A market model for the analysis of ecumenicity, in: Social Research 30 (1963), 77–93.

Dialog, ohne dass sich immer genau sagen ließe, worüber da geredet wird. Worum geht es eigentlich – wenn man von funktionärstypischen Selbstbeschäftigungsritualen einmal absieht? Nicht nur um Annäherung jedenfalls. Denn viele dieser Akteure sind zugleich auch um neue konfessionelle Profilbildung bemüht, um klare Abgrenzung von anderen Kirchen und religiösen Gruppen durch Neubestimmung konfessionsspezifischer Identität. Zwischen den ökumenischen Aufbrüchen des 20. Jahrhunderts einerseits und der neuen Betonung des Konfessionellen andererseits bestehe, so Berger, kein Widerspruch. Gerade der intensivierte ökumenische Dialog zwinge die Beteiligten vielmehr dazu, auf diese Prozesse durch neue konfessionelle Identitätserfindung zu reagieren, da alle religiösen Organisationen und Institutionen auf einem pluralistischen Religionsmarkt agieren. In dieser Marktsituation ist jeder Anbieter dazu gezwungen, die besondere Leistungsfähigkeit seiner Heilsprodukte, Seelendienstleistungen und Lebenssinngüter deutlich herauszustellen. Je vielfältiger, bunter, unübersichtlicher moderne Religionsmärkte zu werden drohen, je mehr alte christliche Anbieter durch neue religiöse Bewegungen und Sinnstifter unter Konkurrenzdruck geraten, desto entschiedener muss jeder einzelne Wettbewerber die überlegene Qualität seiner Angebote zur Schau stellen. Anders formuliert: Wie jedes andere Unternehmen müssen auch Religionskonzerne ihre *corporate identity* pflegen, den eigenen Markennamen profilieren, die Qualität ihrer Güter und Dienstleistungen sichtbar machen. Genau dazu dient unter den Bedingungen des Pluralismus das neue Konfessionsbranding.

Seit dem Erscheinen von Bergers Aufsatz vor gut vierzig Jahren hat sich in den USA eine eigene akademische Disziplin, eben die *religious economics*, entwickelt. Die von ihren profiliertesten Vertretern wie Roger Finke, Rodney Stark und Laurence Iannaccone entworfenen religionsökonomischen Deutungsmuster ermöglichen es, religiöse Wandlungsprozesse relativ präzise zu modellieren und das konkrete Reaktionsverhalten einzelner Akteure schlüssig nachzuzeichnen.[3] Der prekäre diagnostische Nachteil klassischer Deu-

[3] FINKE, ROGER/STARK, RODNEY: The Churching of America, 1776–1990. Winners and Losers in Our Religious Economy, New Brunswick 1992; IANNACCONE, LAURENCE R.: Introduction to the economics of religion, in: Journal of Economic Literature 36 (1998), 1465–1495.

tungsmuster im Stil der Säkularisierungsthese lag darin, dass sie die religiösen Organisationen und Institutionen lediglich als passive Opfer diffuser gesellschaftlicher Megatrends wie „Entkirchlichung", „Verwissenschaftlichung", „Konsumismus" oder „Hedonismus" in den Blick nahmen. Gerade diese Vorstellung aber ist in den analytisch kühlen Begriffen und erschließungsstarken Sprachspielen der Religionsökonomie als modernisierungstheoretisches Dogma destruiert worden. Denn religiöse Akteure reagieren auf sich ändernde Rahmenbedingungen und steigende Konsumentenautonomie höchst unterschiedlich. Das Spektrum ihrer Verhaltensmuster reicht von theologisch induzierter Wahrnehmungsresistenz und notorischer Selbstveränderungsverweigerung bis hin zu professionalisierter Welt- und Selbstbeobachtung, die sich häufig mit der Bereitschaft verbindet, Anpassungsflexibilität zu entwickeln und kundenorientiert zu handeln, beispielsweise semantische Umschaltprozesse gezielt zu forcieren und Rezeptionsblockaden abzubauen. So war etwa der Umgang der römisch-katholischen Kirche mit dem Begriff der „Menschenrechte" noch um die Mitte des 20. Jahrhunderts von polemischen Ausfällen gegen liberalistische Zeitgeistverirrungen und ein falsches anthropozentrisches Autonomieverständnis geprägt. Nur wenige Jahrzehnte später aber setzt sich ebendiese Institution in bioethischen Diskursgremien ganz selbstverständlich als berufene Hüterin der wahren Rechte des Menschen in Szene. Manche Kirchen haben also auf die Traumata der – zumal im „langen" 19. Jahrhundert – krisenhaft erlittenen Modernisierung bemerkenswert intelligent reagiert. Fern verschwommener Konsensrhetorik haben sie Strategiekonzepte entwickelt und umzusetzen vermocht, die inmitten eskalierender Unübersichtlichkeit das Angebot verlässlicher Orientierung und starker Identitätssicherung mit werbend suggestiver Kraft präsentierten. Diese ganz unterschiedlichen Verhaltensmuster im Umgang mit externen wie internen Status-quo-Bedrohungen und Pluralisierungsschüben differenzierter erfassen und nachzeichnen zu können zählt zu den großen Stärken der Religionsökonomie. Mit ihrer Ausrichtung auf die Marktmechanismen von Angebot und Nachfrage aber gelingt es ihr auch, die immer wieder frappierenden religionskulturellen Unterschiede im Vergleich der nordamerikanischen und europäischen Religionslandschaften zumindest in wichtigen Aspekten plausibel zu deuten.

2. Religionsgeographie oder: Man muss gelebte Religion verorten

Auch mein zweites Theorieangebot ist amerikanischer Provenienz: Die so genannte Religionsgeographie versucht über ganz konkret ortsbezogene Mikroperspektiven religionsdiagnostische Gegenwartskompetenz zu schärfen und entwirft religiöse Topographien, kartiert die Versammlungsräume der Gemeinden, lässt das in jeder Stadt verborgene religiöse Koordinatennetz der Frommen sichtbar werden. Die Organisatoren des „Pluralism-Project“ um Diana Eck, Professorin für „Comparative Religion“ an der Harvard University, haben auf die starke Erschließungskraft einfacher Fragen vertraut: Wer trifft sich wann zu welchen Zeiten an welchem Ort zum Zwecke religiöser Kommunikation oder Vergemeinschaftung?[4] Wer so fragt, entdeckt die vitale Präsenz einer zuvor kaum geahnten Göttervielfalt: Er sieht nicht mehr nur die stadtbeherrschenden Dome und christlichen Kirchen, sondern auch die Hinterhofmoscheen, die sich in aller Regel der direkten Sichtbarkeit entziehen, die alten Fabrikräume, in denen sich religiöse Gruppen treffen, und die Esoterik-Buchhandlungen mit multifunktionalen Nebenzimmern für Séancen aller Art. Inzwischen liegen erste Ergebnisse solch urbaner Religionsfeldforschung auch für deutsche Großstädte vor: Der Hamburger „Religionsatlas“ von 1995 nimmt rund 600 verschiedene Religionsgemeinschaften in den Blick.[5] Doch sollte dieser dicht bevölkerte Götterhimmel nicht als postmoderner Differenzierungsexzess oder bloßes Beliebigkeitsphänomen einer obsessiv individualitätsfixierten Gesellschaft gedeutet werden. Denn 380 dieser Religionsgemeinschaften hatten ihre

[4] Erste Ergebnisse publizierte die Forschergruppe in der Studie: ECK, DIANA (Hg.): World Religions in Boston. A Guide to Communities and Resources, Cambridge 1994.

[5] GRÜNBERG, WOLFGANG/SLABAUGH, DENNIS L./MEISTER-KARANIKAS, RALF (Hg.): Lexikon der Hamburger Religionsgemeinschaften, Hamburg [2]1995. Vgl. auch GRÜBEL, NILS: Religion in Berlin. Ein Handbuch, Berlin 2003; HUMBERT, CLAUDE-ALAIN: Religionsführer Zürich. 370 Kirchen, religiös-spirituelle Gruppierungen, Zentren und weltanschauliche Bewegungen der Stadt Zürich, Zürich 2004. Zu weiteren Publikationen und laufenden Projekten (unter anderem für Basel, Bonn, Bremen, Essen, Frankfurt a.M., Freiburg i.Br., Hannover, Leipzig und Wuppertal) vgl. die Internet-Informationen des Religionswissenschaftlichen Medien- und Informationsdienstes (REMID) zur „Lokalen Religionsforschung“).

religiösen Kultorte bereits im späten 18. Jahrhundert gebaut. So groß war allein schon in Hamburg der innerchristliche Pluralismus, weil etwa Reformierte aus den Niederlanden auch an der Elbe reformierte Niederländer bleiben wollten und eine eigene Kirchengemeinde gründeten. Vermuten lässt sich also – obwohl noch nicht zu sagen ist, wie repräsentativ das Hamburger Beispiel tatsächlich ist –, dass religiöser Pluralismus keineswegs ein Spezifikum des späten 20. oder frühen 21. Jahrhunderts ist.[6] Dann aber gibt es einen guten Grund mehr, über die Plausibilität unserer Gegenwartsdeutungsmuster nachzudenken.

3. Religionsästhetik oder: Man muss die Bildwelten des religiösen Bewusstseins entschlüsseln

Religiöse Deutungskulturen sind weder essentialistische Einheiten noch substanzielle Gegebenheiten, die als mehr oder minder autark vorgestellt werden könnten. Sie existieren nur in permanenten Prozessen der aktualisierenden Auslegung überlieferter Mythen, Zeichen, Riten und Sinnwelten. Religiöse Symbolsprachen bilden extrem interpretationsoffene, variationsreiche kulturelle Deutungssysteme und entziehen sich schon deswegen jeder reifizierenden Festlegung, weil die Akteure der religiösen Sinnwelten in aller Regel fiktionale Akteure sind. Den Heiligen Geist oder den auferstandenen Herrn hat niemand von uns gesehen. Fiktionale Handlungssubjekte aber lassen sich auf Realakteure nie eindeutig, sondern stets nur im Modus der arbiträren Auswahlentscheidung unter einer Fülle von Optionen beziehen. Das Wort „Gott“ mit dem Begriff der „Nation“ gleichzuschalten oder die Transzendenzchiffre „Heiliger Geist“ mit einer bestimmten kirchlichen Institution, etwa dem Papsttum, erzeugt politische oder religiöse Macht allein dadurch, dass die Autorität Gottes für eine weltliche Institution in Anspruch genommen wird.

[6] Die innerchristliche Differenzierungsdynamik hat sich allerdings im 20. Jahrhundert enorm gesteigert: Ca. 1.800 nachweisbaren Konfessionen um 1900 stehen gegenwärtig rund 33.000 gegenüber – die Zahlen nach: EDER, KLAUS: Europäische Säkularisierung – ein Sonderweg in die postsäkulare Gesellschaft? Eine theoretische Anmerkung, in: Berliner Journal für Soziologie 12 (2002), 331–343.

Höchst unterschiedliche Akteure können sich überkommene religiöse Symbole aneignen, um so etwas wie eine gruppenspezifische kollektive Identität zu formulieren und bestimmte Gruppengefühle zu sakralisieren. Ein Zentralsymbol wie „der eine Gott" kann universalistisch die Würde jedes Menschen als eines Ebenbildes Gottes garantieren, aber auch partikularistisch etwa zugunsten jener nationalistischen Ethnoreligionen ausgelegt werden, die in vielerlei Spielarten gegenwärtig höchst erfolgreich daran arbeiten, das trügerische Bild Europas als eines säkularisierten Kontinents augenfällig zu revidieren.

Religiöse Deutungskulturen entwickeln sich jeweils im komplexen, historisch kontingenten Zusammenspiel von genuin religiösen Elementen und vielfältigen anderen Faktoren: politischen Herrschaftsstrukturen, sozialen Interessen, ökologischen Entwicklungen, Bildungsprozessen. Je intensiver wir solche komplexen Bildwelten erforschen, desto deutlicher sehen wir, in welch starkem Maße die Grenzen zwischen den Symbolwelten ganz unterschiedlicher Religionen durchlässig waren, wie also beispielsweise jüdische Symbole durch nachgerade osmotischen Ideentransfer in christliche und muslimische Kontexte Eingang fanden. Ein besonders prägnantes Beispiel für derartige Übertragungsprozesse liefert eine viel diskutierte Schweizer Religionserhebung aus dem letzten Viertel des 20. Jahrhunderts:[7] Seit den siebziger Jahren nimmt die Zahl derjenigen Schweizerinnen, die als Katholikinnen an die Reinkarnation glauben, dramatisch zu und liegt inzwischen bereits bei 42%. Die Zuwachsraten sind kontinuierlich hoch, ohne dass gelehrte Theologen erklären könnten, wie sich in eine klassisch katholische Eschatologie der Reinkarnationsglaube integrieren ließe.

Derartige *Bricolage*-Prozesse, die je nach individuellem Basteltalent grobschlächtig oder hochvirtuos gestaltet werden können, führen allerdings auch zu paradox wirkenden Spiegeleffekten: Je durchlässiger die Grenzen zwischen unterschiedlichen Religionen mit Blick auf sinnhafte Symbole, theologische Ideen, lebensbe-

[7] Vgl. DUBACH, ALFRED/CAMPICHE, ROLAND J. (Hg.): Jede(r) ein Sonderfall? Religion in der Schweiz. Ergebnisse einer Repräsentativbefragung, Zürich/Basel 1993; zuerst französisch: Croire en Suisse(s), Lausanne 1992; dazu: DUBACH, ALFRED/ LIENEMANN, WOLFGANG (Hg.): Aussicht auf Zukunft: Auf der Suche nach der sozialen Gestalt der Kirchen von morgen. Kommentare zur Studie „Jede(r) ein Sonderfall? Religion in der Schweiz", 2 Bd., Zürich/Basel 1997.

stimmende Kulte sind, desto heftiger entsteht erneut das Bedürfnis nach scharf markierter Distinktion und harter Exklusionspraxis.[8] Wenn Berührung mit Anderem, Rezeption von Fremdem und unübersichtliche Transaktionsprozesse zu tendenzieller Entgrenzung führen, wenn dadurch die innere Konsistenz des eigenen Symbolsystems bedroht wird, dann braucht man eine neue Identitätskonstruktion durch Ausschluss und Abgrenzung.

Offenkundig sind in der neueren nordamerikanischen Religionsgeschichte diese Exklusions- und Inklusionsprozesse nach einem ganz anderen Muster organisiert worden als bei uns. In den USA ist es viel selbstverständlicher, religiöse Organisationen nach nichtreligiösen Organisationskriterien zu bilden. In Los Angeles etwa besteht lange schon ein reich differenziertes Angebot von christlichen Kirchen für spezifische soziale Gruppen, für schwarze Homosexuelle ebenso wie für alle nur denkbaren ethnischen Gemeinschaften. Immer neue Sezessionsprozesse sind möglicherweise gerade ein Zeichen für die hohe Produktivität, für die Evolutionsdynamik dieses religionskulturellen Systems, weil jede neue Abspaltung ja behauptet, dass sie allein überkommene religiöse Sprach- und Bilderwelten konkret und gruppenspezifisch zu transformieren und adäquat zu deuten vermag. Ich nenne dieses System „pluralen Monotheismus". Alle glauben an einen Gott, aber jeder glaubt an seinen eigenen Gott. Amerikanische Religion agiert zumeist sehr viel näher an den Menschen als die meisten europäischen Volkskirchen, die mit solchen Spezifizierungsleistungen religiöser Symbolsysteme erhebliche Schwierigkeiten haben, weil sie sehr viele unterschiedliche Bedürfnisse gleichzeitig befriedigen müssen.

3.4 Religionsdramaturgie oder: Man muss die Selbstinszenierungen religiöser Organisationen deuten

Auch in der Zukunft werden die großen Kirchen die wichtigsten religiösen Akteure in den europäischen Gesellschaften bleiben, trotz ihres vielfach dramatischen Vertrauensverlusts in der jeweili-

[8] HITZLER, RONALD: Individualisierung des Glaubens. Zur religiösen Dimension der Bastelexistenz, in: Anne Honer/Roland Kurt/Jo Reichertz (Hg.): Diesseitsreligion. Zur Deutung der modernen Kultur, Konstanz 1999, 351–368.

gen Bevölkerung und der kontinuierlich anhaltenden Austrittsbewegung. Das Spektrum christlicher Frömmigkeitskulturen wird sich mit großer Wahrscheinlichkeit weiter differenzieren, mit vielen kircheninternen Konflikten und wachsender Bedeutung von „Freikirchen“, „Sekten“, „Pfingstgemeinschaften“ und charismatischen Gruppen. Religionsprognosen sind methodisch höchst problematisch; aber eine ganze Reihe von Indikatoren legt die Vermutung nahe, dass auch in der Bundesrepublik die neuen postrational körperbetonten Formen des Christentums, die bunte Vielfalt der charismatischen und pfingstlerischen Christentümer an Gewicht gewinnen werden – allein schon wegen der Immigration von Christen aus afrikanischen und lateinamerikanischen Gesellschaften nach Europa. Alte wie neue Mitspieler auf den Religionsbühnen des 21. Jahrhunderts aber können auf Strategien der Selbstinszenierung nicht verzichten, wenn sie ihrer zentralen Aufgabe gerecht werden wollen. Nicht zuletzt die christlichen Kirchen leben von einem spezifischen Symbolkapital (Heiligen Schriften, Bekenntnissen, Ursprungsmythen, theologischen Lehren, Zeit- beziehungsweise Feiertagsordnungen, Riten, kultischen Zeichen und Gebärden etc.), das sie zu pflegen und zu tradieren haben. Religiöses Symbolkapital lässt sich als eine spezifische Kapitalsorte deuten. Es hilft Individuen wie kollektiven Akteuren (von kleinen sozialen Gruppen bis hin zur „großen“ Gemeinschaft von Volk und Nation) dazu, Selbstgewissheit zu gewinnen und eine starke Identität auszubilden, und erschließt den Zugang zur gerade in modernen Gesellschaften knapp gewordenen, vielfältig verschütteten lebensdienlichen Ressource Sinn. Kirchen sind religiöse Akteure, und unter den Bedingungen modernitätsspezifischer funktionaler Differenzierung bedeutet dies: Sie leisten der Gesellschaft gerade dann einen guten Dienst, wenn sie religiös effektiv agieren, sich also auf ihr – in ökonomischer Sprache formuliert – Kerngeschäft konzentrieren. Die christlichen Kirchen sind den Menschen (und abgeleitet auch: der Gesellschaft) nichts anderes schuldig als die Verkündigung der befreienden Wahrheit des Evangeliums.

In der alten Bundesrepublik hatten die Kirchen vielfältige sekundäre Aufgaben übernommen, etwa als staatlich alimentierte zentrale Akteure im deutschen Sozialstaatskorporatismus. Möglicherweise haben sie darüber wichtige religiöse Aufgaben vernachlässigt. Viele Indikatoren legen jedenfalls die Vermutung nahe, dass die nachlassende Bindungskraft der Kirchen entscheidend durch ihre mangelnde Sensibilität in Fragen religiöser Kommunikation verursacht worden ist. Die entscheidende Aufgabe der Kirchen, unter pluralistischen Religionsbedingungen neues Vertrauen der Mehrheitsbevölkerung zu gewinnen, liegt dann in einer verstärkten Pflege ihrer religiösen Kernkompetenzen. Dies setzt jedoch harte, konfliktreiche theologische Klärungsprozesse und selbstkritische Auseinandersetzung mit internen Fehlentwicklungen voraus. So zwingt die modernitätstypische Dynamik religiöser Wandlungsprozesse gerade global aktive Religionsdienstleister zu immer neuem, immer präziserem Nachjustieren ihrer Veränderungsseismographen. Erfolgreich agiert, wer sein Profil permanent schärft, also Dialog mit Abgrenzungs- und Identitätsarbeit dramaturgisch plausibel zu verbinden versteht. Wenn diese Einsicht der *religious economics* zutrifft, dann haben viele Kardinäle offenkundig die Botschaft der Religionsökonomie hervorragend verstanden. Nichts unterscheidet die römisch-katholische Kirche so sehr von anderen christlichen Kirchen wie die Institution des zentralistischen Papsttums. Nach offizieller römisch-katholischer Lehre, nach geltendem Kirchenrecht sind im Amt des Papstes Kompetenzen vereint, wie sie in der europäischen Neuzeit keinem anderen politischen oder religiösen Amt je zugeschrieben wurden. Auf die seit dem späten 18. Jahrhundert beschleunigten Prozesse der Modernisierung von Staat und Gesellschaft, also auf moderne Parteiendemokratie, Kapitalismus, offene Gesellschaft und pluralistische Individualitätskultur, hat die römisch-katholische Kirche gerade so reagiert, dass sie immer aufs Neue die Autorität des Papstes und seine symbolischen Machtansprüche erhöht hat. Auch das Zweite Vatikanum hat in Kirchenrecht und Amtsdogmatik daran nichts wirklich entscheidend geändert. Das Papsttum ist, in ökonomischer Sprache formuliert, wichtigstes Alleinstellungsmerkmal der römisch-katholischen Kirche. Dann aber war es eine sehr kluge Politik, nach einem Charismatiker nun einen Kardinal ins Papstamt zu wählen, der wie kein anderer in den letzten Jahren das konfessionelle Profil der eigenen Kirche zu schärfen versucht hat. Je eifriger ökumenische Dialoge geführt wurden, desto markanter hat Joseph Kardinal Ratzinger als Präfekt der Glaubenskongregation gleichzeitig die Exklusivitätsansprüche der eigenen Kirche betont – auch um den Preis der harten, diskriminierenden Abgrenzung von Christen in anderen Konfessionen. Wo manche katholische Gelehrte die Vielfalt gewachsener Moralkulturen ignorieren und so etwas wie Welteinheitskonstruktionen entwickelt haben, hat Ratzinger konsequent auf demonstrative Anerkennung faktischer Differenzen gesetzt. Zugleich hat er immer wieder darauf hingewiesen, dass man religiöse Institutionen mit konzentrierter Energie zusammenhalten muss, weil sie alle intern durch hohe Pluralität und Konfliktdynamik vor allem in moralischen Fragen geprägt sind. Gerade deshalb betont er so konsequent die klare verbindliche Lehre der Kirche, auch in moralischen Fragen. Nur durch prägnant definierte Identität, gestützt auf einen präzis umrissenen ekklesiologischen Begriff ihrer selbst, könne die römische Kirche verhindern, als Teil divergenter Kulturen in ein Ensemble mehr oder minder katholischer Ortskirchen auseinander zu fallen.

In Ratzingers Wahl lässt sich daher durchaus eine sehr interessante Modernisierungsstrategie erkennen: Mit der Entscheidung für den offensivsten intellektuellen Theoretiker einer klassischen ökumenischen Kontrasthermeneutik setzten die Kardinäle auf die Marke prägnanter Unterscheidbarkeit. So fügt sich der Ausgang des ersten Konklaves im 21. Jahrhundert hervorragend in religionskulturelle Entwicklungstrends ein, die sich weltweit seit den siebziger Jahren beobachten lassen. „Harte" Anbieter, die – in den Augen westeuropäischer Intellektueller – dogmatisch starre Glaubenswelten propagieren, zählen im Moment auf allen offenen Religionsmärkten zu den großen Gewinnern. Denn neue harte Religion hat keineswegs nur in traditionell muslimischen Gesellschaften an Einfluss gewonnen. Auch im Christentum expandieren derzeit mit beeindruckender Dynamik gerade jene Gruppen, die mit hoher Durchsetzungskraft und aufgrund ihrer klaren Botschaften zumal viele junge Menschen an sich zu binden vermögen. Aggressives *God-selling*[9] wirkt im Moment weitaus erfolgreicher als die konventionelle kirchliche Vermarktung von Religionsprodukten, deren hohe Mehrdeutigkeit und Unbestimmtheit keine starken Bindungskräfte mehr entstehen lässt.

[9] MOORE, ROBERT LAURENCE: Selling God. American Religion in the Marketplace of Culture, Oxford/New York 1994.

Thomas Meyer

Die Ironie Gottes. Die politische Kultur der Moderne zwischen Resakralisierung und Religiotainment

Im Verhältnis von politischer Öffentlichkeit und gesellschaftlichen Lebenswelten einer Reihe europäischer Länder zeichnet sich eine paradoxe Doppelbewegung ab. Während die kirchengebundene Gläubigkeit deutlich zurückgeht, scheint der Anspruch der Sprecher der Kirchen im öffentlichen Raum eher zu wachsen. Der vorliegende Beitrag beschreibt diese „Ironie Gottes" und bietet Erklärungen für sie an. Vor allem aber unterzieht er sie einer kritischen Betrachtung im Lichte der Grundwerte der liberalen Demokratie.

1. Eine Resakralisierung der Öffentlichkeit?

Die „Rache Gottes", so hatte der französische Philosoph und Islamwissenschaftler Gilles Kepel für die achtziger und neunziger Jahre konstatiert, war die Wiederkehr der überwunden geglaubten Religionen als Fundamentalismus, als Griff nach der absoluten Macht in Kultur, Staat und Gesellschaft.[1] Die „Ironie Gottes", so scheint es heute, ist die Resakralisierung des öffentlichen Raumes bei uns und in anderen Ländern Europas in einer Zeit, da eigentlich die Überzeugungskraft der Religion bei vielen schwindet und ernsthaft bekennende Mehrheiten seit langem nicht mehr in Sicht sind.[2] Dennoch sind es die Stimmen des organisierten Christen-

[1] Kepel, Gilles: Die Rache Gottes. Radikale Moslems, Christen und Juden auf dem Vormarsch, München 1991.

[2] Vgl. zu beiden Phänomenen Gabriel, Karl/Reuter, Hans-Richard (Hg.): Religion und Gesellschaft. Texte zur Religionssoziologie, Paderborn 2004, sowie den Beitrag von Karl Gabriel in diesem Band.

tums, die im öffentlichen Raum nahezu unangefochten mit dem Anspruch auftreten, der berufene Anwalt der öffentlichen Moral zu sein. Die voranschreitende christliche Resakralisierung der Öffentlichkeit folgt dem fundamentalistischen Griff der politisierten Religionen nach der Macht nicht zufällig. Sie gewinnt, so scheint es heute, eine unterschwellige Legitimität auch aus den Fortschritten, die die fundamentalistischen Bewegungen in ihrer Epoche gemacht haben, und den anhaltenden Ängsten, die sie im liberalen Christentum und großen Teilen der säkularen Gesellschaft erzeugen. Nun beginnen sich die Gewichte zu verschieben.

Dem stetig erneuerten Verlangen von Kurienkardinal Josef Ratzinger, dass erst die christliche Lizenzierung die säkulare Vernunft mit dem humanistischen Geist Europas und dem demokratischen Rechtsstaat verträglich mache, ist nicht nachdrücklich widersprochen worden.[3] Selbst Jürgen Habermas, der unermüdlich als Leuchtturm des aufgeklärten Geistes inmitten des postaufklärerischen Zwielichts der Gegenwart wirkt, konnte dieser These durchaus etwas abgewinnen.[4] Das Wort des Kirchenmannes und der ganze öffentliche Anspruch, den es geltend macht, scheinen unter dem Schutz der weltweiten Faszination zu stehen, die von der Wirkung der einzigartigen sakralen Theatralität des großen Medienpapstes Johannes Paul II. und seinem unleugbaren Beitrag zur Entkleidung der kommunistischen Macht von den letzten Resten ihres Legitimationsscheins ausging. Sie fand dann in seinem öffentlichen Sterben ihr atemberaubendes Finale. Die blendende ästhetische Form einer demonstrativen charismatischen Öffentlichkeit, die der Papst den Ansprüchen der nichtchristlichen Fundamentalisten profaner und religiöser Überzeugung in Europa und großen Teilen der Welt mit wachsender Überzeugungskraft entgegenzusetzen verstand, hat die Bedingungen dafür geschaffen, dass sich seit dem Ende der ideologischen Ost-West-Konfrontation Zug um Zug eine weitgehende christliche Resakralisierung des Öffentlichen vollziehen konnte.

[3] RATZINGER, JOSEPH: Salz der Erde. Christentum und katholische Kirche an der Jahrtausendwende – ein Gespräch mit Peter Seewald, Stuttgart 1996.

[4] HABERMAS, JÜRGEN/RATZINGER, JOSEPH: Dialektik der Säkularisierung. Über Vernunft und Religion, Freiburg i.Br. 2005.

Das Zusammentreffen der fundamentalistischen Herausforderung mit der neu erwachten Macht einer selbstbewusst inszenierten Gegenöffentlichkeit des organisierten Christentums, zuerst des katholischen Papstes allein, nachfolgend aber auch von Wortführern anderer Kirchen, hat dieses Modell als erträglichere Alternative der geistigen Füllung des von der Säkularisierung geleerten öffentlichen Raumes für viele plausibel werden lassen, offenbar auch für solche, die seine Glaubensgrundlagen in keiner Weise teilen. Kardinal Ratzingers Umwertung der Werte in Sachen Vernunft und Öffentlichkeit hat das Koordinatensystem der modernen Kultur in Europa kurzerhand ins Gegenteil verkehrt, ohne dass Gegenstimmen von gleichem Gewicht oder vergleichbarer öffentlicher Aufmerksamkeit Einhalt geboten hätten. Das organisierte, in seinen politischen Ambitionen durchaus liberalisierte Christentum scheint im Begriff, die Vormundschaft über den öffentlichen Raum Europas mit Samthandschuhen zurückzuerobern, dessen Beherrschung als von Gott selbst eingesetzter Zuchtmeister es durch die zwanglose Macht der Aufklärung vor nicht allzu langer Zeit eingebüßt hatte. Larry Siedentops einflussreiche politische Hermeneutik, der zufolge der Geist des Christentums ohnehin die zwar ungeschriebene, aber deswegen nicht weniger gültige Tiefenverfassung der liberalen Demokratie Europas sei, liefert dazu einen der wissenschaftlichen Begleittexte.[5] Ein anderer besteht in der Übertragung des voraussetzungsreichen amerikanischen Konzepts der „Zivilreligion“ auf europäische Verhältnisse, mit dem nicht ganz so offen ausgesprochenen Subtext, die Religion sei ohnehin die eigentliche Grundlage der politischen Kultur der Demokratie.[6]

Ist die Ironie Gottes nun die unblutige Waffe, mit der der Rache Gottes, dem Vormarsch des Fundamentalismus der Anderen an so vielen Fronten und in so vielerlei Gestalt Einhalt geboten werden kann? Ist sie der Preis, den auch die weitgehend säkularisierte Gesellschaft zu entrichten bereit ist, um die fundamentalistischen Versuchungen abzuwehren? Für einen Gezeitenwechsel spricht auch das für den Beginn des dritten Jahrhunderts nach der Aufklärung verwunderliche Verlangen, das Europa des politischen Liberalismus, der religiösen Vielfalt und der vorangeschrittenen Säkularisie-

5 SIEDENTOP, LARRY: Demokratie in Europa, Stuttgart 2000.

6 SCHIEDER, ROLF: Wieviel Religion verträgt Deutschland? Frankfurt a.M. 2001.

rung bedürfe nun einer nachgelagerten Beglaubigung durch die Anrufung des Gottes der christlichen Tradition in der Präambel des Verfassungsentwurfs für die EU. Es hätte Erfolg haben können, wären dem nicht die formale Staatsräson des laizistischen Frankreich und der politische Wille einiger anderer Skeptiker, zu denen die Bundesrepublik Deutschland bemerkenswerterweise nicht gehörte, im Wege gewesen. Beide großen Kirchen unseres Landes hatten Zusammenarbeit beim Kampf um die Rückholung Gottes in die Vertragsgrundlage des politischen Europa vereinbart und auch praktiziert, die Unterstützung der Bundesregierung war versprochen.

Immanuel Kant hatte als der eigentliche große Wegbereiter des demokratischen Verfassungsstaats der Gegenwart zu Beginn der liberalen Epoche das Erbe der christlichen Religion als öffentliche Macht in die Grenzen der Vernunft verwiesen, ihm in dieser Gestalt aber eine unentbehrliche Rolle bei der Gewährleistung der Moralität in der modernen Welt zugeschrieben. „Die Moral, sofern sie auf dem Begriffe des Menschen, als eines freien, ebendarum auch sich selbst durch seine Vernunft an unbedingte Gesetze bindenden Wesens, gegründet ist, bedarf weder der Idee eines anderen Wesens über ihm, um seine Pflicht zu erkennen, noch einer anderen Triebfeder als des Gesetzes selbst.“[7] Kardinal Ratzinger brachte die radikale Umkehrung dieses Verhältnisses, wie sie sich seit den neunziger Jahren in Europa tatsächlich abzuzeichnen beginnt, mit harter Hand auf den Punkt, als Papst Benedikt XVI. nun *orbi et urbi* unter dem Jubel auch einer wachsenden Zahl von Ungläubigen. Schreitet die Resakralisierung der Öffentlichkeit jetzt unaufhaltsam voran? Dafür spricht eine Reihe gewichtiger Anzeichen, nicht allein auf der Ebene der öffentlichen Diskurse selbst, sondern ebenso im Bereich der gesellschaftlichen Grundlagen, die ihnen Gewicht und Resonanz verleihen.

Wohlgemerkt, es geht beim Thema „Resakralisierung der liberalen Öffentlichkeit“ nicht um das Recht auf eine öffentliche Rolle für die christlichen Moralinteressen. Sie zu bestreiten wäre, wie der führende Säkularisierungstheoretiker José Casanova überzeugend dargelegt hat, nicht nur im republikanischen Sinne tö-

[7] KANT, IMMANUEL: Werke, hg. von Wilhelm Weischedel, Darmstadt 1969, Bd. 7, 649.

richt, sondern ein massiver liberaler Selbstwiderspruch.[8] Zur Diskussion stehen vielmehr die sichtbaren Anfänge eines Beinahe-Monopols. Die Macht, die die Stimme des organisierten Christentums in Deutschland in den für ein selbstbestimmtes Leben und Sterben der Menschen zunehmend ausschlaggebenden neuen Fragen der Bioethik fast unangefochten innehat, ist ein wichtiges Indiz dafür. Dass eine Demonstration christlicher Bürgerinitiativen gegen den von der Berliner Landesregierung vorgesehenen gemeinsamen Ethikunterricht an den Schulen des Landes in der Parole Ausdruck finden konnte „Gott ist größer als der Berliner Senat", ist ein ernstes Besorgnis begründendes Alarmzeichen. Schon scheint sich ein Hauch von Fundamentalismus in der neuen Hegemonie des christlichen Geistes bemerkbar zu machen. Es ist also an der Zeit, zu einer Besinnung über die Grenzen des Zuträglichen einzuladen. Vielleicht kann es ja gelingen, sie deutlicher zu markieren.

2. Eine ambivalente Verführung: „Zivilreligion"

Der Begriff der „Zivilreligion" geht in erster Linie auf die Arbeiten des amerikanischen Religionssoziologen Robert N. Bellah und seinen Versuch zurück, das eigentümliche Sonderverhältnis der Religion in den USA zu Staat und Politik zu erklären.[9] Während die Trennung von Staat und Religion dort, einem dringlichen Verlangen der dominanten christlichen Denominationen selber folgend, streng ist, spielte die Religion als unangefochtene zivilgesellschaftliche Vormacht seit eh und je die erste Geige in allen Bereichen der Politik des Landes. Religion war immer zugleich konsequent entstaatlicht und fraglos politisch hegemonial. Diesen Exzeptionalismus der USA bringt der Begriff der Zivilreligion prägnant auf den Punkt.

[8] CASANOVA, JOSÉ: Chancen und Gefahren öffentlicher Religion. Ost- und Westeuropa im Vergleich, in: Otto Kallscheuer (Hg.): Das Europa der Religionen. Ein Kontinent zwischen Säkularisierung und Fundamentalismus, Frankfurt a.M. 1996, 181–210, sowie ders.: Private und öffentliche Religionen, in: Hans Peter Müller/Steffen Sigmund (Hg.): Zeitgenössische amerikanische Soziologie, Opladen 2000.

[9] BELLAH, ROBERT N.: The place of religion in human action, in: The Review of Religion 22 (1958), sowie ders.: Beyond Belief, New York 1970.

In Deutschland hingegen begleitet der Versuch seiner Einführung den Prozess der Resakralisierung des öffentlichen Raums in einer kennzeichnend doppeldeutigen Weise. Er strebt dem amerikanischen Vorbild nach, ohne die beträchtliche Differenz der Verhältnisse hier und dort ignorieren zu können. Einerseits soll er die zivilgesellschaftliche Rolle der Religionen in rechtsstaatlichen Demokratien bezeichnen, also den spezifischen Beitrag, den sie zur politischen Kultur der Demokratie leisten können. Andererseits soll er aber nach der Auffassung prominenter Autoren auch einer Deutung Ausdruck verleihen, der zufolge die letzten Wertgrundlagen demokratischer Verfassung im Grunde genommen stets unvermeidlich von religiöser Qualität sein müssen.[10] Der Unterschied zwischen diesen beiden Verwendungsweisen des Begriffs ist groß und folgenreich. Darum ist vor allem ein Sprachgebrauch, bei dem diese beiden ganz verschiedenartigen Bedeutungen in ungeklärter Gemengelage gleichzeitig in Anspruch genommen werden, unvertretbar.

Sollte es nämlich tatsächlich der Fall sein, dass die letzten Wertgrundlagen demokratischer Verfassung unweigerlich religiöser Natur sind, so würden die Sprecher der Religionen, die diesen Anspruch erheben, gleichsam auf natürlichem Wege zu den berufenen Anwälten und Interpreten dessen, was die politische Kultur eigentlich verlangt und in konkreter Lage zu bedeuten hat. Die jeweils einschlägigen Religionen und die, die in ihrem Namen sprechen, wären auf diese Weise als Hüter der politischen Kultur des demokratischen Rechtsstaats von Hause aus privilegiert. Stillschweigend wären sie dann immer schon in einer kulturell hegemonialen Position, die die Redeweise von der „christlichen Zivilisation" des Westens zwar nur auf atmosphärische, aber eben doch auch konkret nutzbare Weise mit einem handfesten politischen Inhalt versehen würde. Aus diesem Dilemma führt eine beschwichtigende Deutung, der zufolge die letzten politischen Werte der Demokratie *wie* ein religiöser Glaube Geltungskraft besitzen und einfordern, nicht heraus. Denn entweder müssten dann die Unterschiede zu wirklichen Religionen deutlich gemacht werden oder die Identifikation mit Religion wäre eben doch vollzogen.

[10] SCHIEDER: Religion.

Es gibt in der Geschichte der Bundesrepublik Deutschland einen bemerkenswerten Präzedenzfall für den Versuch, die Grundwerte der christlichen Tradition als die eigentliche Tiefenverfassung der geschriebenen Verfassung in Stellung zu bringen und für die Entlegitimation einer unliebsamen Politik der parlamentarischen Mehrheit zu nutzen. Kurz nach der Amtsübernahme der sozialliberalen Regierung im Jahr 1969 und ihren Versuchen, auf so zentralen Handlungsfeldern wie der Mitbestimmung und der Schwangerschaftsunterbrechung den verfassungsmäßigen Spielraum für die gesetzliche Regelung der sozialen Grenzen des Eigentumsrechts und des Verhältnisses der Selbstbestimmung schwangerer Frauen und Rechte des ungeborenen Lebens auszuschöpfen, begann eine leidenschaftliche Grundwertediskussion, die diese Reformprojekte ihres demokratisch-rechtsstaatlichen Legitimationsanspruchs entkleiden wollte.[11] Sie zielte auf den Nachweis einer Art weltanschaulicher Aura der Verfassung ab, in deren Licht der Gesetzgeber die geschriebenen Artikel auszulegen habe. Wenn sich eine solche These auf die Anrufung Gottes im Verfassungstext selbst berufen kann, hat sie durchaus eine gewisse Durchsetzungschance. Auch das Bundesverfassungsgericht, das in den genannten Zusammenhängen von der christlich argumentierenden Opposition angerufen wurde, scheint in dieser Hinsicht nicht ganz unbeeindruckt geblieben zu sein.

In den USA ist die Vorstellung einer weltanschaulichen Aura der Verfassung, die das oberste Gericht neben dem profanen Text in seine Urteilsfindung einbeziehen kann, ein umstrittenes öffentliches Diskussionsthema. Sogar in der verfassungsrechtlichen Debatte hat sich dort die Vorstellung eines weltanschaulichen Halbschattens der Verfassung, unter dem Terminus *penumbra*, eingebürgert, der selber eine Art übergeordnetes Verfassungsrecht konstituiert. In den beiden spektakulären Urteilen „Griswold versus Connecticut" 1971 und „Roe versus Wade" 1973 ist dieser zwar für eine liberale Auslegung der Verfassung in den beiden Fragen des absoluten Schutzes der Privatheit und der Schwangerschaftsunterbrechung in Anspruch genommen worden. Es hängt

[11] GORSCHENECK, GÜNTER (Hg.): Grundwerte in Staat und Gesellschaft, München 1977; KIMMINICH, OTTO: Die Grundwerte im demokratischen Rechtsstaat, in: Zeitschrift für Politik (NF) 24/1 (1977).

aber, wenn die These selbst erst einmal eine gewisse Plausibilität gewonnen hat, ganz von den weltanschaulichen Orientierungen der obersten Richter ab, welchen tatsächlichen Niederschlag eine solche als religiös-politisch interpretierte Aura in den Urteilen des obersten Gerichts und im politischen Prozess auch einer durch und durch liberalen Demokratie finden kann. Die Anrufung Gottes in der Verfassung kann sich unter diesen Umständen als eine folgenreiche Weichenstellung erweisen.

Die problematische Ambivalenz des Begriffs der Zivilreligion resultiert aus der mangelnden Unterscheidung zwischen letzten und vorletzten Überzeugungen im Hinblick auf die Grundlagen des öffentlichen Zusammenlebens. Bei den soziokulturellen Grundwerten, die den Kern der politischen Kultur der Demokratie ausmachen, vor allem Freiheit, Gerechtigkeit, Solidarität, Zivilität und die Fähigkeit, Gemeinsamkeit in den Grundüberzeugungen und Konflikte in der Sache miteinander verbinden zu können und zu wollen, handelt es sich um Wertüberzeugungen, zu denen sich Menschen auf der Basis höchst unterschiedlicher weltanschaulicher, religiöser oder profan vernünftiger Letztbegründungen entscheiden können. Sie sind keine Religion und setzen auch keine voraus.

Für die unbedingte Geltung dieser politischen Grundwerte im Bewusstsein der einzelnen Person spielt es zwar tatsächlich eine ausschlaggebende Rolle, wie diese sie für sich in ihre jeweiligen letzten Überzeugungen einbettet. Welche besondere Glaubensüberzeugung jedoch bei der Vielfalt der Einzelpersonen zu dieser Überzeugung führt, spielt für die kollektive kulturelle Geltung der politischen Grundwerte keine Rolle. Diese beruht auf Gründen profaner Vernunftüberzeugungen, denen alle Bürger unabhängig von ihren Letztüberzeugungen zustimmen können, mögen diese säkular-humanistischer, religiöser oder anderer Natur sein. Für die politischen Grundwerte des demokratischen Gemeinwesens kann und muss mit Vernunftgründen geworben werden, denen zuzustimmen keine spezifischen Glaubensüberzeugungen voraussetzt. In den USA so gut wie in Indien, Indonesien oder der Bundesrepublik Deutschland stimmen Christen verschiedenster Observanz, Muslime, Hindus, Buddhisten und säkulare Humanisten gleichermaßen in der vorbehaltlosen Akzeptanz der politischen Grundwerte des demokratischen Rechtsstaats überein. Die religiös Motivierten unter ihnen tun dies überwiegend vermutlich in der Überzeugung, damit auch ihrem religiösen Glauben einen Dienst zu erweisen. Gleichzeitig lehnen unterschiedlich große Gruppen ihrer jeweiligen Glaubensgenossen aus Gründen, die sie in den politischen Konsequenzen ihrer Religion zu finden meinen, dieselben politischen Grundwerte leidenschaftlich ab.[12]

Das Argument von John Rawls, wonach die Grundwerte des politischen Liberalismus ihre reale Geltungsmacht nur dort entfalten können, wo sie in weltanschaulich gestützte Lebensformen eingebettet sind, die sich im Hinblick auf sie überlappen, setzt weder voraus, dass es sich dabei um Religionen im strikten Sinne handeln muss, noch dass die Grundwerte durch die Einbettung selber eine Art religiöser Qualität gewinnen.[13] Es geht bei dem Einbettungsargument nicht um Begründung, sondern um die soziale Stabilisierung von Motivationen. Wegen der unaufhebbaren Differenz von Letztem und Vorletztem in den politischen Überzeugungen von Personen ist es nicht nur missverständlich, sondern in der Sache falsch und in den Konsequenzen fatal, den Begriff der Religion zur Begründung politischer Grundwerte in Anspruch zu nehmen. Diese können vielmehr für alle im Hinblick auf die persönlichen Überzeugungen nur vorletzte Wertentscheidungen sein, auch wenn sie für das politische Gemeinwesen letzte Verbindlichkeit beanspruchen.

Jeder synchrone und diachrone Vergleich erweist, dass alle Religionen der Welt einen Beitrag zur politischen Kultur der rechtsstaatlichen Demokratie leisten können, aber nicht müssen. Keine von ihnen nötigt dazu von Haus aus. Sie tun es dann und nur dann, wenn große Gruppen von Personen aus ihnen ihre Entscheidungen für den demokratischen Rechtsstaat ableiten. Es ist in diesen Fällen aber, wie der historische Längsschnitt unmissverständlich belegt, die Idee der rechtsstaatlichen Demokratie, die den politischen Gebrauch der Religion in einem sehr späten Stadium ihrer Entwicklung zivilisiert hat, und nicht die ursprüngliche Glaubenssubstanz der Religion, die die Grundwerte der rechtsstaatlichen Demokratie aus sich heraus geboren hatte.

[12] MEYER, THOMAS: Identitätspolitik. Vom Missbrauch kultueller Unterschiede, Frankfurt a.M. 2002.

[13] RAWLS, JOHN: Politischer Liberalismus, Frankfurt a.M. 1998.

Die politische Kultur der rechtsstaatlichen Demokratie ist für die Möglichkeit und den Erhalt ihrer Institutionen ein Letztes, aber nicht für die Glaubenswelt der Menschen und Bürger, auf deren Unterstützung sie angewiesen ist. Sie ist eben eine gesellschaftliche Kultur und keine Religion, weil sie nichts anderes zum Ausdruck bringen kann, will und darf als einen Kosmos sozialkultureller Orientierungen im Hinblick auf die politische Dimension des Zusammenlebens der Vielen. Sie wirkt „wie eine Religion" nicht im Verhältnis zur Person, sondern allenfalls in analoger Redeweise zu den staatlichen Institutionen. Dabei verspricht sie Erlösung oder Heil gerade dann nicht, wenn sie den Werten des politischen Liberalismus verpflichtet ist. Darum ist es im Hinblick auf das, was Religion für die Überzeugungswelt der Person ist, ein Missverständnis, den Ausdruck Zivilreligion zur Umschreibung der Funktionsweise politischer Kultur in demokratischen Rechtsstaaten zu benutzen.

In den USA mit ihrer höchst eigensinnigen Tradition der Rolle religiöser Überzeugungen im öffentlichen Leben eines liberalen Rechtsstaats ist das Konzept durch die einflussreichen Studien Robert N. Bellahs fest verankert und in der Sache fundiert. Die Probleme, die daraus hervorgehen können, zeigen sich gerade in jüngster Zeit, wo sich die Grauzone zwischen politisch fungierender Zivilreligion und Fundamentalismus im öffentlichen Raum auszuweiten beginnt und die großen Entscheidungsfragen des Gemeinwesens als scheinbar bloße Glaubensfragen ihres unvermeidlich politischen Charakters entkleidet werden sollen, um sie der legitimen Kontroverse zu entziehen.

Die plötzliche Prominenz des doppelsinnigen Begriffs der Zivilreligion in Europa und durch die Studie Rolf Schieders nun auch in Deutschland scheint diesen nun in die Rolle einer wirkungsvollen Scheinbegründung für die neue Hegemonie der Religion im öffentlichen Raum zu bringen. Er ist im Begriff, eine Diskursatmosphäre zu schaffen, in der nun auf einmal auch hierzulande Religion als die eigentliche Grundlage des demokratischen Rechtsstaats erscheint. Auf diesem Wege wird der Tendenz zur Resakralisierung der Öffentlichkeit eine Art demokratiepolitische Weihe erteilt.

Für die politische Kultur der liberalen Demokratie bleibt konstitutiv, dass ihre Grundwerte und Basisorientierungen zwar für das

Gemeinwesen, nicht aber für den einzelnen Bürger ein Letztes sind. Für diesen können und dürfen sie nur ein Vorletztes sein, denn seine bestimmenden Gründe für Moralüberzeugungen und Lebensethik, Weltanschauungsgewissheiten und Glückserwartungen sind für das freie Gemeinwesen nicht konstitutiv, wohl aber dafür, dass der Einzelne sie als Voraussetzung und Rahmen für sein eigenes Leben nutzen, schätzen und stützen will. Unter den Weltanschauungen, die in der Gegenwartswelt persönliche Letztüberzeugungen von Menschen formen und begründen, die für die politische Kultur der Demokratie einstehen, können beispielsweise Konfuzianismus und Mihayana-Buddhismus sowie die verschiedenen Varianten säkularer Lebensformen nicht sinnvoll als Religionen bezeichnet werden, wenn etwa die Existenz personifizierter Gottheiten in einer Jenseitswelt und die Unsterblichkeit der Seelen zu den Bestimmungsfaktoren von Religion gerechnet werden. Die Gleichsetzung jeder Art persönlicher Letztüberzeugung mit Religion ist aber im Hinblick auf die Streitfragen, um die es dabei geht, nur eine *petitio principii.*

Es ist eine alte Versuchung, die seit dem Beginn der Säkularisierung immer wieder neu bemüht und begründet worden ist, alle Arten von Letztüberzeugungen als Religionen zu deklarieren und die auf diesem Wege erzeugte Banalisierung jedes wirklichen Religionsglaubens als eine Art Beweis der Unvermeidlichkeit von Religionsglauben überhaupt zu nehmen. Das scheint für die Fürsprecher religiöser Konfessionen den Vorzug der Beweisentlastung und Normalisierung zu haben, weil dann ja das Nicht-Haben von Religion gar nicht denkbar wäre und mithin Religiosität zum selbstverständlichsten Faktum würde. Dann wäre auch der Unterschied zwischen säkularer Vernunft und Religion im Prinzip eingeebnet, so dass der Anspruch vernunftkritischer Prüfung religiöser Weltdeutungen und politischer Forderungen für den Gebrauch in der öffentlichen Arena in sich zusammenbricht. Der Dualismus von Vernunft und Religion, von universalistischer Argumentation und partikulärer Gewissheitsüberzeugung wäre transformiert in einen bloßen Parallelismus divergenter Religionen, die füreinander keinen kritischen Maßstab und auch keine Geltungskritik mehr darstellen können, da sie letztlich alle auf derselben Art von Glauben beruhten. Eine solche Entlastung von kritischer Überprüfung eigener Geltungsansprüche im politischen Gebrauch fordert freilich den Preis einer Trivialisierung von Religion und religiösem Glauben, die dann ja beide zu unvermeidlichen universellen Alltagspraktiken würden und somit das besondere Verdienst, das sich die Gläubigen in allen wirklichen Religionen durch Glaubensüberzeugungen erwerben sollen, um Erlösung zu finden, gerade nicht gewährleisten können.

Es gibt freilich ein Drittes zwischen Religion und säkularer politischer Vernunft, nämlich die politischen Pseudoreligionen. Die großen Beispiele des 20. Jahrhunderts sind der hinlänglich untersuchte und dokumentierte Beleg dafür.[14] Beide, Nationalsozialismus und Kommunismus, haben sich umfassend, prinzipiell und in allen Dimensionen, aus den Arsenalen der religiösen Überlieferung bedient und sie für ihre eigenen Zwecke fantasievoll und hemmungslos benutzt. Beide stellten ein Erlösungsversprechen ins Zentrum ihrer ideologischen Verheißungen. Sobald die eigenen Bestrebungen zum Sieg geführt und alle Gegner niedergerungen wären, sollte das Zusammenleben der Auserwählten frei sein von Widersprüchen, Konflikten, Mangel und Not. Eine Art säkularisiertes Paradies stand in Aussicht. Den großen Führern wurde ein Charisma zugeschrieben, das seine Quelle jedenfalls nicht in der Zustimmung der Anhänger und auch nicht in bloßer Handlungskompetenz hatte, sondern aus der Verkörperung einer historischen Mission in dem einen Fall und des Schicksals der Volksgemeinschaft in dem anderen Fall bezog. Züge des Endzielhaften und Jenseitigen, eine profan geschminkte Eschatologie standen im Mittelpunkt beider Varianten dieses politischen Legitimationsglaubens. Vor allem die Rituale, Liturgien und visuellen Selbstinszenierungen beider Bewegungen, einander in vielerlei Hinsicht bis ins Detail hinein zum Verwechseln ähnlich, waren religiösen Ursprungs. Die Dichte, Allgegenwart und Eindringlichkeit der liturgischen Rituale dieser pseudoreligiösen politischen Ideologien übertrafen alles, was die Kirchen und Religionen bis dahin im öffentlichen Raum in dieser Hinsicht aufgeboten hatten.

Von den wirklichen Religionen unterschieden sich diese Glaubenssysteme aber vor allem darin, dass von Anfang an dem unvoreingenommenen Verstand erkennbar war, dass ihre Verheißungen

[14] HUTTNER, MARKUS: Totalitarismus und säkulare Religionen. Zur Frühgeschichte totalitarismuskritischer Begriffs- und Theoriebildung in Großbritannien, Bonn 1999.

auf Lügen und der Missachtung der Menschenwürde beruhten und das Heil, das sie zu stiften vorgaben, nicht nur für ihre Gegner, sondern auch für die Anhänger selbst sich absehbar als Unheil erweisen würde. Beide glaubten im Namen der Gewissheitsansprüche, die sie verkörperten, zu grenzenlosem politischen Handeln ermächtigt zu sein und keine Grundrechte und keinen Würdeschutz respektieren zu müssen. Im Namen des Heils, das sie versprachen, wurde alles zum Material für den Bau der neuen Welt, auch die Menschen selbst. Ein derartig entgrenzter politischer Gestaltungswahn war historisch beispiellos. Der Holocaust der Nationalsozialisten ist zu seinem historischen Symbol für ihn geworden. Der Archipel Gulag, eine allgegenwärtige Parallelgesellschaft des Terrors, in die jeder zu jeder Zeit gestoßen werden konnte, sein stalinistisches Gegenstück.

Bei beiden Ideologien handelte es sich trotz der schamlosen Anleihen aus religiösen Traditionen bis hin zur falschen Metaphysik gerade nicht um politische Religionen und schon gar nicht um Zivilreligionen, zu Letzterem fehlte es schon an der Voraussetzung der Zivilität. Beide Beispiele zeigen, dass eine Deklaration der Grundlagen politischer Gemeinwesen als ihrer Natur nach religiös, weil sie für deren Legitimationsanspruch eine Art „Letztbegründungen" darstellen, unhaltbar ist. Sie ist in der Sache nicht gerechtfertigt, denn solche Legitimationsgrundlagen können, wie die Geschichte in mannigfachen Beispielen zeigt, durchaus frei von religiösen Ansprüchen sein und sie degradieren die wirklichen Religionen wider Willen, da sie den Unterschied zwischen ihnen und den Artefakten der Machtsicherung verwischen.

Was bleibt, ist der grundlegende Befund: Politische Kultur als Überzeugungsfundament politischer Gemeinwesen muss nicht religiös geprägt sein und die politischen Konsequenzen, die aus Religionen gezogen werden können, müssen nicht von vornherein der Legitimation bestehender Gemeinwesen zugute kommen, und gewiss nicht dem demokratischen Rechtsstaat. Das Wechselverhältnis zwischen beiden ist vielmehr offen und voraussetzungsreich. Welchen Beitrag Religionen zur Legitimation und Stabilität demokratischer Rechtsstaaten leisten können, hängt entscheidend davon ab, ob die politische Religion ihrerseits erfolgreich zivilisiert worden und vor allem vom Bürgergeist moderner Zivilgesellschaften durchdrungen ist. Die Logik der Zivilisierung entstammt aber gerade nicht den Quellen der Religionen selbst, sondern den Lebensbedingungen eines aufgeklärten Gemeinwesens, die unter anderem das Zusammenleben einander widersprechender Religionen und Weltanschauungen ermöglichen müssen.

3. Die Rolle des Religiotainments

Zu den Ironien der Resakralisierung des öffentlichen Raums gehört es, dass ausgerechnet das Fernsehen und seine theatralen Unterhaltungsinszenierungen, die von der Kulturkritik schon seit ihren Anfängen als eine Methode der hedonistischen Austreibung des Geistes aus dem Bewusstsein des Massenpublikums gegeißelt worden sind, sich nun als Königswege für die Rückgewinnung der öffentlichen Dominanz christlicher Religion erweisen. Sie waren durch ihre das Alltagsleben ordnenden, sinnprägenden und es zugleich hyperreal steigernden Rituale, die fast alle Funktionen übernehmen können, für die einst allein die Religionen im Leben der Menschen zuständig waren, schon selbst in den soziologischen Rang von Religionserben erhoben worden. Und nun werden sie zu Bühnen, auf denen die Papstkirche seit Johannes Paul II. mit atemberaubender Anpassungsfähigkeit ihre grandiosen Inszenierungen aufführt und in denen die evangelikalen Telekirchen der USA ein Medium der Massenerweckung entdeckt haben, das ihre Wirkungen auch auf Menschen, die ursprünglich kaum an der spirituellen Botschaft interessiert sind, auf unverhoffte Weise potenziert. Die Erlebniswelten des theatralen Entertainments und der geistigen Weihestunde verschmelzen in den avanciertesten sakralen Fernsehinszenierungen, steigern sich in ihrer hybriden Verbindung wechselseitig und erreichen und begeistern ein historisch beispiellos anwachsendes Massenpublikum. Religiotainment wird zum Wegbereiter der Resakralisierung des öffentlichen Raums. Der weltweite Triumphzug der medialen Amerikanisierung lässt erwarten, dass im Großen und Ganzen, wenn auch in länderspezifischen Varianten, andere Kirchen und religiöse Gemeinschaften, durchaus auch hierzulande, in absehbarer Frist dem päpstlichen Beispiel und den Inszenierungskünsten der Teleevangelisten folgen werden, um die Gelegenheiten, die ihnen das Fernsehen zur unterhaltsamen Selbstdarstellung bietet, im Interesse ihres Glaubens zu nutzen.[15] Historisch gesehen schließt sich damit auf verblüffende Weise ein großer Kreis. Die Bilderwelt des katholischen Mittelalters galt der protestantischen Reformation als Sakrileg. Martin Luther hatte das Ende der visuellen Kultur des metaphysischen Zeitalters, in dem dem Volk nicht durch das Hören der lateinischen Texte, sondern durch das Sehen der gemalten biblischen Botschaften die göttliche Ordnung vor Augen geführt werden konnte, mit dem Diktum besiegelt: „Und ist Christi Reich ein Hör-Reich, nicht ein Seh-Reich."

Der Denker der Moderne, der unter dem Eindruck zugleich des unaufhaltsamen Universalismus ihrer Kultur und der Massenwirkung des Films schon in den zwanziger Jahren des vergangenen Jahrhunderts die Revisualisierung der Kommunikationskultur als Zukunftsverheißung verkündete und begründete, war der ungarische Künstler, Intellektuelle und Filmwissenschaftler Béla Balázs.[16] In ihm fand der Film als Sendbote der visuellen Kultur der Moderne seinen ersten großen Theoretiker und den ersten visionären Deuter von Visualität als neuer Form der Wahrheit. Er proklamierte, dass im anbrechenden Zeitalter der bewegten Bilder ohne die falschen Vermittlungen durch Sprache mit ihren hartgesottenen Konventionen und ideologischen Mustern und ohne ihre Umwege über Texte, die letztlich doch nicht für alle zu erreichen sein werden, eine neue universelle Kommunikationskultur beginne. Die Unmittelbarkeit der Bilder, die ohne Ausnahme alle direkt erreichen, kenne keinerlei Grenzen und begründe zum ersten Mal in der Geschichte eine herrschaftsfreie universale Kommunikationskultur. Die visuelle Kommunikation der sich gebärdenden Körper sei mithin nicht nur das Medium unentfremdeter Selbsterfahrung des Einzelnen, sondern endlich gelingende menschliche Kommunikation und damit gleichsam die visuelle Korrespondenz der unmittelbar verkörperten Seele. Das klingt, als wollte er das gemeinschaftliche Fernseherlebnis einer teleevangelikalen Masseninszenierung nach amerikanischer Art auf den Begriff bringen.

Das Fernsehen hat in unseren Tagen das von Balázs antizipierte Werk auf seine eigene Weise vollendet. Die Vision einer neuen

[15] PLASSER, FRITZ/PLASSER, GUNDA: Globalisierung der Wahlkämpfe. Praktiken der Campaign Professionals im weltweiten Vergleich, Wien 2002.

[16] BALÁZS, BÉLA: Der Geist des Films, Frankfurt a.M. 1982.

Kultur der Visualität ist unter dem Einfluss von Fernsehen und Werbekommunikation im Begriff, sich in der Gegenwartsgesellschaft zu erfüllen, freilich in einer Weise, die äußerlich betrachtet alles in den Schatten stellt, was der Begründer der Filmtheorie für möglich gehalten hätte. Unsere Kultur ist auf dem Weg zu einer visuellen Kultur in genau dem Sinne zu werden, den Balázs im Auge hatte, und sie ist es genau infolge des Mechanismus, den er beschrieben hat, wenn auch die geistigen Wirkungen ganz andere sein dürften, als er sie sich erhoffte. Wer sich in dieser visuellen Kommunikationskultur behaupten kann, behält oder steigert seine öffentlichen Wirkungschancen, wer seine Botschaften nicht in ihre Sprache zu übersetzen vermag, gerät an den äußersten Rand des öffentlichen Geschehens. Das gilt vor allem für die argumentierende Vernunft. Sie gibt kein gutes Bild und ist auch selten sonderlich unterhaltsam.

Die visuellen Medien sind in die Lebenswelten eingedrungen und prägen sie von innen her. Sie werden selbst zum wichtigsten Teil der Primärerfahrung für viele Menschen und zu einem Interpretationsrahmen für ihr eigenes Leben und das Verständnis der Welt. Dieser Befund stützt sich auf die beiden Voraussetzungen, dass die mediale Welt der Gegenwart eine Welt ist, in der das Fernsehen zur alles prägenden Kulturmetapher wird, und dass es durch seine spezifische Medialität, also die Art, in der es kommuniziert, nach dem zum Klassiker gewordenen Urteil McLuhans selber schon die Botschaft ist.[17]

Ästhetisierung der Wirklichkeit als Visualisierung der sozialen Erlebnis- und Erkenntnisformen bedeutet in dieser Hinsicht vor allem zweierlei. Das eine ist der von Baudrillard beschriebene Kreislauf der Bilder.[18] In den sozialen Lebensformen und Reaktionsmustern scheinen sich die Bilder des Fernsehens und der Werbung ebenso abzubilden, wie Werbung und Fernsehen wiederum als Abbilder einer Wirklichkeit auftreten, die mehr und mehr vom Imitationszwang, der von ihren Bildern ausgeht, mitgeschaffen wird. Die Tendenz zum inszenierten Bilderkreislauf ohne festen sozialen Boden verschafft den Bildern, um die es dabei geht, eine hochgradige soziale Eigenrealität, das ist Baudrillards Prozession

[17] McLuhan, Marshall: Die magischen Kanäle, Basel 1995.
[18] Baudrillrad, Jean: Die Agonie des Realen, Berlin 1978.

der *simulacra*. Eine bestimmte Form der Visualisierung von Informationen, Deutungen, Lebensatmosphären, Botschaften, Normen, Elementen von Weltbildern, Images, Vorbildern und was sonst noch in diesen Bildproduktionen stecken mag, wird zum prägenden Element der Erfahrung der sozialen Welt, der Gestaltung der Lebenswelt und der medialen Abbilder beider in einer endlosen Rekursionsschleife. Was in ihr einen zentralen Platz gewinnt, wirkt realitätsprägend.

Zum anderen, und das ist für die soziale Kommunikationskultur von ausschlaggebender Bedeutung, verdrängt dieser Stil der visuellen Eindrücklichkeit die diskursive Erfahrung der sozialen Welt, die rationale Verständigung und den kritischen Diskurs für viele Menschen aus dem Kernbereich der sozialen Welterfahrung und mehr noch von den Medienbühnen der Öffentlichkeit.[19] Die Wahrnehmung des für das Auge Inszenierten, die zugleich überraschend, eindrücklich, unterhaltsam, anspruchslos, scheinbar immer verständlich und zumeist auch fraglos gültig ist, sozusagen direkt unter die Haut geht, wird zum bevorzugten Paradigma von Erlebnissen, Erlebnisfähigkeit und der Produktion erlebnisfähiger Kommunikationsangebote, weil sie es ist, die die Aufmerksamkeit am raschesten zu gewinnen und am sichersten zu bannen vermag, und ihre Botschaften am nachhaltigsten im Gedächtnis haften.

Die Dominanz des Bildes, zumal des abbildförmigen, fotografischen Bildes in dieser von Fernsehen und Werbung geprägten Form einer Ästhetisierung der Lebenswelt, hat zwei nachhaltige Folgen für die Kultur im Ganzen, vor allem auch die politische Kultur. Die eine ist die Vorherrschaft der „Logik“ der Bildunterhaltung über diejenige der Sprachlichkeit und der dialogischen Verständigung. Die andere besteht im Unsichtbarwerden der Urheberschaft intentional erzeugter Weltbilder, da die Urheber der Bilder anders als die von Behauptungen und sprachlichen Deutungen selbst nicht in Erscheinung treten.[20] In ihrem Zusammenwirken konstituieren beide Aspekte die spezifische „Logik“ des

[19] Das ist der treffende Zentralpunkt in den fernsehkulturkritischen Schriften von POSTMAN, NEIL: Wir amüsieren uns zu Tode. Urteilsbildung im Zeitalter der Unterhaltungsindustrie, Frankfurt a.M. 1985.

[20] Genauer in: MEYER, THOMAS: Die Inszenierung des Scheins, Frankfurt a.M. 1992.

Scheins. In der Logik des visuellen Scheins werden Aufmerksamkeit und Wahrheit, Attraktion und Legitimation schon durch die unwillkürliche Art der Bildwirkung eins.[21]

Die Folge ist ein weitreichender Verlust der Distanz zwischen den in diesem Medium angebotenen Weltdeutungen und den Menschen, an die sie sich wenden. Sie wird entscheidend forciert durch deren intime Einbettung in die alltägliche Lebenswelt der Menschen durch das Medium Fernsehen. Seine Bilder sind so nahe und so lebendig wie das Geschehen am häuslichen Tisch und lassen nicht mehr erkennen, dass sie stets unvermeidlich absichtsvoll inszenierte Kunstprodukte sind. Sie wirken wie unvermittelte Realitätselemente in der primären Erfahrungswelt, ganz im Unterschied zur visuellen Kunst, die gerade auf ihre Distanz zur objektiven Welt achtet, indem sie die eingefahrenen Sehweisen mit ihrer eigenen Bildsprache durchbricht.

Die Ästhetisierung der Öffentlichkeit ist ein Reflex sowohl auf die Vorabinszenierung der elektronischen Medienbühnen als auch auf die visuelle Formung der gesellschaftlichen Urteilskraft. Politische Kommunikation hat sich unter der Vorherrschaft des Fernsehens die Visualisierung der Kommunikations- und Erlebnisformen rasch und gründlich zunutze gemacht. Politik präsentiert sich in der Mediengesellschaft immer mehr und immer gekonnter als eine Abfolge von Bildern, kameragerechten Schein-Ereignissen, Personifikationen und Images, bei denen Gesten und Symbole, Episoden und Szenen, Umgebungen, Kulissen und Requisiten, kurz Bildbotschaften aller Art zur Kernstruktur werden, zum Teil sogar von Werbe- und Kommunikationsexperten erdacht und von den Akteuren nachgestellt, damit die maximale Medienwirkung garantiert ist. Die Papstkirche hat der Politik in den letzten Jahren des Pontifikats von Johannes Paul II. in diesen Künsten schon den Rang abgelaufen. Die großen amerikanischen Teleevangelisten stehen in den ihnen eigenen Fernsehformaten dem nicht nach, wenn auch noch mit kleinerem Publikum und in sprachlichen Grenzen, die aber wegen des Vorrangs der Bildlichkeit keineswegs prinzipieller Natur sind. Die wenigen sprachlichen Formeln, die den mächtigen Bildern und bewegenden Erweckungsszenen hinzuzu-

[21] Vgl. KEPPLINGER, HANS MATHIAS: Darstellungseffekte. Experimentelle Untersuchungen zur Wirkung von Pressefotos und Fernsehfilmen, München 1987.

fügen sind, um die gewollte Wirkung zu entfalten, können überall auf der Welt, wie in den Songs und Clips von MTV, im Handumdrehen gelernt werden.

Es geht bei alledem um die Inszenierung bilderreicher Schau-Erfahrungen. Für diese mediale Bühne sind Strategien der Theatralisierung der Selbstdarstellung und der Darstellung von Botschaften und Botschaftern wie geschaffen. Damit knüpft die Kultur der modernen Mediengesellschaften an das Modell der demonstrativen Öffentlichkeit an, wie es in der vorbürgerlichen Epoche jahrhundertelang in Europa vorgeherrscht hatte.[22] Deren Kern war schon immer die Theatralik der Liturgie der katholischen Kirche und ihrer Vorzeigekultur der Rituale, Monstranzen, Umzüge, Kostüme und Massenversammlungen, in denen sich die transzendente Botschaft auf außeralltägliche Weise visuell offenbarte, ohne an etwas wie Diskurs oder Rede interessiert zu sein. Worum es ging und der Kultur der Zeit entsprechend allein gehen konnte, war die visuelle Bestätigung dessen, was ohnehin gemeinsame Gewissheit war, im Glanz des Außeralltäglichen.

Die Revisualisierung der öffentlichen Kommunikationskultur lässt für die diskursive Verständigung wenig Raum. Die Inszenierung von Eindrücklichkeit und die ihr entsprechende Erzeugung emotionalen Einverständnisses passen nicht gut zu den Grundsätzen der Reflexion, Distanz und Verständigung. Sie erweisen sich aber am Ende des Zeitalters der großen Ideologien als unerwartete neue Chancen für die Steigerung der Attraktionskraft von Religion im öffentlichen Raum. Die beiden überragenden Erfolgsparadigmen der neuen religiösen Kultur der Sichtbarkeit, das Papsttum und die Teleevangelisten, haben den Beweis auf durchschlagende Weise erbracht. Bei ihrer momentanen Alleinstellung auf den globalen Religionsmärkten in dieser Hinsicht wird es daher gewiss nicht bleiben.

Papst Johannes Paul II. hat es auf geniale Weise verstanden, die Inszenierung der Glaubensrituale auf Bühnen fast überall in der Welt so mit der Event-Fixierung des Fernsehens zu verknüpfen, dass am Ende seines Lebens für das erlesene Massenspektakel in und vor dem Petersdom eine nahezu ganztägige Daueraufmerk-

22 HABERMAS, JÜRGEN: Strukturwandel der Öffentlichkeit. Untersuchung zu einer Kategorie der bürgerlichen Gesellschaft, Frankfurt a.M. 1990.

samkeit über Tage hinweg, an allen Orten der Welt, ganz unabhängig von der Glaubenshaltung des Publikums, aufrechterhalten werden konnte. Die katholische Kirche hat es unter der Führung dieses im Bereich der Massenkommunikation genialen Modernisierers mit grandiosem Erfolg verstanden, ihr momentanes Alleinstellungsmerkmal auf dem Religionsmarkt, Papsttum und theatrale Selbstpräsentation, so zu perfektionieren, dass es die vormaligen Bedingungen der Glaubensüberzeugung eben so weit hinter sich gelassen hat wie die theatralen Politikinszenierungen der modernen Öffentlichkeit die Überzeugungskraft der legitimierenden Ideen. Ästhetische Massenerlebnisse dieser Art enthalten in der visualisierten Gegenwartskultur ihre eigene Überzeugungskraft. Die Erlebnisgewissheiten, die sie vermitteln, scheinen sinnliche Evidenz, emotionale Erregung und das Gefühl der Transzendenz in einer unmittelbar wirksamen Weise miteinander zu verknüpfen, die diskursive Zweifel außer Kraft setzt.

Offenbar ist das Fernsehen durch die ihm eigene Magie, ein bloßes Fenster in die Welt zu sein, das die Realität unverfälscht ins Wohnzimmer bringt, in der Lage, die Aura des Petersplatzes und der anderen Stätten, an denen der Papst zelebriert, unbeschädigt zu transportieren. Den modernen Spektakelstrategien gelingt es offenbar, den jenseitigen Zauber der vormodernen Demonstrationskultur im Fernsehzeitalter nicht nur neu zu beleben, sondern in einer Art Multiplikationseffekt aus der Bildaura des Fernsehens und der Weihe der Kirchenrituale in Intensität und Verbreitungsgrad zu steigern. Dieses Erfolgsrezept haben auch die Fernsehprediger in den USA seit längerem entdeckt. Zwar können sie nicht das symbolische und ikonographische Kapital der katholischen Kirche aufbieten, aber sie haben den Regisseuren der modernen Massenunterhaltung auf die Finger geschaut und eigene Inszenierungsstrategien entwickelt, die im Rahmen der amerikanischen Fernsehkultur für ihre jeweiligen Zielgruppen nicht weniger wirksam sind. In perfekt choreographierter Weise werden für das Massenpublikum an den Bildschirmen hoch theatralisierte Erweckungspredigten, live vollzogene Erweckungsakte und Schauspiele überwältigender Ergriffenheit des anwesenden Publikums in medial zugerichteten, überdimensionalen Versammlungshallen zelebriert, so dass die Anwesenden und die Bildschirmbetrachter gleichermaßen sinnlich und emotional erregt werden und sich die

Anwesenheit des Außeralltäglichen mitteilt. Eine Stimmung stellt sich ein, die, wie bei den Massenerlebnissen großer öffentlicher Konzerte, alle in ihren Bann schlägt und weder zu Fragen einlädt noch zu wünschen übrig lässt.

Im Unterschied zur erhabenen, goldglitzernden Ikonographie der päpstlichen Zeigekultur setzt die protestantische Inszenierung auf Massenerregungen durch eine aufheizende Verbalperformance, die Live-Aura des individuellen Bekehrungserlebnisses und die musikalische oder circensische Aktivierung des Massenpublikums. Dazu hat sie, mangels Papst und Ritus, ikonographischer Arsenale und geweihter Plätze auch keine Alternative. Sie nimmt mit der profanen Aura des Hyperrealen vorlieb, die den magischen Kanälen selber eignet, und macht das Beste daraus. Es ist eine offenen Frage, wie lange ihr dadurch im Potenzial ihrer geographischen und kulturellen Verbreitung noch Grenzen gesetzt sind. Einer Übertragung nach Europa dürfte nicht viel im Wege stehen, wenn wohl auch, ähnlich wie im Fall der Politik, der Prozess der Amerikanisierung mit der andauernden Beschwichtigung derer, die ihn vorantreiben, verbunden bleiben dürfte.

Die demonstrative Besetzung des öffentlichen Raumes mit unterhaltsamen und eindrücklichen ästhetischen Ritualen, zugleich unterhaltsamen und weihevollen Inszenierungen sowie einer anscheinend gesegneten Welt ikonographischer Arrangements und Situationen verschärft die Asymmetrie der öffentlichen Brisanz zwischen Religion und säkularer Vernunft noch einmal drastisch. Denn einerseits haben die Ereignisse und Inszenierungen der medialen Massenkultur keinerlei Verbindung zur Welt der Diskurse und Lebensformen säkularer Vernunft. Diese selbst aber kann aus prinzipiellen Gründen für die öffentliche Darstellung ihrer Argumente, Weltbilder und Handlungsformen nicht auf vergleichbare Formen theatraler Selbstpräsentation und kollektiver Mobilisierung setzen und würde dies, selbst wenn es einzelnen ihrer Vertreter in den Sinn käme, auch nicht mit Aussicht auf Erfolg betreiben können und sich selbst dementieren.

Es mag zwar einzelnen ihrer Vertreter, wie etwa Bernard-Henri Lévy in Frankreich oder Peter Sloterdijk in Deutschland, gelingen, sich als Fernsehintellektuelle eine mediale Dauerpräsenz zu verschaffen. Sie stehen aber für nichts als sich selbst und ihre Inszenierungskunst und können keine massenwirksamen Spektakel initiieren. Sie wirken auch nicht als kollektive Organisatoren, um die sich eine dauerhafte Gemeinde von Anhängern schart, deren Gewicht im öffentlichen Raum spürbar und deren Meinung sich in der öffentlichen Debatte Gehör verschaffen könnte. Es ist auch sehr die Frage, ob das Vernunft ist, was sich in ihren Auftritten zeigt. Die säkulare Vernunft ist im öffentlichen Raum der visualisierten Gegenwartskultur heute nicht anwesend und vermutlich auch in Zukunft nicht repräsentierbar.

Mit dieser Entertainisierung der Religionskultur auch im Protestantismus gehen die Fernsehprediger der USA wahrscheinlich den übrigen Mediendemokratien der Welt nur voran. Es spricht manches dafür, dass die mediale Theatralisierung der öffentlichen Kommunikation dieses Landes ebenso wie in den Bereichen der Unterhaltung und der Politik auch im Religiösen als ein Zukunftslabor wirkt, aus dem sich die zentralen Akteure anderer Länder zunächst zaghaft, bald aber ungehemmter und mit professioneller Beratung bedienen, sobald erst einmal ein Anfang gesetzt ist. Die Mediatisierung der Politik, in der päpstlichen Inszenierungskunst für die weltweite Fernsehgemeinde der Gegenwart ohnehin auf einem historischen Gipfelpunkt angelangt, wird ihren Triumphzug wegen erwiesenen Massenerfolgs wohl weltweit fortsetzen. Die protestantischen Konkurrenten werden sich dem Patentrezept des Religiotainments auch hierzulande sicher nicht auf unbegrenzte Zeit tatenlos verweigern, die luthersche Bilderfeindschaft hat am Ende der Gutenberg-Galaxis ausgedient.

4. Ein Ausblick

Eine „Zivilreligion“ im eigentlichen Sinne kann es im pluralistischen Rechtsstaat nicht geben. Die rhetorische Umwidmung der politischen Kultur der Demokratie zu einer Form von Religion schafft keine neue Klarheit und verwischt auf folgenreiche Weise die in kulturell pluralistischen Gesellschaften immer wichtiger werdenden Grenzen zwischen Glaubensansprüchen und politischen Überzeugungen. Sie wirkt als schiefe Ebene, auf der die faktische Hegemonie der Religion im öffentlichen Raum der modernen Demokratie allmählich zur Glaubensgewissheit und zu einer Art ungeschriebenem Verfassungsprinzip abrutschen könnte. Der Weg in die christlich-populistisch ausgehöhlte Demokratie amerikanischen Musters wird geöffnet. Die Massenattraktion des modernen Religiotainments, vor allem in den jüngeren Generationen, kann nicht als Legitimation für die Behauptung spezifisch ethisch-religiöser Positionen der organisierten Religionen im öffentlichen Raum verwendet werden, weil sie häufig gerade im Widerspruch zwischen religiösem Event-Erleben und ethischem Denken der Betroffenen erfolgt.

Die an demokratischer Stabilität und pluralistischer Streitkultur interessierten Sprecher der Konfessionen müssen daher bei all ihren legitimen Interventionen im öffentlichen Raum die beiden demokratischen Einschränkungen ihres Anspruchs real und symbolisch deutlich erkennbar bleiben lassen. Gewissheitsansprüche des Glaubens können, erstens, im politischen Prozess keine Gültigkeit beanspruchen. Und sie dürfen, zweitens, auch dann nicht der Versuchung erliegen, die Stimme des Ganzen zu sein, wenn die Stimmen der anderen in der öffentlichen Arena nur schwach zu vernehmen sind und auf der Medienbühne keine Rolle spielen.

Otto Kallscheuer

Macht Religion Politik? Ein Panorama

„wo man schon gar nicht darauf verfallen oder […] in seinen Kopf bekommen könnte, dass das Christentum durch die Verbreitung abgeschafft worden ist"
Søren Kierkegaard (1855)

1. Antipolitik und Ökumene: Die Apokalypse wider die Ordnung

Natürlich macht Religion Politik – sie prägt die Bedingungen der Machtpolitik, noch heute. Denn die Geschichte der Religionen hat die kulturelle Geographie der Ökumene (*oikou-mene*: der „bewohnbaren Welt") imprägniert. Sie hat die Welt in kulturelle Einflusszonen geteilt, in Himmelsrichtungen des Denkens geschieden, in Ost und West[1] – und diese dann oft imperial befestigt. Und sie hat religiös geeinte Reiche und Einflusszonen immer wieder durch die Kommunikation universalistischer Heilsbotschaften ausgeweitet – und zuweilen den Status quo religiöser Koexistenzen im fraglichen Imperium auch destabilisiert. Sei es durch die Akzentuierung religiöser Grenzziehungen, sei es durch ihre Überschreitung: durch Projekte des Heils und Prozesse ihrer Globalisierung.

Wider alle bestehenden Reiche behauptet jede endzeitliche Wahrheit des Reiches Gottes ihre normative Sprengkraft. Die Botschaft der Apokalypse („Aufdeckung der Wahrheit") ist weniger apolitisch als antipolitisch.[2] Soll also der Gegensatz der Vereh-

[1] Hegel, Georg Friedrich Wilhelm: Werke in 20 Bd., Frankfurt a.M. 1971 [im Folgenden: HW], Bd. 12, 241.

[2] Cohn, Norman: Die Erwartung der Endzeit – vom Ursprung der Apokalypse, Frankfurt a.M. 1997.

rung des wahren Gottes zur politischen *civitas* nicht zur Destruktion oder Destabilisierung der politischen Ordnungen führen, so müssen die Heilsenergien des geistigen Ringens (des wahren, inneren, „großen" *dschihad*) zivilisiert werden.

Müssen monotheistische Religionen zivilisiert werden?[3] Der Gegensatz von Herrschaft und Heil[4] ist keine transhistorische Konstante aller Religionen, ganz im Gegenteil. Doch der Konflikt zwischen Gottes- und Polisverehrung[5] ist eine recht spezifische Konsequenz des Monotheismus: eine mögliche, zugespitzte, potenziell revolutionäre, konfliktträchtige Konsequenz – eine neben anderen möglichen.

Es gab schließlich im Christentum die auch Reichstheologie, die sich auf die Analogie der innerweltlichen Herrschaft des Imperators mit der kosmischen Alleinherrschaft des Schöpfergottes beruft.[6] Diese Tradition sollte für die Reiche des östlichen Mediterrans bestimmend bleiben: Sowohl in der byzantinischen und postbyzantinischen politischen Kultur einer „Symphonie" zwischen Kaisertum und Reichskirche (oder später den Nationalkirchen)[7] als auch in der Hochzeit des ottomanischen Imperiums – das sich durchaus als ordnungspolitischer Nachfolger des byzantinischen „Rom" begriff – wurden die universalistischen Ansprüchlichkeiten des Ein-Gott-Glaubens zumeist durch machtpolitische Stabilitätsroutinen gezähmt.

Und nur im lateinischen Westen kommt es im zweiten Jahrtausend zunächst zum strukturellen Dauerkonflikt von *imperium* und *sacerdotium* sowie später zu Sphären- und Gewaltenteilungen

[3] DEBRAY, REGIS: Le Feu sacré, Paris 2003, 101–188.

[4] ASSMANN, JAN: Herrschaft und Heil. Politische Theologie in Altägypten, Israel und Europa, München 2000.

[5] GAUCHET, MARCEL: La condition politique, Paris 2005, Introduction.

[6] Man mag noch für die westliche Christenheit an des Orosius sieben Bücher christlicher Reichsgeschichtsschreibung *adversus paganos* denken, die dieser Anfang des fünften Jahrhunderts im Auftrage des Bischofs von Hippo schrieb, um die Christen vom Vorwurf freizusprechen, sie hätten den Untergang des Reiches (die Eroberung der Reichshauptstadt Rom durch die Westgoten) mitverursacht. Freilich entwickelte dann derselbe Bischof Augustinus mit seiner eigenen heilsgeschichtlichen Unterscheidung zweier *civitates*, der irdischen und der göttlichen, eine komplexere, ausdifferenziertere und (daher) „modernere" Scheidung dessen, was Caesars und dessen, was Gottes ist.

[7] DUCELLIER, ALAIN: Byzanz: Das Reich und die Stadt, Frankfurt a.M./New York 1990.

der beide *civitates* vertretenden Institutionen. Diese Geschichte ist auch nach der in der westlichen Christenheit ausgefochtenen Trennung von Kirche(n) und Staat(en) – einer westlich entstandenen, aber international ausbaufähigen (und anpassungsbedürftigen) institutionellen Erfindung der Zivilisierung des Religiösen – nicht an ihr Ende gekommen.[8]

Im universalistischen, missionarisch gewordenen Monotheismus transzendiert schließlich das *ad Deum* finalisierte oder *a Deo* erhoffte (aus Seiner Rechtleitung fließende oder durch Seine Gnade geschenkte) Heil nicht nur diese oder jene Polis, sondern jede partikulare *civitas*. Im Unterschied zu bloß „zivilen Religionen"[9] oder Poliskulten der polytheistischen Antike sind nämlich die monotheistischen Heilsbotschaften bereits ihrem Anspruch nach globale Religionen: Sie betreffen alle *gentes*. Darum müssen gerade die missionarischen, ihre Heilsbotschaft aktiv globalisierenden Religionen eigens zivilisiert werden. Besser: Sie müssen sich selbst zivilisieren – dadurch, dass sie die Institutionen ihrer ureigenen, „inneren" *civitas* von den Mächten und Vormächten der Welt unterscheiden und sich ihnen gegenüber zu behaupten lernen. „Daheim" wie in der Diaspora.

Die Frage nach künftigen Bewegungsformen universalistischer Religionen lässt sich somit zuspitzen auf die Alternative zwischen einer weiter gehenden Politisierung des Religiösen[10] und seiner erweiterten Zivilisierung. Doch an stabilen, erfolgreichen Institutionen für eine transnationale „Religionspolitik" unter Bedingungen der internationalen Konkurrenz zwischen globalen Heilsanbietern fehlt es bis heute – bis auf ganz wenige Ausnahmen.[11] Und das hat natürlich ebenfalls historische Gründe. Sieht man von der sozialen Privatisierung der Heilsbotschaft ab – einer der Hinsich-

[8] KOJÈVE, ALEXANDRE: Hegel, Marx und das Christentum, in: ders.: Hegel, Frankfurt a.M. 1975, 271–298; FUKUYAMA, FRANCIS: Das Ende der Geschichte: Wo stehen wir?, München 1992.

[9] ROUSSEAU, JEAN-JACQUES: Vom Gesellschaftsvertrag, Stuttgart 1977, 140–153.

[10] Diese kann, muss aber nicht fundamentalistisch sein; es gibt auch das siegreiche religiöse Reich – in der Vergangenheit des Christentums (Byzanz, Spanien) wie des Islam (die wechselnden Kalifate) –, welches nach seinem Aufbau eher auf Stabilisierung und Arrondierung setzen wird denn auf Expansion und Mission.

[11] Die wichtigste ist natürlich der Vatikan.

ten der „Säkularisierung“ des Religiösen im Westen[12] –, so bestand ja bislang die Zivilisierung der universalistischen Heilsanstalt zumeist in ihrer (national)staatlichen Hegung.[13]

2. Empire und Diaspora: Die Globalisierung als monotheistisches Projekt

Die eine Welt ist die Schöpfung des Einen Gottes.[14] Und unter Seiner Herrschaft wird sie am Ende der Zeiten vereinigt werden. Dies gilt ebenso für die ethisch-politische Vereinigung der Welt unter dem einem „Königreich, das in Ewigkeit nicht untergeht“ (Daniel 2,44), wie für ihre rationale Weltbeherrschung. Bereits die wissenschaftlich-technische Durchdringung der Welt, die Mitarbeit des Menschen an Gottes Schöpfung, folgt ja aus der rationalen Kosmologie, die der Eine Schöpfer Seiner Welt als Seinem Werk unterlegt hat (und dem Vernunftwesen Mensch als Seinem Bilde zugänglich macht).[15]

Des wahren Gottes Herrschaft überwindet die Imperien der Alten Welt. Sein Reich wird der Gott des Himmels keinem anderen Volke überlassen, wie wir in der Daniels-Apokalypse erfahren: Jahwes Reich wird alle anderen Reiche zerstören – ob die der Meder und Perser, der Griechen oder Makedonen, von Diadochen oder Römern:[16] Diese alle werden stürzen wie eherne Kolosse auf tönernen Füßen, seien sie nun aus Gold, Silber, Bronze oder Eisen.

Der Polytheismus der Antike kannte so viele Welten, so viele Wissens- und Lebensweisen wie Städte, Kulte und Gottheiten. Der Polytheismus der Postmoderne kennt so viele Welten wie

[12] Für eine mehrdimensionale Deutung und Kritik der „Säkularisierungsthese“ siehe CASANOVA, JOSÉ: Public Religions in the Modern World, Chicago 1994.

[13] Vorgedacht im dritten und vierten Teil des „Leviathan“ von Thomas Hobbes.

[14] Siehe ausführlich meine Ausführungen in KALLSCHEUER, OTTO: Die Wissenschaft vom Lieben Gott, Frankfurt a.M. 2006.

[15] Vgl. etwa KASS, LEON R.: The Beginning of Wisdom, New York 2003.

[16] Vgl. MIEGGE, MARIO: Il sogno del re di Babilonia, Milano 1995; DELGADO, MARIANO/KOCH, KAUS/MARSCH, EDAR (Hg.): Europa, Tausendjähriges Reich und Neue Welt, Fribourg/Stuttgart 2003.

Sprachspiele.[17] Nur für den Einen, allmächtigen Gott wird alles, was es gibt, zum Zeichen Seiner Allmacht, Konsequenz Seines Wollens. Schon der Gott der Philosophen thronte über einer Wirklichkeit; doch der Gott Moses gibt Seinem Volk nur ein Gesetz; der Vatergott Jesu Christi ist Vater aller Menschenkinder.

Der Missionsauftrag – in der spezifisch „paulinischen" Übersetzung der Botschaft des Messias Jesus – unterscheidet das Christentum von vorneherein vom entstehenden rabbinischen Judentum nach der Zerstörung des zweiten Tempels. Auch dieses stellte zwar in ethischer Hinsicht sehr wohl eine universalistische Religion dar, aber entwickelte eben keinen missionarischen, propagandistischen Auftrag, sondern breitete sich in Diasporastrukturen aus, etwa den „Netzwerken der Genisa".[18] Darum ist es kein Zufall, dass heute die beiden quantitativ „stärksten" Weltreligionen zugleich die Religionen mit einem expliziten Missionsauftrag sind: das Christentum und der Islam.

„Gehet hin in alle Welt!" – so lautete die erste Aussendung Jesu (Markus 16,15; Matthäus 28,19; Lukas 24,47). Diese *missio* ist apokalyptisch, sie weist bis zur Endzeit. Schon der Umstand, dass auch die drei heidnischen Weisen von der Geburt des Messias aus den Sternen wissen, während er im Gottesvolk Israel noch verkannt wird, ist ein Zeichen dafür, dass mit dieser Geburt das Ende der Geschichte begonnen hat. Denn bevor nicht „allen Völkern" die Frohbotschaft verkündet ward, ist auch die prophetische Heilsgeschichte noch nicht zu Ende: „Wer aber beharrt bis an das Ende, der wird selig" (Markus 13,13).

Jesu Verkündigung des Reiches Gottes darf nicht beschränkt bleiben auf die jüdischen Gemeinden in Israel und der Diaspora. Diesen Schluss zieht nach seiner Bekehrung der hellenistische Jude und römische Bürger Paulus von Tarsos. Die *metanoia*, die dieser erste christliche Missionar predigt, zielt auf eine neue Ökumene aus Juden und Heiden.[19] Petrus und seine Anhänger hatten

[17] MARQUARD, ODO: Lob des Polytheismus, in: ders.: Zukunft braucht Herkunft, Stuttgart 2003, 46–71; dazu KALLSCHEUER: Die Wissenschaft vom Lieben Gott, 189–211.

[18] COHEN, MARK R.: Unter Kreuz und Halbmond. Die Juden im Mittelalter, München 2005; MAYER, RUT: Diaspora: Eine kritische Begriffsbestimmung, Bielefeld 2005.

[19] BOYARIN, DANIEL: A Radical Jew – Paul and the Politics of Identity, Berkeley 1994; BADIOU, ALAIN: Paulus. Die Begründung des Universalismus, München 2002.

zunächst die Mission der Jesusbewegung stärker an ihr Ursprungsmilieu in den jüdischen Gemeinden koppeln wollen. Der Kontrast von Petrus und Paulus, zwischen kommunitaristischer Identitätsbewahrung und dem Risiko ihrer universalistischen Zerstreuung sollte sich dann immer wieder in der Geschichte der Christenheit auftun.

Wieweit die Ausbreitung des Islam der Überzeugungskraft und Schönheit des Korans geschuldet ist, dessen Poesie ja vom Erzengel Gabriel dem Gesandten Gottes Mohammed diktiert wurde und daher unübersetzbar bleibt, oder der mit Mohammeds militärischer Einung von Nomadenstämmen einsetzenden machtpolitischen Expansion des Kalifats, das ist eine andere Frage. Im Pazifischen Ozean waren wohl – wie für die frühe Christenheit im Mediterran – Handel und Diaspora das Medium der Botschaft des Propheten.[20]

In der heutigen Welt hat die Geschichte der Weltmissionen nicht nur Sedimente (in) der Gedächtnisgeschichte hinterlassen, sondern lebendige Konfliktpotenziale, ganze politisch-geographische Spannungsbögen. An erster Stelle genannt sei der religiöse und politische Kontrast zwischen Westen und Osten. Dieser Kalte Krieg ist weit älter als der kapitalistisch-kommunistische Systemgegensatz – und wird ihn daher auch lange überleben. Der westlichen Welt gelingt der Religionsfrieden erst am Beginn der Neuzeit, durch verschiedene Weisen der Neutralisierung des religiösen Konflikts[21] beziehungsweise der Trennung von Kirche und Staat: in Nordamerika durch einen staatsfreien Markt der Religionen, in Westeuropa durch die Konfessionalisierung, dann Säkularisierung des Staats. Die östliche, byzantinische Christenheit hat diese Erfahrung ebenso wenig gemacht wie der Islam. An den Grenzen zwischen lateinischer und orthodoxer Christenheit (Litauen, Polen, Weißrussland, Ukraine, Rumänien, Balkan) missverstehen die orthodoxen Reichs- oder Nationalkirchen die katholische Seelsorge und theologische Lehre ebenso wie protestantische Evangelisierungserfolge als westliche Eroberungsfeldzüge. Und wenn

[20] Vgl. KERMANI, NAVID: Gott ist schön: Das ästhetische Erleben des Koran, München 1999; AMMAN, LUDWIG: Die Geburt des Islam: Historische Innovation durch Offenbarung, Göttingen 2001.

[21] SCHMITT, CARL: Der Begriff des Politischen, Berlin 1932.

auch in der Christenheit die Mission der Seelen und die Eroberung der Territorien (zu) häufig Hand in Hand gingen – der islamischen politischen Theologie fällt es bis heute schwer, beides eindeutig auseinander zu halten.

Die christliche Mission begann zwar in der Diaspora, sie wurde aber mit Konstantin dem Großen als Reichsreligion zum „ideologischen Staatsapparat" (Louis Althusser), bis sich schließlich römisches Imperium und Christenheit spalteten – in Ost- und Westreich und später im Osten in die byzantinischen Nationalkirchen. Die islamische Mission blüht heute in der Diaspora, sie kommuniziert als elektronisch vernetzte „virtuelle *umma*" (Gemeinschaft der Rechtgläubigen) – aber manche Radikale träumen im Internet wieder vom verlorenen Imperium: dem Kalifat als Weltherrschaft.

Das Imperium ist die expansive Bewegungsform dieses Widerspruchs von expansiver Mission und politischer Stabilität: Es rationalisiert sich über einen Universalismus von Recht und Macht. Mit der Konversion des Christentums zur römischen Staatsreligion wurde auch die Mission imperialistisch.

Einer der Gründe für die frühe Expansion des Katholizismus nach Lateinamerika und auch Lateinasien (Philippinen) waren die iberischen Kolonialreiche; doch diese waren auch der Grund dafür, dass die progressiven Eliten in der katholischen Welt zumeist antiklerikal/antikirchlich eingestellt blieben. Im Gegensatz dazu fand die weltweite protestantische Mission zunächst ihre Stütze in Gestalt von Handelskompanien; erst im 19. Jahrhundert wird sie massiv auch staatlich, staatskirchlich gestützt. Heute ist freilich der in Latein- und Mittelamerika bis zum 20. Jahrhundert vorherrschende Katholizismus gegenüber der charismatischen Konkurrenz evangelikaler Freikirchen (Assembleias de Deus, Pfingstler, Baptisten) in die Defensive geraten. Derweil erobern katholische „Hispano"-Einwanderer den bisher vorwiegend protestantischen religiösen Markt in Nordamerika.[22]

Bürgerkrieg und Frieden: Die Weltreligionen brachten den Konflikt um den wahren Glauben mit sich. Krisen und Kriege ergeben sich aber aus religiösem Unfrieden nur dort, wo die politische Ordnung versagt – das Imperium, der Nationalstaat, die re-

[22] HUNTINGTON, SAMUEL P.: Who Are We? Die Krise der amerikanischen Identität, Hamburg 2004.

gionale oder internationale Gemeinschaft. Wenn sich die religiöse Identität einer lokalen oder nationalen Gruppe dann noch politisch als Weltreligion auflädt – wie dies etwa im indischen Hindu-Nationalismus des 20. Jahrhunderts geschah[23] –, können sich ethnischer Gruppenhass und religiöse Selbstbehauptung zu einer gefährlichen Mischung vereinen. Der Konflikt in Guryat – die Zerstörung einer Moschee und die Hindu-Pogrome wider die muslimische Minderheit – sind das Ergebnis solcher hochmoderner „Politisierung".

Die Globalisierung macht auch die Mission allgegenwärtig. Nach dem Desaster der kommunistischen Karikatur des christlichen Universalismus ist heute der Islam weltweit der erfolgreichste Konkurrent des Christentums, dessen linke (teilweise mit lokalen Sozialisten und Kommunisten verbündete) Variante der so genannten Befreiungstheologie aus mannigfachen Ursachen (darunter auch die Haltung des Vatikans, aber nicht nur) in der Krise, auf dem Rückzug ist. Die neuen evangelikalen Missionen, Pfingst- und Pilzkirchen (wie sie in Afrika heißen)[24] sind zumeist eher basiskapitalistisch eingestellt, während sich ein pseudo-„asiatischer" fernöstlicher Spiritismus und Synkretismus der Wellness-Seelenmassage umgekehrt in die Nöte der postmateriellen Mittelschichten des europäischen (und amerikanischen) Nordens einschleicht.

3. Politisch stabiles Europa? Säkularisierung der Christenheit als Blockade

In Europa geschah die Zivilisierung des Religiösen durch den Staat – allerdings mit ganz verschiedenen Mustern, von denen die klassische Säkularisierungstheorie auch nur eines darstellt (und genauer gesagt: auch nur dessen institutionelle Oberfläche). Im Gegensatz zum katholischen Europa – und zum sektenprotestantischen besiedelten und belebten Amerika[25] – betrifft sie das Mus-

[23] ECKERT, JULIA: The power of action, in: Sociologicus: 51 (2001), H. 1/2.

[24] Vgl. HOFER, KATHARINA: Entsteht in Afrika ein militantes Christentum? Zur öffentlichen Rolle des Evangelikalismus in Afrika südlich der Sahara, in: Stimmen der Zeit, 131 (2006), 162–175.

[25] Der radikale Flügel der Reformation, die Antinomisten und Täufer, die „liebeskommunistischen", Schwärmer und Sekten wanderten ja, ebenso wie die disziplinierten

ter der Rationalisierung der protestantischen Reform und/oder „Säkularisierung“.

Ihre beste Formulierung findet man immer noch bei Hegel: Die protestantische Glaubensunmittelbarkeit – die Aufhebung jedes Klassenunterschiedes zwischen Priestern und Laien im Angesicht des Sündenfalls, das heißt der Gnadenbedürftigkeit aller Menschen, der paulinisch-augustinische Subjektivismus, ganz ausgerichtet auf „das Herz, die empfindende Geistigkeit des Menschen“[26] – ließ sich sowohl schwärmerisch als auch liberal interpretieren. Und wir finden beide gegensätzlichen Interpretationen auch bei Hegel. Die erste Variante, den romantischen „Kommunitarismus“ des jungen Hegel, können wir hier beiseite lassen – religionspolitisch relevant ist seine spätere Ableitung des modernen Konstitutionalismus aus protestantischem Geist. Die politische Emanzipation – hegelisch: die „Durchbildung und Durchdringung des weltlichen Zustandes“ durch das Prinzip der Freiheit im Verfassungsstaat – ließ sich als Verwirklichung des „christlichen Prinzips, des Selbstbewusstseins der Freiheit“ deuten. Ebendieser weltgeschichtliche „Fortschritt im Bewusstsein der Freiheit“ bedeutete freilich umgekehrt, dass im lutherischen Nordeuropa die Kirche, die Institution der Gewissensfreiheit, zur staatlichen Anstalt wird.

Und so ist es kein Wunder, wenn wir im deutschen Vernunftprotestantismus nicht allein eine Rationalisierung des älteren pietistischen Patriotismus am Werke sehen, sondern auch bereits einer ersten Version der Säkularisierungstheorie begegnen. In Hegels These von der „guten“, das heißt protestantischen Verweltlichung des christlichen Prinzips[27] – im Gegensatz natürlich zur „schlechten“, äußerlichen „Verweltlichung“ von Theologie und Philosophie, nämlich in der katholischen Scholastik – konstituiert sich die Freiheit des Christenmenschen zur „Innenleitung“ (David Riesman) des Gott-unmittelbar gestellten Individuums. Äußerliche Vorschriften oder gar die buchhalterische Verrechnung von guten Werken mit jenseitigen Strafen werden damit überflüssig. Stattdessen

puritanischen „Heiligen“ in die Neue Welt aus. Vgl. KALLSCHEUER, OTTO: Gottes Wort und Volkes Stimme, Frankfurt a.M. 1994, 112–148.

[26] HEGEL: HW, Bd. 12, 496.

[27] MARRAMAO, GIACOMO: Die Säkularisierung der westlichen Welt, Frankfurt a.M. 1996.

verinnerlicht die protestantische Moral die Glaubens- und Gewissenskontrolle, und diese sedimentiert sich dann als Sittlichkeit.[28]

Die Verweltlichung des Christentums in diesem positiven Sinne ist dann das Wirken des Heiligen Geistes in der Welt; dessen universalistisches Freiheitsprinzip führt uns „an das letzte Stadium der Geschichte". Die Verallgemeinerung der christlichen Innerlichkeit der Freiheit mündet somit in den weltlichen Fortschritt. Während freilich in Frankreich, einem Lande katholischer Hitzköpfe, schon die Aufklärung antiklerikal ausfiel und mit den Septembermassakern die Revolution zum Terror entartete, kann im protestantisch vernünftigen Deutschland die einmal eingerichtete konstitutionelle Monarchie die legitime Staatsreform einleiten.

In Nordeuropa sah sich im 20. Jahrhundert die demokratische Partei der Lohnabhängigen als das soziale Gewissen des Staates und war dies oft auch – von Staaten freilich, die bereits zuvor von der moralischen Herzensbildung der Reformation erfasst und durch die im milden protestantischen Nordlicht erblühende Aufklärung rationalisiert worden waren. So erschien die sozialistische Bewegung nicht wie im lateinischen Süden als Antagonistin von Thron und Altar, sondern eher als Fortsetzung der Reformation mit anderen Mitteln.

In Lateineuropa hingegen setzt sich der säkulare Gegensatz von katholischer Reaktion und antiklerikaler Aufklärung bis in die politische Kultur der radikalen Arbeiterbewegung fort: Diese wird nicht zur Seele des Staates, sondern zur „Gegengesellschaft" und im sozialmoralischen Sinn zur rebellischen Gegenkirche. In solchen säkularen Antikirchen der proletarischen und Landarmut fand auch der lateineuropäische Kommunismus seine Massenbasis, während er bei protestantisch rationalisierten Nordlichtern auf taube Ohren stieß. Aus kapillaren Unrechtsempfindungen der unterdrückten Massen einen ethisch-politischen Willen erst zu formen – dies war für den demokratischen Kommunisten Antonio Gramsci die Bildungsaufgabe der Partei, des „kollektiven Intellektuellen".[29] Nordeuropäische Sozialdemokraten hatten dies schon lange an Volksbildung und Sozialstaat delegiert.

[28] HEGEL: HW, Bd. 16, 240ff.

[29] GRAMSCI, ANTONIO: Notarelle sulla politica del Machiavelli [Quaderno 13], Torino 1975.

Warum gibt es bis heute keine europäische Zivilisierung der Bewegungsformen des Religiösen? Dies ist auch eine Schuld der christlichen Kirchen, die sich bislang vorwiegend auf den Kampf um eine „christliche“ oder religiöse Präambel der künftigen EU-Verfassung beschränkt haben.[30] Die institutionellen Kirchen Europas wählten damit de facto einen Nebenkriegsschauplatz – und blieben der möglichen Auseinandersetzung um die Konstituierung einer europäischen Öffentlichkeit fern. Warum? Die Brüsseler Religionslobbyisten und kirchlichen Entscheidungsträger waren sich einig darin, die diversen nationalen Staatskirchenrechte auf keinen Fall anzutasten. Das Verhältnis von Staat und Kirche(n) prägte das kulturelle Gesicht und die politischen Traditionen jeder europäischen Nation anders. Die national privilegierten Kirchen (in Deutschland, England, Italien) mussten in „Europa“ den Verlust von Vorrechten aus ihren Konkordaten und Staatsverträgen fürchten: Autonomien, öffentliche Hoheit und (Steuer-)Gelder. Also scheuten katholische Bischofskonferenzen in Deutschland, Österreich oder Italien ebenso wie die lutheranischen Nationalkirchen Skandinaviens eine europaweite Trennung von Kirche(n) und Staat. Somit befestigt heute das institutionelle „Europa“ Identität, Macht und Einfluss der Kirchen gerade als nationale Größen: „nur“ als gesellschaftliche Großanbieter für Transzendenz oder gar (wie im Vereinigten Königreich, in Griechenland, in Polen) als offizielle Nationalkirche. „Europa“ tut dies ausgerechnet zu einem Zeitpunkt, wo die religiöse Kommunikation, ihre spirituellen Dialekte, auch die Konversionen (zu dieser oder jener Religionsgemeinschaft) immer transnationaler werden.[31]

Für die geographischen „Ränder“ der Europäischen Union, gen Osten und Südosten, gibt diese weiterhin ausschließlich nationale Verantwortung der Religionspolitik das exakt falsche Signal. Die in den osmanischen wie byzantinischen Reichstraditionen tradierte Vermischung nationaler und religiöser Identitäten wird damit scheinbar auch im Westen befestigt. Zwar ist der längst tolerante,

[30] JOHANNES PAUL II.: Ecclesia in Europa, Nachsynodales Apostolisches Schreiben, Juni 2003; WEILER, JOSEPH H.H.: Un'Europa cristiana, Milano 2003; GOERLICH, HELMUT/HUBER, WOLFGANG/LEHMANN, KARL: Verfassung ohne Gottesbezug? [= Forum Theologische Literaturzeitung 14], Leipzig 2004.

[31] Vgl. ROY, OLIVIER: Vers un islam européen, Paris 1999.

„softe" Anglikanismus auch als Staatsreligion keine Bedrohung für Muslime oder Hindus in Greater London mehr. Doch dies ist bei unseren geopolitischen Nachbarn im Südosten oder im kaukasischen Raum anders. In Ländern wie Russland oder Kasachstan ist das nationale Vorrecht der ethnisch-religiösen Mehrheit, auch die Mitgliedschaft in religiösen Minderheiten zu regulieren, zu kontrollieren und – durch fragwürdige Registrierungsverfahren – einzuschränken, bis heute ungebrochen.

4. Kreuz des Südens: Zukunft des Monotheismus und Missionskonflikt

In der Neuzeit hatten sich die christlichen Missionen stets als Seele des zivilisatorischen Erfolges der westlichen Expansion gesehen – katholisch für das spanische und lusitanische Weltreich, protestantisch und anglikanisch unter der britischen Krone beziehungsweise ihren ehemaligen Kolonien. Als sich daher 1910 in Edinburgh eine der ersten Manifestationen der (protestantischen) innerchristlichen Ökumene versammelte, die Weltkonferenz protestantischer Missionsgesellschaften, stellten die Delegierten eine kühne Prognose auf: Die Christianisierung der ganzen Welt sei eine Aufgabe, die in gut einem Jahrzehnt zu bewältigen sei. Das viktorianische Empire und die anglo-amerikanische Zivilisation habe „mit aller Plötzlichkeit [...] eine neue Welt der Kirche gegenübergestellt, die sie für Christus gewinnen muss".[32]

Wenn man sich die Geschwindigkeit vor Augen führt, mit der in den beiden letzten Jahrzehnten des 19. Jahrhunderts die Aufteilung Afrikas zwischen den europäischen Mächten erfolgt war, mag man diesen Zeithorizont verstehen, der zwischen kolonialem Fortschrittsoptimismus und evangelischem Endzeitbewusstsein eigentümlich changiert. Für das 20. Jahrhundert, so formulierten es in Edinburgh die Missionsgesellschaften, werde die Alternative Christentum oder Barbarei heißen: „Falls diese Jahre ungenützt verstreichen, kann eine Verwüstung angerichtet werden, die Jahr-

[32] Zitiert nach KÜNG, HANS/KUSCHEL, KARL-JOSEF: Erklärung zum Weltethos, München 1993, 99f.

hunderte nicht wieder gutzumachen vermögen. Sollten sie dagegen richtig genutzt werden, so könnten sie zu den größten Jahren in der Geschichte des Christentums gehören.“ Daher gehe der Missionsauftrag nicht nur an Kirchen und Gemeinden. „Es ist eine unausweichliche Forderung, dass das gesamte Leben und die gesamte Ausstrahlung der Völker christianisiert wird, so dass der gesamte Einfluss, einschließlich Handel und Politik, des Westens auf den Osten und der stärkeren Völker auf die schwächeren die Botschaft in der Mission bekräftigt und nicht schwächt.“[33] Politisch sollte das neue, 20. Jahrhundert eher von innerweltlichen Ideologien – Liberalismus, Nationalismus, Sozialismus – geprägt werden sowie von den totalitären „politischen Religionen“ (Eric Voegelin), von Kommunismus, Faschismus und Nationalsozialismus. Statt zur Christianisierung der Welt kam es zur Barbarei zweier Weltkriege. Zu Beginn des 21. Jahrhunderts lassen sich daher weder die Diagnose noch die Prognose der Edinburgher Versammlung von 1910 aktualisieren.

Und doch steht in den nächsten Jahrzehnten der Welt ein gewaltiger Schub der Ausbreitung der Christenheit bevor – ebenso wie des Islam, der zweiten monotheistischen Weltreligion mit missionarischem Anspruch. Aber nicht mehr der Westen und Norden bilden dabei noch die Triebkraft der Ausbreitung des Evangeliums, sondern der globale Süden. Dies gilt insbesondere unter Berücksichtigung des demographischen Wachstums: In zwei Jahrzehnten werden – nach den Vereinigten Staaten – Brasilien, Mexiko, die Philippinen, Nigeria, der Kongo und Äthiopien die Länder mit der größten Christenbevölkerung sein. Die Zukunft der Christenheit ist afrikanisch, asiatisch, lateinamerikanisch.[34] Ein radikaler evangelikaler, charismatischer „Sekten“-Protestantismus stellt im globalen Süden den großen Wachstumssektor. Ob mit dem neuen Papst Benedikt XVI. ein theologisch eher orthodoxer, aber durchaus sozial engagierter[35] römischer Katholizismus weltweit mit ihm Schritt zu halten vermag, ist durchaus offen.

[33] Zitiert aus der Erklärung zum Weltethos, ebd.

[34] JENKINS, PHILIP: The Next Christendom. The Coming of Global Christianity, New York 2002.

[35] BENEDIKT XVI.: Deus caritas est (Enzyklika), 2006.

Würde man einen weltgeschichtlichen Ort der Zukunft suchen, in dem der christliche Norden und Süden einander in religiöser Form begegnen, so ist dies – natürlich, wie schon zu G.W.F. Hegels und Alexis de Tocquevilles Zeiten – Amerika als das „Land der Zukunft“: Der missionarische Sektenprotestantismus der Pfingstler und Evangelikalen und der auch durch Immigration gen Norden wachsende Latino-Katholizismus begegnen hier dem liberalen, pluralistischen Ethos der *mainline*-churches, mit demographisch abnehmender Tendenz.

Im Westen wurde nach den leidvollen Erfahrungen der Religionskriege der frühen Neuzeit die Trennung der religiösen Identität von der jeweiligen politischen Macht „erfunden“ – die Trennung von Kirche(n) und Staat. In Afrika und Asien funktionieren seit Jahrzehnten eigene, neue lokale Formen und transnationale Netzwerke religiöser Gemeinschaftsbildung, die wenig mit der „anstaltlichen“ Kirchlichkeit des klassischen christlichen katholischen, lutheranischen, orthodoxen oder anglikanischen Mainstreams zu tun haben; und genau diese werden gerade in Situationen des Staatsversagens (wie in Schwarzafrika) immer wichtiger.[36]

Die erfolgreichste „Mission“, die aber (trotz nordamerikanischer Gelder) nicht einfach von außen kommt, sondern von lokalen Gemeinden getragen wird, bilden in Lateinamerika die charismatischen Pfingstler und Gottesversammlungen. Ihre „amerikanischen“ Methoden evangelikalen Aktivismus, von Wiedergeburtskampagnen und des Teleevangelismus haben sich nicht nur als adaptionsfähiger erwiesen als die hierarchische Struktur des lateinamerikanischen Katholizismus, sondern auch als die linkskatholische Befreiungstheologie. Heilung und Heil, soziale Sorge und Seelsorge, synkretistische Traditionen und theologische Orthodoxie verbinden sich in für die postchristlichen Agnostiker und christlichen Liberalen des globalen „Nordens“ durchaus ungewohnter und ideologisch unbequemer Weise. Da verbinden sich neue Gemeinschaftsbildungen mit einer „personalistischen“ Bekräftigung und Rückbindung der durch kulturelle und demographische Wanderungsbewegung erschütterten Identität der insbe-

[36] HOFER: Afrika.

sondere in den städtischen Megaagglomerationen der Dritten Welt mobilisierten Massen.[37]

Denn wie sich das Christentum in den ersten Jahrhunderten seiner Existenz in den Metropolen des Römischen Empire ausbreitete, so ist heute das Missionsfeld des radikalen Monotheismus die *megacity*, der *megaslum*, die *shantytown*. Gehörte noch in der zweiten Hälfte des 20. Jahrhunderts der Aufstand des Landes wider die Stadt zu den revolutionären Leitmythen des Drittweltlertums, *thirdworldism* oder *terzomondismo*, so wird im globalen Süden des 21. Jahrhundert das Land selber zur Stadt: zum sich ausbreitenden Archipel aus *shantytowns*, *favelas*, *bidonvilles*, *shammasas*, die sich an den Rändern der *megacities* von Mexiko City oder Johannesburg, São Paulo oder Bombay, von Lagos und Kairo bilden. Dieser „Planet der Slums", wie ihn der Stadtökologe Mike Davis nennt,[38] umlagert und belagert die Skylines der Bankenviertel, *residential areas* und Verwaltungszentren, in denen sich die globalen Mittelklassen verschanzen.

Mitte des letzten Jahrhunderts gab es auf der ganzen Welt nur 86 Städte mit über einer Million Einwohnern. Heute sind es bereits 400, und nach Schätzungen des UN-Bevölkerungsberichts werden es in zehn Jahren mindestens 550 sein. Um 2025 wird es laut „Far Eastern Economic Review" mindestens zehn asiatische Riesenstädte von je 25 Millionen Einwohnern geben wie Jakarta, Karatschi, Schanghai – in Bombay könnten es gar 33 Millionen werden. Getrieben oder gezogen von diesen Zentren, entstehen ganze urbane Korridore „durchsiedelter" Küstenregionen oder Flussdeltas am Jangtse, Amazonas, Kongo. Das westafrikanische Lagos wuchs innerhalb der letzten fünfzig Jahre von 300.000 auf über zehn Millionen Einwohner. Noch halten sich weltweit die städtische und die Landbevölkerung mit je 3,2 Milliarden die Waage. Aber irgendwann im laufenden Jahr – 2006 – wird die Anzahl von weltweit in Städten und Slumagglomerationen lebenden Menschen die der globalen Land- und Dorfbevölkerung übersteigen. Diese Urbanisierung der Welt geht auch dort und dann

[37] MARTIN, DAVID: Tongues of Fire. The Explosion of Protestantism in Latin America, Oxford 1990.

[38] DAVIS, MIKE: Planet of slums, in: New Left Review 26 (2004), 5–25. Daraus auch die folgenden Zahlen.

weiter, wo und nachdem das ökonomische und Bevölkerungswachstum rückläufig geworden ist. Wer heute die soziale Frage von morgen studieren will, muss in diese *megacities* an den Ufern des Amazonas und Niger, Nil und Ganges, Mekong und Jangtse gehen. Er wird hier auch die erfolgreichsten Missionen der großen monotheistischen Religionen finden: den radikalen Protestantismus der Gottesversammlungen, Freikirchler und Millionen-„Sekten", einen radikalen Islam aus pietistischen Bruderschaften oder politischen Agitatoren. Wer in den globalen Slums von Menschenrechten und Würde im Existenzkampf reden will, muss auch die Sprache dieser Prediger verstehen.

Unweigerlich nämlich trifft die im globalen Süden wachsende Christenheit auf den sich dort ebenfalls – aus ähnlichen Gründen – durch Konversion wie durch Bevölkerungswachstum vermehrenden Islam. Und auch hier verweisen Kritiker auf die ausländischen Gelder aus manchmal undurchsichtigen Quellen, die zweifelsohne eine häufig fragwürdige Rolle spielen (beim evangelikalen Fundamentalismus sind es die US-amerikanischen Gelder; beim islamischen Fundamentalismus die saudischen Petrodollar). Neuere Analysen haben vielleicht etwas zu schnell vermutet, der Wachstumszyklus des Islamismus als politischer Ideologie und totalitärer Strategie sei vorbei. Denn die Gefahr diffuser Radikalisierung religiös codierter Ressentiments ist in der weltweiten Gemeinschaft der Muslime nicht überwunden.[39]

Der Islam hat schließlich ein ureigenes „Verfassungs"-Problem als Weltreligion. Seine Botschaft richtet sich an alle Menschen, die guten Willens und bereit sind, Gottes Wort zu hören und Seiner Rechtleitung zu folgen. Wie das Christentum ist der Islam auf Expansion, Mission, Globalisierung angelegt, und zugleich kultiviert die islamische Welt reiche spirituelle Wurzeln und Praktiken der Ausdifferenzierung religiöser Innerlichkeit. Aber eine Milliarde Muslime verfügt noch über keine internationale Organisationsform, die die religiös-ethische Rechtleitung vor politischer Instrumentalisierung und ideologischer Pervertierung zu schützen vermöchte.

Die *umma*, die Gemeinschaft der Rechtgläubigen, hat Hunderte von Existenzweisen. Von religiösen Bruderschaften, Unternehmer-

[39] ROY, OLIVIER: L'islam mondialisé, Paris 2002; KEPEL, GILLES: Die neuen Kreuzzüge. Die arabische Welt und die Zukunft des Westens, München 2004.

verbänden und karitativen Vereinen über diverse Rechtsschulen und Gottesgelehrte bis zu Parteien und Guerillabewegungen. Dies ähnelt dem freikirchlichen (oder „Sekten"-) Protestantismus; ihre Vielfalt ist Reichtum und Risiko zugleich. Es gibt aber keine klare *corporate identity* des muslimischen Universalismus. Über einem transkulturellen Kontinuum, in welchem ein pakistanischer Muslim Indonesiern, Türken, Afrikanern oder Schwarzamerikanern begegnen kann, erhebt sich der Überbau der traditionellen Rechtsschulen und ihrer umstrittenen Anwendung der Scharia auf die moderne Welt. Die *Umma* als politische Gemeinschaft hingegen bleibt utopisch – oder sie wird reaktionär: zum Traum von der Rückkehr zum idealen muslimischen Gemeinwesen der zehn Jahre von Medina.

Religion und Politik im transatlantischen Vergleich

Karl Gabriel

Kirchen, Religion und Religiosität in Deutschland

Deutschlands religiöse Landkarte hat sich in den Jahrzehnten seit dem Zweiten Weltkrieg gravierend verändert. Auf den ersten Blick scheinen alle früheren Wegmarkierungen ihre Gültigkeit verloren zu haben. Bei näherer Betrachtung stößt man auf beides: Kontinuitäten und Veränderungen. In Sachen Religion liegt die Erwartung an das Überwiegen von Beständigkeit und Konstanz nahe, assoziieren wir doch mit ihr das Langzeitgedächtnis einer Gesellschaft und die Bindung an Überzeugungen und Traditionen, die die Zeiten und Generationen überdauern.[1] Gemessen daran sind Religion und Religiosität in den letzten fünfzig Jahren in Deutschland tatsächlich in einen Strudel der Veränderung geraten. Die Tendenzen, denen die religiöse Landschaft in Deutschland ausgesetzt ist, möchte ich um drei teils gleich-, teils aber auch gegenläufige Prozesse herum gruppieren: die Entkirchlichung, die Pluralisierung der Religion und in den Religionen und die Entprivatisierung beziehungsweise neue Sichtbarkeit der Religionen.

1. Religionen in Deutschland: Eine Übersicht

Den beiden großen Kirchen, der Evangelischen Kirche in Deutschland (EKD) und der römisch-katholischen Kirche, gehören heute rund 65% der Gesamtbevölkerung in Deutschland an.[2] Die Kir-

[1] HERVIEU-LÉGER, DANIÈLE: Religion as a Chain of Memory, Cambridge 2000.

[2] Hierzu und zum Folgenden siehe: DAIBER, KARL-FRITZ: Religion unter den Bedingungen der Moderne. Die Situation in der Bundesrepublik Deutschland, Marburg 1995; EBERTZ, MICHAEL: Kirche im Gegenwind. Zum Umbruch in der religiösen Landschaft, Freiburg i.Br. 1997; EBERTZ, MICHAEL: Erosion der Gnadenanstalt? Zum Wandel der Sozialgestalt von Kirche, Frankfurt a.M. 1998; MEULEMANN, HEINER: Säkularisierung, Kirchenbindung und Religiosität, in: Bernhard Schäfers/Wolfgang Zapf (Hg.): Handwörterbuch zur Gesellschaft Deutschlands, Opladen [2]2001, 563–573; POLLACK,

chenzugehörigkeit weist dabei große regionale Unterschiede auf. So sind auf dem Gebiet der früheren DDR lediglich 28% der Bevölkerung Kirchenmitglieder, während 72% nie einer Kirche angehörten oder den Kirchenaustritt vollzogen haben. Trotz der in Artikel 137 der Weimarer Verfassung festgeschriebenen und in Artikel 140 in die Verfassung der Bundesrepublik Deutschland übernommenen Absage an eine Staatskirche (Artikel 140 Absatz 1) genießen die beiden großen Kirchen in Deutschland einen besonderen rechtlichen Status als „Körperschaften des öffentlichen Rechts." Soziologisch lassen sie sich – insbesondere auf dem Gebiet der alten Bundesrepublik – immer noch am zutreffendsten als zwei volkskirchliche Systeme „im Übergang" beschreiben, die allerdings Elemente der Sozialform der Sekte im Zuge innerer Pluralisierung integriert haben.[3]

Das gesamte Feld der Kirchen und Religionsgemeinschaften reicht aber über die beiden großen christlichen Kirchen hinaus. Das orthodoxe Christentum ist in Deutschland mit 13 verschiedenen Kirchen und 935.000 Gläubigen vertreten. Zum Teil haben die orthodoxen Kirchen wie die beiden großen Kirchen Körperschaftsrechte. Dasselbe gilt für die verschiedenen Gemeinschaften christlicher Freikirchen beziehungsweise „kleineren christlichen Religionsgemeinschaften", die sich von den beiden Großkirchen aus unterschiedlichen Anlässen abgespalten haben. Für sie lässt sich eine Mitgliederzahl von 1.164.000 ermitteln. Der wachsende Pluralismus der Religionen in Deutschland kommt insbesondere auch in der zunehmenden Präsenz der übrigen Weltreligionen zum Ausdruck. Als „Körperschaften des öffentlichen Rechts" sind in Deutschland der Zentralrat der Juden und zahlreiche jüdische Gemeinden als Zusammenschlüsse der heute ca. 180.000 Menschen jüdischen Glaubens anerkannt. Die drittgrößte Gruppe von Glaubensangehörigen in Deutschland bilden die Muslime mit rund 3,2 Millionen Gläubigen. Teile der in Vereinen organisierten Muslime streben eine körperschaftsrechtliche Anerkennung an. Dasselbe gilt für die 1988 gegründete Deutsche Buddhistische Union – Buddhistische Religionsgemeinschaft e.V., die nach eigenen Angaben

DETLEF: Säkularisierung – ein moderner Mythos? Studien zum religiösen Wandel in Deutschland, Tübingen 2003.

[3] DAIBER: Religion, 172ff.

selbst aus 100 buddhistischen Gruppen mit ca. 165.000 Gläubigen besteht. Für die Anhänger des Hinduismus in Deutschland wird eine Zahl von 98.000 angegeben.

Die Vielfalt der Religionsgemeinschaften in Deutschland beschränkt sich aber nicht auf die beiden großen Kirchen, die orthodoxen Kirchen, die christlichen Freikirchen und die zunehmende Präsenz der übrigen Weltreligionen. Daneben hat sich mit teilweise wachsender Tendenz und zunehmender öffentlicher Aufmerksamkeit eine religiöse Szene außerhalb der christlichen Groß- und Freikirchen herausgebildet. Sie reicht von den klassischen, aus dem 19. Jahrhundert stammenden Sekten über freireligiöse Gemeinschafen und ältere synkretistische Gruppierungen bis hin zu den so genannten neuen religiösen Bewegungen. Neu ist an Letzteren das Ausmaß, in dem sie auf nichtchristliche religiöse Traditionen zurückgreifen und sie in der westlichen Kultur präsent machen. Es handelt sich um synkretistische Gruppierungen, die – zunächst meist aus dem anglo-amerikanischen Raum kommend – auch in Deutschland Fuß gefasst haben. Für sie lässt sich eine Zahl zwischen 140.000 und 276.000 ermitteln. Als Restkategorie bleiben ca. 23 Millionen Konfessionslose in Deutschland.

Religionsgemeinschaften	*Mitglieder*	*in Prozent*
Evangelische Kirche	26.340.000	32,12
Katholische Kirche	26.656.000	32,12
Kleine christliche Religionsgemeinschaften	1.164.000	1,42
Orthodoxe Kirchen	935.000	1,14
Judentum	180.000	0,22
Islam	3.200.000	3,90
Buddhismus	165.000	0,20
Hinduismus	98.000	0,12
Neureligiöse oder synkretistische Gemeinschaften und Bewegungen	140.000–276.000	0,17–0,34
Konfessionslose (als Restkategorie)	ca. 23.000.000	28,20

Tabelle 1: Religionsgemeinschaften und ihre Mitglieder in Gesamtdeutschland[4]

[4] Quellen: http:www.ekd.de/statistik/3217_mitglieder.html; SEKRETARIAT DER DEUTSCHEN BISCHOFSKONFERENZ: Katholische Kirche in Deutschland. Statistische Da-

2. Tendenzen fortschreitender Entkirchlichung

Die Spannung zwischen moderner Gesellschaft und Religion spiegelt sich in Deutschland in einem Prozess fortschreitender Entkirchlichung wider. Eine Trendwende in Sachen kirchlicher Religion ist auch für das 21. Jahrhundert nicht in Sicht. Die Religionsforschung konstatiert für den Westen Europas einen lang anhaltenden, schrittweise forcierten Rückgang der kirchlich institutionalisierten Religion. Er kommt sowohl im Verblassen des für die kirchlichen Glaubensüberzeugungen konstitutiven Glaubens an einen persönlichen Gott wie im Abrücken vom kirchlich formulierten Glauben an ein Leben nach dem Tod zum Ausdruck. Ebenso schwächt sich empirisch nachweisbar die Bindung an die Institution Kirche ab. Denselben Trend zeigt die Dimension kirchlich-ritueller Praxis an: Der regelmäßige Gottesdienstbesuch ist rückläufig, eine regelmäßige Gebetspraxis wird seltener und kirchliche Verhaltensnormen finden signifikant weniger Gehorsam.[5] Der kontinuierliche Rückgang kirchlich verfasster Religion wurde durch Phasen beschleunigter Ablösung von kirchlichen Vorgaben zwischen Mitte der sechziger und siebziger Jahre und in den neunziger Jahren des 20. Jahrhunderts überlagert.

	Gottesglaube		Vertrauen in die Institution Kirche	
	1991	1998	1991	1998
Deutschland (West)	67%	62%	-8%	-14%
Deutschland (Ost)	25%	24%	-31%	-45%

Tabelle 2: Gottesglaube und Vertrauen in die Institution Kirche.[6]

ten 2001, Bonn 2001; DAIBER: Religion, 131–150; DEHN, ULRICH: Deutschland III. Nichtchristliche Religionen, in: RGG[4], 761–763, hier 763; KRECH, VOLKHARD: Kleine Religionsgemeinschaften in Deutschland, in: Hartmut Lehmann (Hg.): Religiöser Pluralismus im vereinten Europa. Freikirchen und Sekten, Göttingen 2005, 116–144, hier 123.

[5] JAGODZINSKI, WOLFGANG/DOBBELAERE, KAREL: Der Wandel kirchlicher Religion in Westeuropa, in: Jörg Bergmann/Alois Hahn/Thomas Luckmann (Hg.): Religion und Kultur. Sonderheft 33 der KZfSS, Opladen 1993, 68–91; EBERTZ: Erosion, 77-128; GABRIEL, KARL: Christentum zwischen Tradition und Postmoderne, Freiburg i.Br. [7]2000, 27–68.

[6] Quelle: POLLACK: Säkularisierung, 190.

	Anzahl der Kirchgänger (Angaben in Prozent)	
	Katholiken	Protestanten
1953	49	-
1956	48	-
1962/63	45	7
1970	37	5
1980	29	5
1987	24	5
1992	20	5
1998	17	4

Tabelle 3: Kirchenbesucher unter Katholiken und Protestanten 1953–1998 in Westdeutschland.[7]

Besonders drastisch fällt der Rückgang der kirchlich verfassten Religion unter den Jugendlichen aus. So konstatiert die 13. Shell-Jugendstudie „Jugend 2000“ mit Rückblick auf die letzten zehn beziehungsweise fünfzehn Jahre: „Nur noch ein knappes Drittel der westdeutschen Jugendlichen betet und glaubt an ein Weiterleben nach dem Tod, nur noch ein Sechstel geht zum Gottesdienst. Das 1991 sowieso schon niedrige Niveau bei den Jugendlichen in den neuen Bundesländern ist weiter abgerutscht; Gottesdienstbesuch und Beten sind Praktiken von kleinen Minderheiten geworden.“[8] Insgesamt ist festzustellen, dass die kirchlich verfasste Religion einen Verlust an Selbstverständlichkeit und Normalität zu verzeichnen hat. Trotz ihrer weiter dominierenden Stellung besitzt sie kein Monopol mehr auf Religion. Die sozial gestützte Motivation zur Übernahme kirchlicher Glaubensvorstellungen und Normvorschriften ist gesunken, und das Netz sozialer Kontrolle hat an Wirksamkeit verloren. Die kirchliche Religion – so lässt sich zusammenfassen – hat ihren Charakter als „zwingende“ Primärinstitution verloren und ist zu einer (ab-)wählbaren Sekundärinstitution ge-

[7] Quelle: POLLACK: Säkularisierung, 163.

[8] FUCHS-HEINRITZ, WERNER: Religion, in: DEUTSCHE SHELL (Hg.): Jugend 2000, Bd. 1, Opladen 2000, 157–180, hier 162.

worden. Diese Entwicklung dürfte sich – möglicherweise in abgeschwächter Form – auch in den kommenden Jahren fortsetzen.

3. Pluralisierung der und in den Religionen

Der Prozess der Entkirchlichung wird begleitet von einer wachsenden Pluralisierung und Individualisierung auf dem Feld der Religionen. Man kann zunächst eine *inter*organisatorische Pluralisierung – Anstieg der religiösen und konfessionellen Heterogenität in Deutschland – von einer *intra*organisatorischen Pluralisierung – der Zunahme der Vielfalt innerhalb der Religionsgemeinschaften – unterscheiden.[9] Die *inter*organisatorische Pluralisierung, die nach dem Ausweis der Forschung von 1939 bis 1961 trotz aller Umbrüche nahezu gleich geblieben ist, wächst seit Anfang der sechziger Jahre. Zwei Prozesse sind es, die hier die Hauptrolle spielen. Zwischen den Jahren 1950 und 1987 ist in Westdeutschland der Anteil der Konfessionslosen von 3,7% auf 8% gestiegen, während der Mitgliederrückgang aus der Evangelischen Kirche rund 9% betrug. Gleichzeitig wuchs der Anteil der anderen, nicht-christlichen religiösen Gemeinschaften von 0,2% auf 4,7%. Mit der Wiedervereinigung hat die religiöse und konfessionelle Heterogenität in Deutschland seit den neunziger Jahren noch einmal einen erheblichen Schub bekommen.[10]

Die intraorganisatorische Pluralisierung macht sich in den beiden großen Kirchen durch eine Differenzierung und Auseinanderentwicklung der Muster bemerkbar, in denen jeweils die Mitgliedschaft praktiziert wird.[11] Die Mehrheit in beiden Kirchen bilden die zahlenden und sich auf symbolische Unterstützung beschränkenden Mitglieder, von denen sich die kleiner werdenden Gruppen der regelmäßigen Kirchgänger in beiden Konfessionen in vielen Fragen schärfer denn je abheben. Die beiden großen Gruppen werden in beiden Konfessionen komplettiert durch zu

[9] WOLF, CHRISTOF: Religiöse Pluralisierung in der Bundesrepublik Deutschland, in: Jürgen Friedrichs/Wolfgang Jagodzinski (Hg.): Soziale Integration. Sonderheft 39 der KZfSS, Opladen 1999, 320–348.

[10] POLLACK: Säkularisierung, 77–131.

[11] GABRIEL: Christentum, 177–192.

fundamentalistischen Orientierungen neigende Gruppierungen einerseits wie auch durch Gruppen, die sich dem Feld der sozialen Bewegungen zuordnen lassen, andererseits. Speziell in Deutschland darf auch die Differenz zwischen denen, die mit ihrer Berufsrolle an die Kirche gebunden sind – die Zahl liegt insgesamt bei ca. einer Million –, und denen, die beruflich und arbeitsrechtlich keinen Bezug zur Kirche haben, nicht unterschätzt werden.

Neben der inter- und intraorganisatorischen Pluralisierung wächst auch der religiöse Pluralismus auf der individuellen Ebene. Dies betrifft etwa – wie Studien lokaler Netzwerke zeigen – die Ebene der zwischenmenschlichen Beziehungen. So hat sich für die Stadt Köln gezeigt, dass die Verwandtschaften noch die größte konfessionelle Geschlossenheit aufweisen, die Jüngeren deutlich seltener einen Ehepartner gleicher Konfession haben und die sozialen Beziehungen zu Freunden, Kollegen, Nachbarn und anderen nichtverwandten Personen einen durchweg religiös-konfessionell gemischten Charakter angenommen haben.[12]

Gleichzeitig lässt sich auf der intrapersonellen Ebene eine Zunahme der so genannten Patchwork-Religiosität beobachten. In Sachen Religion scheint zunehmend – so der Titel einer gründlichen Schweizer Studie – tendenziell „jede(r) ein Sonderfall“ geworden zu sein.[13] Das einst homogene religiöse Feld wandelt sich hin zu einer Struktur, in der sich die Einzelnen ihre Religion selbst zusammenbasteln. Je nach Alter, Milieueinbindung und Beeinflussung durch modernisierte Lebensstile variiert das Muster der „Bastelei“. Der religiöse Flickenteppich der Älteren zeigt trotz unübersehbarer Phänomene der Auswahl nach wie vor eine große Nähe zum traditionellen religiösen Modell. Mit einer deutlichen Grenze um das 45. bis 50. Lebensjahr herum nehmen zu den jüngeren Jahrgängen hin die eigengewirkten Anteile zu. Den Extrempol in dieser Richtung bilden Jugendliche aus der Okkultszene mit einer ausgeprägten „Sinnbastelei“ und der Suche nach dem „Okkult-Thrill“ mit hoher Erlebnisintensität.[14] Neben dem Alter ist als beeinflussender Faktor für das jeweilige Muster des „Patchworks“

[12] WOLF: Religiöse Pluralisierung, 337f.

[13] DUBACH, ALFRED/CAMPICHE, ROLAND J. (Hg.): Jede(r) ein Sonderfall? Religion in der Schweiz, Zürich/Basel [2]1993.

[14] HELSPER, WERNER: Okkultismus. Die neue Jugendreligion?, Opladen 1992, 352ff.

die Nähe und Ferne zu den kirchlich-konfessionellen Milieus von Bedeutung. In ihrer Nähe nimmt die „Bastelei“ die Form einer persönlichen Hierarchisierung der Glaubenswahrheiten und des synkretistischen Einbaus neuer Elemente an. So scheint es einer Vielzahl von Kirchgängern keine großen Schwierigkeiten zu bereiten, Ideen der Reinkarnation in ihr kirchlich geprägtes individuelles Glaubenssystem zu integrieren.[15] Lebenslange Auswahl und häufig wechselnde Lösungen der Sinnsuche mit hohen reflexiven Anteilen finden wir insbesondere in den neureligiösen Szenen. Auch in den ländlich geprägten Regionen hat in den letzten Jahren mit dem Nachlassen der kollektiven Kontrollen insgesamt der Anteil der so genannten „Auswahlchristen“ erkennbar zugenommen. In dieser Dimension bildet die auf schnellen Umschlag und Verbrauch hin angelegte „City-Religion“[16] der jungen Gutverdienenden in den großstädtischen Ballungszentren einen Extremfall von „Bastelei“. Die Transformation der Religion ins Religiöse lässt sich als das gemeinsame Merkmal der Phänomene kennzeichnen.[17]

Die wachsende religiöse Pluralisierung betrifft – so lässt sich zusammenfassen – sowohl die institutionell-organisatorische Ebene als auch die Ebene der Personen mit den Phänomenen der Individualisierung und der Zunahme der Patchwork-Religiosität. Die Prozesse der Entkirchlichung und religiösen Pluralisierung werden aller Voraussicht nach in den kommenden Jahren nicht zum Stillstand kommen. Unverkennbar hat sich in den letzten Jahren aber in Fragen der Sichtbarkeit und öffentlichen Präsenz religiöser Themen eine Veränderung ergeben. Sie betrifft sowohl die mediale, die diskursive wie die politische Öffentlichkeit der Religion.[18]

[15] KRÜGGELER, MICHAEL: Inseln der Seligen: Religiöse Orientierung in der Schweiz, in: Alfred Dubach/Roland J. Campiche (Hg.): Jede(r) ein Sonderfall. Religion in der Schweiz, Zürich/Basel 1993, 93–132, hier 108ff; SACHAU, RAINER: Westliche Reinkarnationsvorstellungen. Zur Religion in der Moderne, Gütersloh ²1997.

[16] HÖHN, HANS-JOACHIM: Gegen-Mythen. Religionsproduktive Tendenzen der Gegenwart, Freiburg i.Br. 1994, 118f.

[17] KOBLAUCH, HUBERT: Die Verflüchtigung der Religion ins Religiöse. Thomas Luckmanns Unsichtbare Religion, in: Thomas Luckmann (Hg.): Die Unsichtbare Religion, Frankfurt a.M. 1991, 7–41.

[18] Hierzu und zum Folgenden siehe: GABRIEL, KARL: Säkularisierung und öffentliche Religion. Religionssoziologische Anmerkungen mit Blick auf den europäischen Kontext, in: ders. (Hg.): Religionen im öffentlichen Raum. Perspektiven für Europa. Jahrbuch für Christliche Sozialwissenschaften, Bd. 44, Münster 2003, 13–36.

4. Neue Sichtbarkeit der Religionen im Raum medialer Öffentlichkeit

Die Etablierung eines ausgebauten Mediensystems und die damit verbundene zunehmende öffentliche Präsenz des Privaten sorgt heute für ein neues Sichtbarwerden der Religionen. Der Ausbau des medialen Öffentlichkeitssystems hat den neuen religiösen Bewegungen die Chance gegeben, alternative Formen religiöser Praxis öffentlich sichtbar zu machen und einen Öffentlichkeitswert zu erzielen, der weit über die Größe der tatsächlichen Anhängerschaft der Bewegungen hinausgeht.[19] Die massenmediale Kommunikation hat selbst – so die Vertreter eines weiten Religionsbegriffs – religiöse Formen angenommen, die insbesondere in den Sinngebungsansprüchen einer sich bewusst als nicht-säkular präsentierenden medialen Kommunikation zum Ausdruck kommen.[20] Wie das Beispiel des verstorbenen Papstes Johannes Paul II. als einer Person mit höchster medialer Ausstrahlung in Europa und der gesamten Welt verdeutlicht, gibt der Ausbau des die nationalen Grenzen überschreitenden medialen Öffentlichkeitssystems auch den herkömmlichen Religionen und ihren Repräsentanten die Möglichkeit, einen neuen Grad öffentlicher Präsenz zu erzielen. Wesentliche Impulse zu einer verstärkten medialen öffentlichen Präsenz der Religionen speisen sich aus der besonderen Sensibilität des Mediensystems für den Konflikt. Innerhalb der europäischen Länder, aber auch mit Blick auf Gesamteuropa haben die Konfliktthemen und -dynamiken, die sich mit Religion in Zusammenhang bringen lassen, deutlich zugenommen.[21] Nicht erst seit dem 11. September 2001 hat die Mobilisierung religiöser Differenzen und religiöser Konflikte die Religion zu einem zentralen Thema medialer Öffentlichkeit gemacht. Im wiedervereinigten und religiös-kulturell

[19] BARKER, EILEEN: Neue religiöse Bewegungen. Religiöser Pluralismus in der westlichen Welt, in: JÖRG BERGMANN/ALOIS HAHN/THOMAS LUCKMANN (Hg.): Religion und Kultur. Sonderheft 33 der KZfSS, Opladen 1993, 231–248; KNOBLAUCH, HUBERT: Ganzheitliche Bewegungen, Transzendenzerfahrung und die Entdifferenzierung von Kultur und Religion in Europa, in: Berliner Journal für Soziologie 3 (2002), 295–307.

[20] EDER, KLAUS: Europäische Säkularisierung – ein Sonderweg in die postsäkulare Gesellschaft?, in: Berliner Journal für Soziologie 3 (2002), 331–343.

[21] EDER: Europäische Säkularisierung, 336f.

verstärkt pluralisierten Deutschland sind im letzten Jahrzehnt Konfliktmaterien – vom Kreuz in den öffentlichen Schulen über das obligatorische Schulfach Lebenskunde/Ethik/Religion (LER) bis zum Kopftuch der muslimischen Lehrerin und Verkäuferin – neu aufgebrochen, die zu einer verstärkten Präsenz der Religion in den öffentlichen Medien geführt haben. Ähnliche Tendenzen zu einem Sichtbarwerden bislang erfolgreich als unsichtbar und privat definierter religiöser Themen und Konflikte lassen sich für viele Länder Europas beobachten.

5. Religionen im Raum diskursiver Öffentlichkeit

Unverkennbar lassen sich in Deutschland wie in vielen europäischen Ländern Tendenzen erkennen, den Raum privater Religiosität mit dem Ziel der Beteiligung an öffentlichen Meinungsbildungsprozessen zu verlassen, die herkömmlichen Grenzen zwischen privat und öffentlich in Sachen Religion in Frage zu stellen und für die Religion einen Ort im Raum öffentlicher Meinungsbildung zu beanspruchen. Sie sind dort am stärksten, wo die Religionen sich auf das freie Entscheiden der Einzelnen in Sachen Religion ohne Vorbehalt einlassen und ein offener religiöser Pluralismus religiöser Gemeinschaften besteht, die als intermediäre Institutionen ihre Anliegen in die Prozesse der Verständigung über die alle betreffenden Angelegenheiten einbringen.[22] In Deutschland wie auch in der Schweiz und Österreich haben die Kirchen in den letzten Jahren auf ökumenischer Basis öffentliche Konsultationsprozesse zur wirtschaftlichen und sozialen Lage in ihren Ländern durchgeführt und deutlich gemacht, dass sie zur öffentlichen Meinungsbildung in zentralen gesellschaftlichen Fragen einen Beitrag leisten möchten.[23] Bereits seit den achtziger Jahren

[22] Nach den Ergebnissen der Länderstudien in: GABRIEL, KARL (Hg.): Religionen im öffentlichen Raum: Perspektiven für Europa. Jahrbuch für Christliche Sozialwissenschaften, Bd. 44, Münster 2003, 131–142, 53–72, 115–130, 73–84, sind in Europa die Strömungen zugunsten einer Religion im Raum diskursiver Öffentlichkeit am stärksten in der Schweiz, in Deutschland, den Niederlanden und Frankreich.

[23] *Für eine Zukunft in Solidarität und Gerechtigkeit.* Wort des Rates der Evangelischen Kirche in Deutschland und der Deutschen Bischofskonferenz zur wirtschaftlichen und sozialen Lage in Deutschland. Eingeleitet und kommentiert von Marianne

des letzten Jahrhunderts haben die Kirchen in Europa – angestoßen durch die christlichen Bewegungsgruppen innerhalb und am Rande der Kirchen – den Einsatz für Frieden, Gerechtigkeit und Bewahrung der Schöpfung zu ihrem Hauptanliegen in der Öffentlichkeit gemacht.[24] Bis heute nehmen kirchliche Akteure in den nationalen und europäischen Bewegungsarenen für die Entschuldung der Länder der Dritten Welt und für die friedliche Lösung internationaler Konflikte eine wichtige Rolle ein. Sie tragen insbesondere zur Kontinuität der Bewegungen auch in Zeiten geringer Mobilisierungsbereitschaft in der Gesellschaft bei.[25] Auch hinsichtlich der Religion im öffentlichen Raum diskursiver Verständigungsprozesse lässt sich konstatieren, dass Prozesse weiterer Privatisierung der Religionen mit Entwicklungen in die Richtung ihrer stärkeren Entprivatisierung insbesondere innerhalb der traditionellen religiösen Gemeinschaften verbunden sind.

6. Religionen im Raum politischer Öffentlichkeit

Aus einer religionssoziologischen Perspektive, wie sie José Casanova entwickelt hat, kommt unter den Bedingungen moderner funktionaler Differenzierung der Gesellschaft als Alternative zu einer vollständigen Privatisierung der Religionen nur die Hinwendung der religiösen Traditionen zur zivilgesellschaftlichen politischen Arena in Frage.[26] Dies wird aber den tatsächlich zu be-

Heimbach-Steins und Andreas Lienkamp, München 1997; GABRIEL, KARL/KRÄMER, WERNER (Hg.): Kirchen im gesellschaftlichen Konflikt. Der Konsultationsprozess und das Sozialwort „Für eine Zukunft in Solidarität und Gerechtigkeit", Münster 2004; SCHWEIZERISCHER EVANGELISCHER KIRCHENBUND/SCHWEIZER BISCHOFSKONFERENZ, Wort der Kirchen: Miteinander in die Zukunft, Bern 2001.

24 *Frieden in Gerechtigkeit. Das Schlussdokument von Basel.* Europäische ökumenische Versammlung „Frieden in Gerechtigkeit", Mai 1989, in: epd-Dokumentation 24 (1989); BLASBERG-KUHNKE, MARTINA: Konziliarer Prozess, in: Diakonia 20 (1989), 289–297.

25 KLEIN, ANSGAR: Editorial, in: Forschungsjournal Neue Soziale Bewegungen 3–4 (1993), Die herausgeforderten Kirchen – Religiosität in Bewegung, 7–15; NUSCHELER, FRANZ/GABRIEL, KARL/KELLER, SABINE/ TREBER, MONIKA: Christliche Dritte-Welt-Gruppen. Praxis und Selbstverständnis, Mainz 1995.

26 CASANOVA, JOSÉ: Public Religions in the Modern World, Chicago 1994; CASANOVA, JOSÉ: Chancen und Gefahren öffentlicher Religion, in: Otto Kallscheuer (Hg.): Das Europa der Religionen, Frankfurt a.M. 1996, 181–210.

obachtenden Entwicklungen in Deutschland nur begrenzt gerecht. Auch im konfessionell gespaltenen Deutschland nehmen die Kirchen auf ökumenischer Basis eher zunehmend auch zivilreligiöse Funktionen der Stabilisierung prekärer Ordnungen angesichts öffentlicher Ohnmachtserfahrungen wahr.[27] Die christlichen Kirchen haben im Sinne des kooperativen Trennungsmodells die Nähe zum Staat behalten, sind auch mit dem politischen Raum der Parteien weiterhin verflochten, die Tendenz hin zu einer Rolle als Akteure im zivilgesellschaftlichen Raum mit unverzichtbaren Funktionen für die vorpolitischen, soziomoralischen Grundlagen des freiheitlichen Staates sind aber unverkennbar. Für Deutschland lässt sich zusammenfassend konstatieren, dass die christlichen Kirchen vom Staat eine religionsneutrale, aber religionsfreundliche Haltung erwarten, die im Respekt des Staates vor der Autonomie der Kirchen und in der Förderung ihres für den freiheitlichen Staat unverzichtbaren Engagements im vorpolitischen Raum der Zivilgesellschaft zum Ausdruck kommt. Allerdings ist unter den Angehörigen aller Religionsgemeinschaften in Deutschland die Tendenz hin zu einer weiteren Individualisierung und Privatisierung des Religiösen mit einer Distanz zum öffentlichen Raum – eingeschlossen der staatlich-politischen Sphäre – bis heute ungebrochen. Gerade die neuen religiösen Bewegungen und alternativen religiösen Gruppierungen lassen bisher wenig Interesse an der politischen Öffentlichkeit erkennen und können als spezifische Träger einer verstärkten Privatisierung der Religion betrachtet werden.

[27] LIEDHEGENER, ANTONIUS: Plural und politisch. Der Katholizismus in der Bundesrepublik Deutschland seit 1989/90, in: Karl Gabriel (Hg.): Religionen im öffentlichen Raum. Perspektiven für Europa. Jahrbuch für Christliche Sozialwissenschaften, Bd. 44, Münster 2003, 53–72.

Rolf Schieder

Das Verhältnis von Politik und Religion in der politischen Kultur Deutschlands

Ein Streifzug durch aktuelle religionspolitische Diskurse im Krisenland der Moderne

Dieser Essay spielt mit Bildern und Worten der Alltagskultur: Bildzeitungsschlagzeilen und Geldscheinen, Politikerstatements vor laufenden Kameras und spontanen Interviewäußerungen von Passanten. Zweifellos kann man den Wert solcher Dokumente gering schätzen und sie lediglich als vorübergehende Stimmungsäußerungen oder als bloßes Ornament abtun. Solche Äußerungen können Fehleinschätzungen oder Übertreibungen sein. Aus einer mentalitätengeschichtlichen und diskursanalytischen Perspektive erscheint ein solcher Umgang mit der Alltagskultur allerdings fahrlässig. Irrtümer und Fehleinschätzungen bestimmen das Verhalten und die Handlungen der Menschen nicht weniger als sachgemäße Einschätzungen der Lage.

Mentalitäten sind kollektive Einstellungen von beträchtlicher Dauer, die politische, soziale und kulturelle Veränderungen überdauern. Sie treten vor allem in Zeiten rapiden sozialen und kulturellen Wandels ins Bewusstsein. Der Zusammenbruch kultureller Selbstverständlichkeiten, das Unglaubwürdigwerden von Überkommenem erleichtern die Rekonstruktion von Mentalitäten. Wie in der Geologie bei Verwerfungen Schichten zutage treten, die unter normalen Umständen nicht sichtbar sind, so hat die Mentalitätenforschung in Zeiten des Umbruchs die Möglichkeit, aus der Vielzahl von Deutungen auf langfristige handlungsleitende Einstellungen zu schließen.

Mentalitätengeschichtler und Diskursanalytiker stimmen darin überein, dass Aussagen nicht das Produkt eines individuellen Genies sind, sondern Teil eines diskursiven Gefüges, dem das Subjekt der Aussage unterworfen ist. Aussagen sind Knoten in einem

Netz von Verweisungszusammenhängen. Sie stehen unter der Bedingung des Gesagt- und Verstanden-werden-Könnens. Diskursanalytiker fragen, warum eine bestimmte Aussage erschienen ist und keine andere an ihrer Stelle. Diskurse verstehen sie als diejenigen anonymen Regelungsinstanzen, die bestimmte Aussagen zulassen oder auch ausschließen.

Die Miniaturen, mit deren Hilfe in diesem Essay religionspolitische Mentalitäten in Deutschland rekonstruiert werden sollen, werden nicht als individuelle Meinungsäußerungen verstanden, sondern als Ausdruck einer kollektiven Haltung. Für diesen Ansatz ist beispielsweise die Tatsache, dass Chefredakteur Kai Diekmann die Bildzeitungsschlagzeile „Wir sind Papst!“ erfunden haben soll, weniger interessant als die Tatsache, dass er damit eine Deutung der Situation vornahm, die die Komplexität der religionspolitischen Verhältnisse in Deutschland zum einen radikal reduzierte, diese damit aber zugleich ins Bewusstsein rief.

Am Tag nach der Wahl von Joseph Kardinal Ratzinger zum neuen Papst titelte die Bildzeitung „Wir sind Papst!“. Protestantische Theologen protestierten postwendend: Weder die Benennung des Subjekts noch die Verwendung des Prädikats seien korrekt. Die katholische Christenheit habe einen neuen Papst – allein diese Formulierung sei sachgemäß. „Habent papam“ hieß es deshalb kurz darauf in der Neuen Zürcher Zeitung. Aber auch katholische Christen kritisierten die Schlagzeile. Papst könne schließlich nur einer sein. Die Verballhornung des „Habemus Papam“ in „Summus Papa“ könne jedenfalls nicht aus katholischem Geist geboren sein. Trotz der evidenten konfessionskundlichen Mängel erregte die Schlagzeile großes Aufsehen. Sie brachte offenbar etwas zum Ausdruck, was durch konfessionelle Korrektheit verloren gegangen wäre. Wie ist es möglich, dass eine offensichtlich falsche Aussage so häufig zitiert wird und offenbar eine diffus gefühlte Zustimmung findet? Drei religionstheoretische Deutungen bieten sich an:

a) Die säkularisierungstheoretische Deutungsvariante

Man kann argumentieren, dass die Medien die Religion nur noch als Steinbruch benutzen. Weder sind sie an klaren Informationen über konfessionelle Sachverhalte interessiert, noch nehmen sie Religion als solche wahr und ernst. Religion wird von den Medien ausgebeutet. Der Bericht über das Event ebenso wie dessen marktkonforme Dynamisierung sind interessant. In einer Zeit, in der die Menschen nur noch das glauben, was sie sehen, ist der Papst eine willkommene Ikone, nicht um den Glauben zu stärken, sondern die mediale Bilderproduktionsmacht. Insofern kam der Ruf „Santo subito!“ den Medien ganz recht – denn so lange haben sie keine Zeit, bis ein reguläres Heiligsprechungsverfahren abgeschlossen ist. Und man kann es als eine Verbeugung Benedikts XVI. vor den Medien deuten, dass er das Verfahren tatsächlich beschleunigt hat. Die Macht des letzten absoluten Monarchen kann auch als massenmedialer Effekt gelesen werden. Wie in der Werbung die Verwendung religiöser Motive, Bilder und Erzählungen zugenommen hat, so scheuen auch die Fotografen und Berichterstatter nicht mehr davor zurück, ihre eigene Botschaft über das religiöse Bild zu legen. Wenn also Theologen in der Medienwelt auf Christliches stoßen, so ist das möglicherweise gerade kein Dementi des Säkularisierungsprozesses, sondern seine Bestätigung. Der Respekt vor der Religion ist verschwunden. Die Religion ist eine Ruine, aus deren Resten sich die Medien bedienen. Eine diffus gefühlte Religiosität wird noch akzeptiert, von einem bewussten Bekenntnis kann keine Rede mehr sein.

Obwohl geringer werdende Kirchensteuereinnahmen und Mitgliederschwund – weniger durch Kirchenaustritte als durch Mortalität – sehr klar Transformationen des Religiösen anzeigen, hat in den letzten Jahren bei den professionellen Beobachtern des religiösen Feldes die Bereitschaft abgenommen, diese Transformationsprozesse als „Säkularisierung“ zu deuten. Das hat nicht zuletzt damit zu tun, dass sich religionsgeographisch der Blick geweitet hat. In internationaler Perspektive ist Deutschland ein Sonderfall. Zumal die religiöse Lage im Osten der Republik in flagrantem Widerspruch zum Erstarken der Religion beispielsweise in den östlichen Nachbarländern steht. Aber auch das Wachstum des Islam hat westliche Religionstheoretiker gegenüber einer Theorie skeptisch werden lassen, deren apriorische Annahme im geschichtsphilosophisch notwendigen Niedergang der Religion besteht. Von der aufklärerischen Idee inspiriert, dass das Licht der Vernunft und die Dynamik des technischen Fortschritts das Dunkel des Religiösen vertreiben und die knechtende Macht der Kirchen brechen würde, wurden religionsrelevante Daten in das vorgängige Verfallsmodell eingeschrieben. Die Wahrnehmung eines völlig anderen Verlaufs der Aufklärung in den Vereinigten Staaten von Amerika hat zu größerer Vorsicht und einer differenzierteren Sicht der Dinge geführt.

Selbst wenn man die fortschrittsoptimistische These vom Verschwinden der Religion im Prozess der Aufklärung nicht mehr teilt und stattdessen das allmähliche Verschwinden der Religion aus der Öffentlichkeit diagnostiziert, mithin also die These von der Privatisierung der Religion vertritt, irritiert die Tatsache, dass die Religion auf dem politischen Feld an Bedeutung gewinnt. Die politischen Veränderungen in Polen in den achtziger Jahren sind ohne das Pontifikat Johannes Pauls II. kaum denkbar. Die Konflikte in Afrika sind ohne Kenntnis der Konfessionsgrenze zwischen Islam und Christentum nur unzureichend rekonstruierbar und auch im Balkankrieg spielte die Legitimation der Gewalt im Namen der Religion eine nicht unbedeutende Rolle.

Doch auch in Deutschland konnte die These von der zunehmenden Privatisierung der Religion nur deshalb so plausibel klingen, weil die religionsrechtlichen Bedingungen, die die Öffentlichkeit der Religion garantierten, unumstritten waren und deshalb ihre zwar stille, aber stabile Bedeutung behielten. Wie öffentlich die Religion auch in Deutschland letztlich ist, lässt sich an den bildungspolitischen Auseinandersetzungen über eine angemessene religiöse Erziehung an den öffentlichen Schulen ablesen. Der Streit über das Kopftuch und die Debatten über einen islamischen Religionsunterricht gemäß Artikel 7 Absatz 3 des Grundgesetzes, also einen staatlichen Religionsunterricht in Übereinstimmung mit den Grundsätzen der jeweiligen Konfession, zeigt, dass von einer Säkularisierung der Religion als ihrer Privatisierung keine Rede sein kann.

Der Satz „Religion ist Privatsache“ ist eher eine programmatische als eine diagnostische Aussage. Das gilt zumal für seine Entstehungsgeschichte. Als Forderung der Sozialisten im Kaiserreich sollte damit das Staatskirchentum kritisiert und der individuellen Religionsfreiheit zum Sieg verholfen werden. Die beabsichtigten religionspolitischen Forderungen können mittlerweile als erfüllt gelten: Die Religionsfreiheit ist gewährleistet. Mit der individuellen Religionsfreiheit geht aber die Öffentlichkeit der Religion nicht verloren, unter zivilgesellschaftlichen Bedingungen ist ihre Öffentlichkeit geradezu eine Notwendigkeit. Denn als Ausdruck letzter handlungsleitender Überzeugungen der Bürger spielt Religion eine zentrale Rolle für zivilgesellschaftliche Akteure.

Angesichts einer ganzen Reihe empirischer Daten, die Zweifel an der Säkularisierungstheorie nähren, stellt sich die Frage, warum überhaupt eine Säkularisierung behauptet wird. Die sich daran anschließende Frage lautet: Wer behauptet eigentlich eine Säkularisierung? Zweifellos tut dies die kleine Minderheit der antiklerikalen Weltanschauungsgruppen. Die hohe Akzeptanz des Säkularisierungsparadigmas ist aber ohne die breite Rezeption in kirchlichen Kreisen nicht zu erklären. Kirchliche Zeitdiagnostiker auf Kanzel und Katheder sangen über Jahrzehnte hinweg das Lied vom kommenden religionslosen Zeitalter, in dem die Christen nur noch eine Minderheit seien. Auf die Existenz als „heiliger Rest" habe man sich vorzubereiten und mit tapferem Glaubensmut den Anfechtungen der Moderne zu widerstehen.

Bei Licht betrachtet führte die binnenkirchliche Lust am Säkularisierungsparadigma zu einer klerikalen Bequemlichkeit, die den ausbleibenden Gottesdienstbesuch nicht als Folge eines mangelhaften Angebotes, sondern als unabwendbares Schicksal deutete. Und so litten nicht wenige Gottesdienstbesucher beträchtliche Qualen, weil die Pfarrerinnen und Pfarrer nicht ihr Angebot verbesserten, sondern den Anwesenden, die doch eigentlich das Dementi der Säkularisierung waren, ihre deprimierende Geschichtsphilosophie zu erläutern versuchten. Diese im Rückblick skurrile Situation wird heute zu Recht als „Selbstsäkularisierung" der Kirchen bezeichnet. Mittlerweile haben die Kirchen erkannt, dass auch sie eine Bringpflicht haben und als Anbieter auf dem Markt religionskultureller Angebote konkurrieren müssen. Das kann der Qualität kirchlichen Handelns nur gut tun. Sich selbst eine Generalabsolution durch den Verweis auf „die Säkularisierung" zu erteilen ist jedenfalls nicht mehr möglich.

b) Die modernisierungstheoretische Deutungsvariante

Die modernisierungstheoretische Deutungsvariante versteht Religion nicht als Opfer eines anderwärts erzeugten Prozesses, sondern hält die Religion selbst für einen Akteur der Modernisierung, der seinerseits Einfluss auf andere gesellschaftliche Systeme ausübt. Max Weber hat diesen Sachverhalt – nach einem Besuch der Vereinigten Staaten übrigens – klassisch zur Sprache gebracht.

Doch auch Untersuchungen über die konfessionelle Konkurrenz im 19. Jahrhundert oder regionalgeschichtliche Untersuchungen über konfessionelle Milieus und deren unterschiedliche Lebensstile konnten zeigen, wie stark die gesellschaftlichen Subsysteme miteinander kommunizieren und die Annahme einseitiger Beeinflussungsverhältnisse ausschließen.

Die Modernisierungstheorie der Religion geht davon aus, dass sich die Religion selbst modernisiert. Prozesse der Individualisierung, der Pluralisierung, der Demokratisierung und einer gesteigerten Reflexivität sind im Religionssystem selbst wirksam. Ein Blick auf die Entwicklung der katholischen Kirche im 20. Jahrhundert kann das frappant belegen. War zu Beginn des Jahrhunderts noch ein strikter Antimodernismus, vor allem aber die Leugnung der individuellen Religionsfreiheit kennzeichnend, so war das Zweite Vatikanische Konzil das Fanal für die Adaption von Autonomie, Pluralität und – auf der Verbandsebene – von zivilgesellschaftlichen Strukturen. Freiheit, globale Gerechtigkeit und Frieden sind päpstliche Grundwerte geworden. Die Versöhnung von Vernunft und Glaube ist Benedikt XVI. ein Anliegen. Ihm liegt an einer vernunftgeleiteten Kritik eines von ihm so genannten „westlichen Relativismus“. Als globale Kirche vermag der Katholizismus die Relativität und Begrenztheit des westlichen Lebensstils kritisch zur Geltung zu bringen. Als *global prayer* – so eine Sottise – sei der Papst zugleich ein *global player.* Auf jeden Fall schreckt die Globalisierung die katholische Kirche nicht, Universalismus ist für sie kein Fremdwort.

Bedenkt man, dass im 19. Jahrhundert der Papst in den Vereinigten Staaten von Amerika noch für den Antichristen und Katholiken für wenig verlässliche Demokraten gehalten wurden, so ist es bemerkenswert, dass gleich zwei ehemalige und ein amtierender Präsident der Vereinigten Staaten vor dem aufgebahrten Leichnam Johannes Pauls II. niederknieten – nicht zuletzt in Anerkennung seiner großen Leistungen beim Sieg über die totalitären Regime in Osteuropa und beim Aufbau dortiger demokratischer Strukturen. George W. Bush nannte Benedikt XVI. „a man of wisdom“ und einen spirituellen Führer, für den das ganze amerikanische Volk beten werde.

„Wir sind Papst!“ ist dann als ein Willkommensgruß zu verstehen, der die Leistungen der katholischen Kirche für Freiheit und

Demokratie anerkennt – wenn es um die binnenkirchliche Demokratie auch nicht besonders gut bestellt ist. Insofern liegt im kollektiven „Wir“ auch eine kritische Spitze. Und es ist ein Hinweis darauf, dass ein modernes Papsttum ohne die Unterstützung der Medien nicht mehr auskommt.

c) Die zivilreligionstheoretische Deutungsvariante

Fragt man, wer denn eigentlich das Subjekt der Aussage „Wir sind Papst!“ sein soll, dann kommen dafür offenbar weder allein die Katholiken noch die Christen insgesamt, sondern die Deutschen, wenn man so will: die Nation, in Frage. „Wir sind Papst!“ klingt wie „Wir sind Weltmeister!“. Diese Vermischung von Nationalgefühl und Religion kann man als den Versuch deuten, die Papstwahl für zivilreligiöse Zwecke zu nutzen. Das ist angesichts der Konfessionsgeschichte Deutschlands allerdings gewagt. Denn die traditionelle Konkurrenz zwischen den Konfessionen lässt nicht vermuten, dass ausgerechnet das Papstamt nationale Inklusion erzeugen könnte.

Der Bundespräsident sprach deshalb zwar von einer „großen Freude“ – um dann eher verhalten und vorsichtig hinzuzufügen: „und auch ein wenig Stolz“. Ganz selbstverständlich hatte ihm der polnische Ministerpräsident zur Wahl Joseph Kardinal Ratzingers zum neuen Papst gratuliert, obwohl Köhler selbst die evangelische Kirche öffentlich als seine „spirituelle Heimat“ bezeichnet. Nicht einmal die Tatsache, dass mittlerweile ein Drittel der Deutschen keiner christlichen Kirche mehr angehört, hielt die Politiker davon ab, die zivilreligiöse Dimension der Papstwahl zu betonen. Einen klassischen zivilreligiösen Syllogismus formulierte der SPD-Parteivorsitzende Franz Müntefering: „Die Menschen brauchen Orientierung. Viele finden sie im Glauben. Ich bin sicher, dass sich der neue Papst Benedikt XVI. dieser Verantwortung bewusst ist.“ Die Kirchen sollen als zivilgesellschaftliche Akteure Orientierungswissen vermitteln, auf das ein demokratisches Gemeinwesen angewiesen ist.

Die Religionssoziologen sind noch darüber uneins, ob in Deutschland eine Zivilreligion zu identifizieren sei. Versteht man unter Zivilreligion jene Diskurse, Symbole und Rituale, mit deren Hilfe sich ein Gemeinwesen seiner religiös-weltanschaulichen Grundlagen vergewissert, dann lassen sich in verschiedenen Ländern ganz unterschiedliche Formen finden, in denen die zivilreligiöse Dimension des Politischen zur Geltung kommt. Der Streit über eine Gottesklausel in der europäischen Verfassung zeigt, wie verschieden die zivilreligiösen Befindlichkeiten in den Ländern Europas sind.

1. „A nation with the soul of a church“ Die Zivilreligion in den Vereinigten Staaten von Amerika als Kontrastfolie

In den Vereinigen Staaten von Amerika liegt die zivilreligiöse Grundierung des Gemeinwesens im wahrsten Sinne „auf der Hand“. Bei jedem Geldgeschäft erinnern sich die Amerikaner an die gemeinsame Geschäftsgrundlage. „In God we trust“ ist auf jeder Dollarnote zu lesen. Glaubwürdigkeit und Kreditwürdigkeit hängen offenbar zusammen. Vertrauen als soziales Kapital wird symbolisch repräsentiert. Wer ist *we*? Es ist das ganze amerikanische Volk. Die Bürgergemeinde, nicht die Kirchengemeinde, vertraut auf Gott. Als *God's new Israel* wurden die Vereinigten Staaten häufig bezeichnet. Wie im Alten Testament das Volk Israel einen Bund mit Gott schloss, so schlossen auch die Pilgerväter einen Bund mit Gott. Die Predigt, die John Winthrop, der erste Führer der Massachusetts Bay Colony, beim Betreten amerikanischen Bodens hielt, ist charakteristisch für das zivilreligiöse Bewusstsein der Vereinigten Staaten:

> „Thus stands the cause between God and us. We are entered into Covenant with him for this work. […] We shall find that the God of Israel is among us. […] Consider that we shall be as a city upon a hill, the eyes of all people are upon us.“

Das Bewusstsein, gegenüber Gott eine besondere Verpflichtung zu haben, lässt sich in allen Präsidentenreden nachweisen. Abraham Lincoln etwa nannte das Land „an almost chosen nation“ und „the last best hope on earth“.

Martin Luther Kings berühmte Rede „I have a dream“ ebenso wie George W. Bushs Kampf gegen die „Achsen des Bösen“ speisen sich aus einer gemeinsamen Quelle: dem zivilreligiösen Bewusstsein der USA, eine *manifest destiny* zu haben. Europäern wird angesichts des amerikanischen Erwählungsbewusstseins unbehaglich zumute und häufig wird dafür die individuelle Frömmigkeit des amtierenden Präsidenten verantwortlich gemacht. Das Bewusstsein, eine bestimmte Rolle in Gottes Heilsplan zu spielen, hat aber nichts mit der Kirchenzugehörigkeit oder dem persönlichen Glauben des Präsidenten zu tun, er repräsentiert lediglich das zivilreligiöse Selbstbewusstsein des Landes.

Neben das Bundesmotiv tritt ein zweites, das Exodusmotiv. Die frühen Auswanderer nach Amerika waren häufig Angehörige verfolgter religiöser Minderheiten. Sie gehörten zum so genannten „linken Flügel der Reformation", wie beispielsweise die Quäker, die in Pennsylvania einen Staat mit pazifistischer Verfassung gründeten. Die Auswanderung wurde als Exodus gedeutet. Europa erschien dann als das Land, in dem man wie unter der ägyptischen Fron gelitten hatte. Der Exodus begann mit der Fahrt über den Atlantik, die mit dem Zug durch das Rote Meer verglichen wurde. Die Ankunft in Amerika war wie die Ankunft im Gelobten Land, dem neuen Israel, *God's own country*, einer Stätte der Zuflucht für die Mühseligen und Beladenen.

Kann man auch argumentieren, dass der Satz „In God we trust" erst in den vierziger Jahren des 20. Jahrhunderts auf die Dollarnote kam, so gehört das große Siegel zu den ganz frühen zivilreligiösen Symbolen des Landes. Dort wird auf Gott Bezug genommen, der das Beginnen gesegnet hat, und zum anderen auf die Heilsgeschichte. Ein neues Zeitalter hat mit der Gründung Amerikas begonnen.

Die politische Kultur der USA ist ohne ihren Millennialismus nicht zu verstehen. Mit der Gründung der USA, so die Überzeugung, hat das Tausendjährige Reich, von dem die christliche Apokalyptik spricht, begonnen. Das Land hat deshalb die Mission, das Kommen des Reiches Gottes zu befördern und das Böse zu bekämpfen. Fortschrittsglaube und innerweltliche Eschatologie sind ineinander verwoben. In Stein gemeißelt kann man an der Grabstätte John F. Kennedys auf dem Arlingtonfriedhof lesen: „Let us go forth to lead the land we love asking his blessing and his help, but knowing that here on earth God's work must truly be our own."

„A nation with the soul of a church", so hat es G. K. Chesterton formuliert, um den Europäern die zivilreligiöse Dimension des amerikanischen Patriotismus zu erklären. Wie die Kirche ohne ihre Vision vom kommenden Reich Gottes gar nicht Kirche sein kann, so gilt auch von den USA, dass sie ohne ihre spezifische Vision und Mission nicht verstanden werden können. Selbst Christentumskritiker wie John Dewey oder in unseren Tagen Richard Rorty halten am *American creed* fest. Und so kann man in Rortys Buch „Stolz auf unser Land" lesen: „Nicht Gott, sondern ein utopisches Amerika ist der unbedingte Gegenstand unserer Sehnsucht."

Es gibt in den USA zwar eine Trennung von Kirche und Staat, es gibt aber einen intrinsischen Zusammenhang von Religion und Politik. Das *First Amendment* zielt auf die Förderung von Religion, nicht auf deren Verdrängung. Dort heißt es nämlich: „Der Kongress darf kein Gesetz erlassen, das die Einführung einer Staatsreligion zum Gegenstand hat und die freie Religionsausübung verbietet." Mit der Formel „wall of separation" sind die religionspolitischen Verhältnisse in den USA nur unzureichend beschrieben.

2. Der Protestantismus in Deutschland
Eine Kirche mit der Seele einer Nation?

Wie anders ist doch die deutsche Religionsgeschichte verlaufen! Der Versuch der Reform der katholischen Kirche mündete in ein ganz Europa erfassendes Zeitalter der Religionskriege. Der absolutistische Staat schien der einzige Friedensgarant zu sein. Er unterschied zwischen zugelassenen und verbotenen Religionsgemeinschaften. Er sorgte für Religionsfrieden durch die Kontrolle der Religion. Zwar durfte jeder nach seiner Fasson selig werden – verließ die Religion aber den Raum der Innerlichkeit und Privatheit, war es mit der Toleranz schnell vorbei.

Erschwerend kam hinzu, dass die staatliche Kontrolle der Religion in Deutschland von Beginn an eine merkwürdige Schieflage hatte. Der Protestantismus, einer funktionierenden kirchlichen Hierarchie beraubt, suchte Schutz bei der Obrigkeit und erhielt ihn auch. Die höchsten Bischöfe der Protestanten waren die Fürsten und Könige – unabhängig von deren Konfession. So waren die katholischen bayerischen Könige fürsorgliche Hirten der bayerischen Protestanten. Und bis 1918 lebten die Protestanten damit gar nicht schlecht. Hätte man prominente Protestanten am 7. Februar 1878, dem Todestag von Pius IX., gefragt, ob sie sich nicht auch einen Papst wünschten, dann wäre schallendes Gelächter die Antwort gewesen und der Hinweis: „Wir haben doch den Kaiser!"

Der stand 1918 als *summus episcopus* nicht mehr zur Verfügung. Auf die Weimarer Demokratie waren die Protestanten nicht vorbereitet. Klerikalisierung und die Pflege antimoderner Ressentiments bestimmten die Geschichte des Protestantismus bis weit in die fünfziger Jahre. Das politische Geschick lag seit den zwanziger Jahren nun in den Händen der Gruppen, auf die der Protestantismus arrogant herabzublicken sich angewöhnt hatte: des politischen Katholizismus und des Sozialismus. Aus protestantischer Perspektive handelte es sich in beiden Fällen um Agenten internationaler Mächte: einmal von Rom, das andere Mal von Moskau aus dirigiert. Und so ist es plausibel, dass viele Protestanten dazu neigten, den Versprechungen der Nationalsozialisten, ein nationalbewusstes „positives Christentum" fördern zu wollen, leichtfertig glaubten. Sie erschienen als willkommene Alternative zu einem antichristlichen Sozialismus und einem antinationalen Katholizismus. Nationalprotestanten und Nationalsozialisten verband der Wille zur Nation.

Zur Religionsgeschichte Deutschlands gehört auch, dass sich zwei totalitäre Weltanschauungen entwickeln konnten, die man als „antireligiöse politische Religionen" bezeichnen könnte. Die Kopie religiöser Sprache, religiöser Symbole und Rituale durch Faschisten und Sozialisten ist vielfach beschrieben worden. Faschismus wie Kommunismus versprachen eine innerweltliche Erlösung auf politischem Wege. Die Vernichtung gesellschaftlicher Pluralität war dafür die Voraussetzung. Der Ausfall einer transzendenten Instanz machte Selbstkritik unmöglich.

Die Erfahrungen mit der politischen Religion des Nationalsozialismus führten in der Nachkriegszeit zu einem Umgang der Politik mit der Religion, den man als „das zivilreligiöse Subsidiaritätsprinzip der Bonner Republik" bezeichnen könnte. Der Verzicht der Politik auf eine religiöse Selbstdefinition war eine wichtige Lektion aus den Jahren der Herrschaft des Nationalsozialismus. Es herrschte Konsens, dass Religion in die Kirchen, nicht in die Parlamente gehörte. Die beiden großen Weltanschauungsparteien der Weimarer Republik, die SPD und das Zentrum, wandelten sich in den fünfziger Jahren zu Volksparteien: Das katholische Zentrum wurde zur konfessionell offenen CDU, in der Kleriker keine Rolle mehr spielten, und die SPD verzichtete im Godesberger Programm auf eine weltanschauliche Begründung ihrer Politik. Beide Parteien profitierten von dieser Strategie des „Outsourcings" des Religiösen aus der Politik der Partei.

Nicht nur die Parteien, auch die Väter und Mütter des Grundgesetzes übertrugen den Kirchen und Religionsgemeinschaften eine prominente Rolle bei der zivilreligiösen Sozialisierung der heranwachsenden Bürgerinnen und Bürger. Der staatliche Religionsunterricht, der als ordentliches Lehrfach in Artikel 7 Absatz 3 des Grundgesetzes unter den Grundrechten Erwähnung fand, soll, so die Regelung, in Übereinstimmung mit den Grundsätzen der Religionsgemeinschaften erteilt werden. Die Formel vom „konfessionellen" oder gar vom „bekennenden Religionsunterricht" macht nicht hinreichend deutlich, dass die Kirchen zwar an der Gestaltung des Religionsunterrichts beteiligt werden, dass es sich aber um ein schulisches Fach handelt, das auf Initiative und unter der Verantwortung des Staates erteilt wird. Weder handelt es sich bei der Regelung des Religionsunterrichts um eine „hinkende Trennung" von Kirche und Staat, auch nicht um eine Privilegierung der Kirchen, sondern um eine vom Staat bewusst organisierte Zivilisierung der Religion durch Bildung unter den Bedingungen religiöser Pluralität.

Wie schwach in Deutschland eine selbstständige staatliche Zivilreligion entwickelt ist, zeigt sich auch daran, dass von einem nationalen Festkalender keine Rede sein kann. Bei nationalen Katastrophen versammeln sich die Politiker im Berliner Dom, dem zivilreligiösen Heiligtum der Berliner Republik. Man nennt die dort stattfindenden Feierlichkeiten zwar „ökumenische Gottesdienste" – diese Bezeichnung verschleiert aber, dass der Ritus keine binnenchristliche, sondern eine zivilreligiöse Funktion hat. Deshalb lassen es sich auch konfessionslose Abgeordnete nicht entgehen, an diesen Zivilreligionsfeiern in Übereinstimmung mit den Grundsätzen und in den Räumen der Religionsgemeinschaften teilzunehmen.

Auch die Schulkreuze in bayerischen Schulen wurden nicht von den Kirchen, sondern vom Staat in den Klassenräumen angebracht.

Die Ansicht des Bundesverfassungsgerichts, Kreuze seien ein Symbol gesteigerter christlicher Sühnefrömmigkeit, übersieht, dass die Kreuze als Symbol des Christentums erst mit der konstantinischen Wende gebräuchlich wurden, also just zu der Zeit, als die römischen Kaiser mit dem Christentum Staat machen wollten. Insofern stehen die bayerischen Schulkreuze sehr präzise in einer Tradition der Verwendung christlicher Symbole für staatserhaltende Zwecke. Doch selbst wenn man von den Schulkreuzen absieht, lässt sich zeigen, dass den Länderparlamenten der neu entstehenden Bundesrepublik daran lag, das Christliche als einen Garanten von Humanität und Achtung der Menschenwürde in den bildungspolitischen Kontext einzutragen. So ist in den Schulartikeln der meisten Bundesländer Gott ausdrücklich erwähnt. Folgende Formulierung findet sich nicht in der bayerischen, sondern im Artikel 7 der Verfassung für das Land Nordrhein-Westfalen: „Ehrfurcht vor Gott, Achtung vor der Würde des Menschen und Bereitschaft zum sozialen Handeln zu wecken ist vornehmstes Ziel der Erziehung." Ein Globalziel, dem sich eigentlich jede Lehrkraft des Landes unabhängig von ihrer religiös-weltanschaulichen Option verpflichtet fühlen müsste.

Das Wachstum des Islam freilich wirft die Frage auf, wie lange die kirchengestützte Zivilreligion der Bonner Republik noch Bestand haben kann. Noch versucht man sich mit einer kulturalistischen Argumentation zu retten. Das ist bei den Auseinandersetzungen über das Kopftuchurteil des Bundesverfassungsgerichts deutlich geworden. Während Symbole des Christentums an den Schulen als Ausdruck der Kultur des Landes akzeptiert werden, soll das Kopftuch nicht zugelassen sein. Man kann jedoch absehen, dass der demographische Faktor die Stärke dieses Arguments zunehmend schwächen wird. Wenn in zwanzig Jahren mehr muslimische Kinder als christliche in Berliner Schulen eingeschult werden, wird das Traditionsargument gegenüber der Frage, welche Herausforderungen die nahe Zukunft birgt, in den Hintergrund treten.

3. „A state with the soul of a church?“ Eine neue Lust des Staates auf Religionskontrolle?

Wenn durch die im Wesentlichen migrationsbedingte Pluralisierung der religiösen Landschaft das alte Subsidiaritätsprinzip nicht mehr funktionieren kann, die Kirchen also als Partner des Staates in religionspolitischen Dingen deshalb nicht mehr in gewohnter Weise zivilreligiöse Aufgaben übernehmen können, weil damit beispielsweise der muslimische Teil der deutschen Bürger exkludiert wäre, bleibt dem Staat offensichtlich gar nichts anderes übrig, als die alte Zurückhaltung aufzugeben und die zivilreligiösen Aufgaben selbst zu organisieren. Eine Reihe von Anzeichen sprechen dafür, dass diese Aufgabe von der Politik wahrgenommen und nach Möglichkeiten der Umsetzung gesucht wird. Anders als freilich in den Vereinigten Staaten von Amerika, wo die zivilreligiöse Grundierung des Politischen ein nationales Anliegen ist, an dem sich die Gesellschaft bereitwillig beteiligt, ist es in Deutschland offensichtlich die Aufgabe des Staates, das zivilreligiös Notwendige zu initiieren.

So lässt sich die so genannte Wertedebatte als eine Debatte über diejenigen kollektiven zivilreligiösen Überzeugungen deuten, auf deren Grund sie zum einen die heranwachsende Generation sozialisiert und deren sie sich in Krisenzeiten vergewissern muss. Der inflationäre Gebrauch des Wertebegriffs, der inzwischen jede inhaltliche Kontur vermissen lässt, zeigt allerdings an, wie schwierig es ist, ein kollektives Gemeinsames nicht nur zu definieren, sondern auch als inspirierende Kraft zu implementieren. Die Wertedebatte zeigt aber auch, dass die alte bundesrepublikanische Arbeitsteilung zwischen Kirche und Staat nicht mehr funktioniert. Die Pluralisierung des religiösen Feldes erlaubt es dem Staat nicht mehr, ohne weiteres die Definition des gesellschaftlichen Universalkonsenses allein den Kirchen zu überlassen.

Die Integration des Islam – wohlgemerkt als zivilreligiösen Agenten – bereitet Schwierigkeiten. Anders als bei den christlichen Kirchen ist bei den muslimischen Gemeinden weder Staatsförmigkeit im Sinne einer hierarchischen Organisation noch eine vorgängige Staatsfrömmigkeit vorauszusetzen. Aber auch die Stellung der Frau im Islam ist mit der Gleichberechtigungsforderung der

Verfassung zurzeit nicht vereinbar. Man wird also auf einen Lernprozess setzen müssen, den ja auch die christlichen Kirchen durchmachen mussten.

Es ist bemerkenswert, dass ausgerechnet in den alten preußischen Stammlanden eine etatistische Lösung des Problems bevorzugt wird. Das Land Brandenburg hat LER als Zivilreligionsunterricht bereits eingeführt, Berlin plant einen ebenfalls staatseigenen Werteunterricht. Als Argument für einen solchen Unterricht wird die zunehmende religiöse Pluralisierung angeführt, die – so die etwas holprige Logik – einen Werteunterricht für alle erforderlich mache. In diesem Unterricht sollten dann Dialogfähigkeit auch in religiösen Dingen erlernt, aber auch die Herkunftsreligionen der Kinder relativiert werden. Der so genannte „bekennende Unterricht", den die Religionsgemeinschaften erteilten, sei dafür nicht geeignet. Zweifellos ist daran richtig, dass ein Religionsunterricht, der seit der Zeit der sowjetischen Besatzung Berlins als „Angelegenheit der Religionsgemeinschaften" angesehen wird, weder schulischen noch religionstheoretischen Standards genügt. Es leuchtet aber nicht ein, warum Berlin nicht den Weg des Artikel 7 Absatz 3 des Grundgesetzes gehen sollte, der den Religionsunterricht in die staatliche Verantwortung stellt. Er legt die Standards für den Religionsunterricht fest. Er erarbeitet aber die Lehrpläne in Übereinstimmung mit den Religionsgemeinschaften. Damit ist die Pluralität des Religiösen und die Neutralität des Staates in konfessionellen Angelegenheiten garantiert und darüber hinaus auch eine geordnete Ausbildung der Lehrkräfte an den theologischen Fakultäten gewährleistet. Die Ansicht, ein Religionsunterricht, der in Übereinstimmung mit den Grundsätzen der Religionsgemeinschaften erteilt würde, könne den erforderlichen Dialog der Religionen nicht fördern, ist ungefähr so plausibel wie die Forderung, alle politischen Akademien und Stiftungen der Parteien zu schließen und diese durch eine zentrale Akademie für politische Kultur zu ersetzen, weil nur so ein Überblick über alle politischen Lager und Optionen geboten werden könne.

Andere Bundesländer mit einem hohen Anteil an Muslimen gehen einen anderen Weg als Berlin und Brandenburg. So hat sich Nordrhein-Westfalen, das Land mit dem höchsten Anteil an Muslimen, zu einer weiteren Pluralisierung des religionspädagogischen Angebots entschlossen und „Islamische Unterweisung" in Analogie zum christlichen Religionsunterricht eingeführt. Allerdings erlässt den Lehrplan das Land selbst, dieser ist aber mit den größten im Land vorhandenen muslimischen Verbänden und Gruppen abgestimmt. Zur Qualitätssicherung des islamischen Unterrichts hat das Land einen Lehrstuhl für islamische Religionspädagogik an der Universität Münster eingerichtet.

Zählen im angelsächsischen Diskurs über Zivilgesellschaft die Kirchen ganz selbstverständlich zu den zivilgesellschaftlichen Akteuren, so zeigt ein Blick in die deutsche Literatur zur Zivilgesellschaft eine oft unbewusste, manchmal auch bewusste Ausblendung der zivilgesellschaftlichen Leistungskraft der Kirchen. Das mag damit zu tun haben, dass sich die Sozialwissenschaften gerne als Erben vormals kirchlicher Domänen fühlen und die Kirchen als Opfer der Säkularisierung für eine *quantité négligeable* halten. Es hat aber auch mit dem Selbstverständnis der Kirchen in Deutschland selbst zu tun. Die katholische Kirche will sich ohnehin nicht auf die Ebene zivilgesellschaftlicher Akteure herunterdefinieren lassen. Obwohl der Papst sich mit der Tiara nicht mehr krönen lässt, hat die Sitzordnung bei den päpstlichen Feierlichkeiten zum Tod von Johannes Paul II. doch deutlich werden lassen, dass zur Rechten des Papstes das *sacerdotium* und zur Linken das *imperium* Platz nehmen. Als sichtbare Darstellung der unsichtbaren Herrschaft der *civitas Dei* hat die katholische Kirche Schwierigkeiten, sich nur als eine gesellschaftliche Gruppe unter anderen ansprechen zu lassen. Denn die Idee von einem staatlichen Ganzen, in dem die Kirchen nur ein Teil sind, widerspricht dem katholischen Selbstverständnis, eine weltweite Kirche zu sein, die staatliche Grenzen immer schon überschreitet. Aber auch die Vorstellung von der Kirche als *societas perfecta* erlaubt es nicht, sich gänzlich in politische Ordnungsvorstellungen einpassen zu lassen.

Bei den Protestanten liegt der Fall anders. Der Ratsvorsitzende der EKD, Bischof Wolfgang Huber, nimmt zwar für die Kirchen in Anspruch, dass die Kirchengemeinden zivilgesellschaftliche Akteure seien, gleichzeitig aber werden staatskirchenrechtliche Besitzstände zäh verteidigt. Das wirkt ein wenig so, als ob man zwar Kuchen backen wolle, die Eier aber nicht zerbrechen möchte. Offenbar fällt es dem deutschen Protestantismus schwer, sich vom jahrhundertelang gewohnten Etatismus zu verabschieden.

Etatismus scheint die deutsche Krankheit auch auf religionspolitischem Feld zu sein. Vergleicht man das religiöse Leben in den USA mit dem in Deutschland, dann fällt auf, dass dort die Fähigkeit der Kirchengemeinden zur Selbstaktivierung weitaus höher ist als in Deutschland. Das hat mit dem grundsätzlichen Misstrauen der Amerikaner staatlichen Interventionen gegenüber zu tun. Dagegen ist in Deutschland der Ruf nach staatlicher Unterstützung von den Kirchen häufig zu vernehmen. Darin unterscheiden sie sich aber nicht von der bei allen gesellschaftlichen Gruppen anzutreffenden Mentalität, dass der Staat umfassend die menschlichen Dinge zu regeln hätte.

Was von Deutschland aus als „christliche Rechte" in den USA bezeichnet und misstrauisch beobachtet wird, kann man, selbst wenn man deren politische Optionen ablehnt, auch als legitimes zivilgesellschaftliches Engagement kirchlicher Gruppen betrachten. Es wäre ja durchaus wünschenswert, wenn Pfarrer und Kirchengemeinden in Deutschland ebenfalls kampagnenfähig würden – und nicht nur auf obrigkeitliche Hilfe hofften. Ein wenig mehr *empowerment* könnte nicht schaden.

4. Die „Wiederkehr der Götter" als optische Täuschung?

Die Formulierung „Wiederkehr der Götter" ist in vieler Hinsicht schief. Man kann sowohl fragen, ob sie denn je weg waren, als auch das „Wieder" als zu romantikbehaftet zurückweisen. Auch die Rede von den „Göttern" suggeriert eine religiöse Dynamisierung und Pluralisierung, die durch die religionssoziologischen Befunde nicht bestätigt werden. Alle religionssoziologischen Daten der letzten dreißig Jahre weisen eine erstaunliche Stabilität der Kirchenbindung auf. Religiös-weltanschauliche Konflikte, wie sie etwa noch in der Weimarer Republik bestanden, gehören der Vergangenheit an. Das Wachstum des Islam ist kein Zeichen für eine wachsende Frömmigkeit bei den Muslimen, sondern hat seine Ursachen in der hohen Geburtenrate in muslimischen Familien und der nach wie vor anhaltenden Migration. Untersuchungen darüber, welche Transformations- und Hybridisierungs-, ja womöglich Synkretisierungsprozesse sich bei muslimischen Mitbürgern abspielen, liegen noch nicht vor.

Zumal in Ostdeutschland kann von einer bemerkenswerten Wiederkehr der Götter keine Rede sein. Ganz im Gegenteil: Die Neigung, an überkommenen weltanschaulichen Gewohnheiten unbeirrt festzuhalten, ist erstaunlich hoch. Obwohl die Jugendweihe ihres weltanschaulichen Überbaus beraubt ist, erfreut sie sich in ostdeutschen Familien einer ebenso stabilen Beliebtheit wie die Konfirmation in protestantischen Familien des Westens. Nicht die Zunahme religiöser Dynamik ist zu beobachten, sondern der steigende Bedarf an Beheimatung und das Bedürfnis, sich der eigenen (Familien-)Traditionen wieder zu vergewissern. In einer Zeit, in der der Staat nicht mehr die Institution sein kann, die von der Wiege bis zur Bahre das Leben des Einzelnen organisiert, lässt sich eine Suche nach neuen Verlässlichkeiten beobachten.

Als ein junges ostdeutsches Mädchen nach dem Mauerfall von einem westdeutschen Journalisten gefragt wurde, ob sie religiös sei, antwortete sie: „Nö, ich bin ganz normal!“ Es ist nicht falsch zu vermuten, dass das Bewusstsein in Deutschland dafür wächst, dass Religiosität wieder für ganz normal gehalten wird. Auch die Wahl eines Deutschen zum Papst wird auf den politischen Diskurs über Religion nicht ohne Wirkung bleiben. Konnte man die Bedeutung von Johannes Paul II. beim Zusammenbruch des Ostblocks noch unterschätzen, so macht die bloße Medienpräsenz des deutschen Papstes klar, dass Wolfgang Thierse Recht hatte, als er vor fünf Jahren katholische Sozialdemokraten um sich versammelte und zur Jahrtausendwende einen Sammelband mit dem Titel herausgab: „Religion ist keine Privatsache“. Dass damit einer These des Erfurter Programms von 1891 der Abschied gegeben wurde, spricht für die Lernfähigkeit der Sozialdemokratie – auch auf religionspolitischem Feld.

Bringt Chestertons Formulierung von den USA als einer Nation mit der Seele einer Kirche die religionspolitischen Verhältnisse in den USA auf einen griffigen Nenner, so ist die religionspolitische Kultur in Deutschland noch auf der Suche nach einem eigenen Stil. Sie schwankt zwischen einer Abstinenz von Seiten der Politik, die darauf hofft, dass die Kirchen ihre zivilreligiösen Aufgaben noch wahrnehmen können, und einer neuen altpreußischen etatistischen Lust an staatlicher Religionskontrolle. Zu wünschen wäre ein zivilgesellschaftliches Paradigma, das weder die Etablierung einer staatseigenen Zivilreligion anstrebt noch auf alte staatskirchenrechtliche Zustände setzt, sondern die Bürgerinnen und Bürger auch als religiöse Subjekte in die ihnen zustehende Freiheit entlässt und darauf vertraut, dass der Gebrauch der Freiheit dem Gemeinwesen am meisten dient.

Hartmut Lehmann

Sonderweg Europas oder Sonderweg Amerikas? Religiosität und Kirchlichkeit im transatlantischen Vergleich

Dass zwischen den USA und Europa auf dem Gebiet der Religion zu Beginn des 21. Jahrhunderts gravierende Unterschiede bestehen, ist unbestritten. Warum dies so ist, wird hingegen kontrovers beurteilt. Peter L. Berger machte 1999 in „The Desecularization of the World" folgende Beobachtung: „One of the most interesting puzzles in the sociology of religion is why Americans are so much more religious as well as more churchly than Europeans."[1] Fast gleich lautet eine Bemerkung von Pippa Norris und Ronald Inglehart in ihrem 2004 publizierten Buch „Sacred and Secular. Religion and Politics Worldwide". Sie schreiben: „It is clear that the United States is exceptionally religious for its level of development, but it remains unclear why."[2] Norris und Inglehart sprechen auch vom „puzzle of secularization in the United States and Europe",[3] also dem Rätsel, warum sich die Säkularisierung in Europa und in den USA auf so verschiedene Weise ausgewirkt habe.

Hintergrund beider Aussagen ist die Säkularisierungsthese in der Form, in der sie in den Sozial- und Geschichtswissenschaften seit den sechziger Jahren eine ungewöhnlich große Bedeutung erlangte. Denn diese These gab, wie von führenden Wissenschaftlern betont wurde, eine eindeutige Antwort auf die Frage, ob die soziale, ökonomische, kulturelle und politische Modernisierung des Westens zwangsläufig auch von einer tiefgreifenden Transformation des Religiösen begleitet gewesen sei. Die Säkularisierungsthese schien

[1] Berger, Peter L. (Hg): The Desecularization of the World. Resurgent Religion and World Politics, Washington, D.C., 1999, 10.

[2] Norris, Pippa/Inglehart, Ronald: Sacred and Secular. Religion and Politics Worldwide, Cambridge 2004, 240.

[3] Norris/Inglehart: Sacred and Secular, 83–110.

auf höchst einprägsame Weise zu erklären, dass industrielle Revolution und Urbanisierung, Massenkommunikation und Demokratisierung sowie Aufklärung, Wissenschaftsrevolution und Globalisierung eine Relativierung, Privatisierung, Individualisierung, auch Marginalisierung des Religiösen hervorgerufen hätten. Mehr noch: Die Säkularisierungsthese schien die Verhältnisse in den USA ebenso schlüssig zu erklären wie die Verhältnisse in Europa.[4]

Seit den achtziger Jahren wurden jedoch immer mehr Daten und Informationen verfügbar, die belegten oder zu belegen schienen, dass sich die religiöse Orientierung und die religiöse Praxis in Europa und den USA deutlich unterschieden und dass sich die USA und Europa auf dem Gebiet der Religion immer deutlicher voneinander fort bewegten. Amerikanische und europäische Religionssoziologen, Politikwissenschaftler und Historiker standen damit fast unvorbereitet vor der Aufgabe, die Peter L. Berger 1999 sowie Norris und Inglehart 2004 als *puzzle* bezeichnet hatten. Es galt zu klären, warum sich die USA und Europa trotz vergleichbarer ökonomischer, sozialer und politischer Rahmenbedingungen in religiöser Hinsicht unterschiedlich entwickelt hatten.[5] Von den verschiedenen Versuchen, dieses *puzzle* zu lösen, sollen zunächst vier Positionen diskutiert werden, in denen durchaus verschiedene Lösungen vorgeschlagen werden.

Roger Finke und Rodney Stark gingen in ihrem 1992 publizierten Buch „The Churching of America" davon aus, dass es in allen Gesellschaften einen vergleichbaren Wunsch nach Religion gibt, und argumentieren, dass die religiösen Bedürfnisse jedoch

[4] Literatur zum Thema Säkularisierung siehe: LEHMANN, HARTMUT: Säkularisierung. Der europäische Sonderweg in Sachen Religion, Göttingen 2004, 14f; sowie ders.: Artikel „Säkularisation/Säkularisierung", in: RGG[4], Bd. 7, Tübingen 2004, 774–778.

[5] Dazu LEHMANN, HARTMUT: Die Christianisierung Amerikas und die Dechristianisierung Europas im 19. und im 20. Jahrhundert, in: ders.: Protestantisches Christentum im Prozess der Säkularisierung, Göttingen 2001, 159–179; ebenso abgedruckt in: ders.: Säkularisierung. Der europäische Sonderweg, 126–143, englische Fassung in: Kirchliche Zeitgeschichte 11 (1998), 8–20; sowie in GLASER, ELISABETH/WELLENREUTHER, HERMANN (Hg.): Bridging the Atlantic. The Question of American Exceptionalism in Perspective, New York 2002, 69–81. Siehe dazu auch GREELEY, ANDREW M.: Religion in Europe at the End of the Second Millennium. A Sociological Profile, New Brunswick 2003, 215: „No single, all-embracing model can describe the condition of European religion, much less predict its future." Siehe auch KALLSCHEUER, OTTO (Hg.): Das Europa der Religionen. Ein Kontinent zwischen Säkularisierung und Fundamentalismus, Frankfurt a.M. 1996.

nicht überall gleich gut befriedigt werden. In den USA bestünden, so Finke und Stark, eine Vielzahl von Kirchen und religiösen Gemeinschaften, die der Bevölkerung ein großes, vielfältiges religiöses Angebot machten. Kirchen und religiöse Gemeinschaften stünden dabei in scharfer Konkurrenz um die Gunst der Gläubigen. Deshalb würden sie sich auch besonders bemühen. Ganz anders sei dagegen die Lage in Europa. Hier existierten fast überall etablierte Kirchen, in die man hineingeboren würde. Diese Kirchen hätten häufig ein Monopol. Besondere Anstrengungen von Seiten der Pastoren und Pfarrer seien deshalb nicht notwendig. Die Konsequenzen dieser unterschiedlichen Konstellation seien nun aber eklatant: Sie erklärten, so Finke und Stark, den hohen Grad an Religiosität in den USA und den vergleichsweise niedrigen Grad an Religiosität in Europa.[6]

Eine andere Antwort gibt Peter L. Berger in dem bereits erwähnten Buch „The Desecularization of the World“. Gewiss, auch für Berger stellt Europa auf religiösem Gebiet eine Ausnahme dar. Aber, so argumentiert er, im Grunde seien die Europäer doch viel religiöser, als es von den Religionssoziologen wahrgenommen würde. Sie gingen nur anders als die Amerikaner mit Religion um. Religion sei für Europäer weithin Privatsache. Außerdem hätten sie die demonstrative Manifestation des Religiösen an den Staat abgegeben, der dieser Aufgabe an bestimmten Gedenktagen auch nachkäme. Nach Berger haben wir es in Europa also nicht mit einem Rückgang von Religion zu tun, sondern mit dem, was er „a shift in the institutional location of religion“ nennt, also einer Veränderung in der institutionellen Lokalisierung von Religion.[7]

Eine der Analyse Bergers entgegengesetzte Antwort ist in dem 2004 von Anton Rauscher herausgegebenen Band „Die Bedeutung der Religion für die Gesellschaft. Erfahrungen und Probleme in Deutschland und den USA“ zu finden, in dem die Beiträge eines Kolloquiums enthalten sind, das 2002 in Wildbad Kreuth durchgeführt wurde. Denn fast alle in diesem Band vertretenen Autoren beklagen den Niedergang der Religion nicht nur in Europa, sondern auch in den USA. Speziell in den USA, so betonen einige der

[6] FINKE, ROGER/STARK, RODNEY: The Churching of America. Winners are Losers in our Religious Economy, New Brunswick 1992.

[7] BERGER: The Desecularization of the World, 10.

amerikanischen Experten, sei der öffentliche Einfluss der christlichen Religion im vergangenen halben Jahrhundert deutlich zurückgegangen.[8] Wie weit dies zutrifft, wird zu diskutieren sein.

Noch einmal eine andere Interpretation finden wir in der bereits zitierten Studie von Pippa Norris und Ronald Inglehart. Sie legen ihren Ausführungen ihre eigene Definition von Säkularisierung und eine eigene Theorie dessen, was Religion sei, zugrunde. Religion wird für sie durch Not, Angst, Elend und Perspektivlosigkeit „produziert", Säkularisierung dagegen durch soziale Sicherheit. Wörtlich: „Social vulnerability, insecurity and risk drive religiosity; „human security encourages secularization".[9] Nach Ansicht von Norris und Inglehart gehören die USA nun aber zu jenen Ländern, in denen die sozialen Risiken und Gefahren besonders hoch sind: „Many American families", schreiben sie, „even in the professional classes, face risks of unemployment, the dangers of sudden ill health without adequate private medical insurance, vulnerability of becoming a victim of crime, and the problems of paying for long-term care for the elderly."[10] Soziale Not beziehungsweise die Angst vor sozialer Deklassierung ist nach Norris und Inglehart also der Grund, warum wir in den USA im Gegensatz zu Europa eine so intensive Religiosität finden.

Ergänzend führen beide Autoren zwei weitere Argumente an. Zum einen, so betonen sie, gingen die USA auf die Siedlungen frommer Nonkonformisten des 17. Jahrhunderts zurück, und diese Pilgerväter hätten eine bis heute wirkende starke religiöse Tradition gestiftet.[11] Zum anderen, so führen sie aus, seien in den letzten zwanzig Jahren viele Menschen aus der Dritten Welt, insbesondere aus Mittel- und Südamerika, in die USA eingewandert. Und fast alle dieser Immigranten/Neubürger seien besonders religiös.[12]

Es gilt zu fragen, welche dieser Positionen ein besonderes Maß an Evidenz beanspruchen kann, welcher die stärkste Erklärungskraft zukommt. Im Zentrum des von Roger Finke und Rodney

[8] RAUSCHER, ANTON (Hg.): Die Bedeutung der Religion für die Gesellschaft. Erfahrungen und Probleme in Deutschland und den USA, Berlin 2004.

[9] NORRIS/INGLEHART: Sacred and Secular, 13f., 106, 132.

[10] Ebd., 108.

[11] Ebd., 225f.

[12] Ebd., 226.

Stark 1992 vorgelegten Marktmodells stehen Angebot und Nachfrage. Dieses Modell kann jedoch weder die Verhältnisse in den USA noch in Europa auf angemessene, überzeugende Weise erklären. Was die USA betrifft, so deuten alle verfügbaren Informationen darauf hin, dass Religiosität und Kirchlichkeit im so genannten *bible-belt* besonders stark sind. Gerade dort finden wir, wenn die vorliegenden Daten stimmen, aber vergleichsweise wenig Konkurrenz zwischen verschiedenen religiösen Richtungen als „Anbietern" der Ware „Religion", sondern die deutliche Dominanz der charismatisch-fundamentalistischen Richtung der Baptisten. Im Nordosten der USA dagegen, wo sich tatsächlich viele unterschiedliche Denominationen um die Gunst der Gläubigen bemühen, sind Religiosität und Kirchlichkeit weniger stark ausgeprägt. Es ist bemerkenswert, dass auch in Europa die Dinge ganz ähnlich liegen. Der Einfluss der christlichen Kirchen ist vergleichsweise am stärksten in Ländern mit dem Monopol einer großen etablierten Kirche, so dem nach wie vor weithin unangefochtenen Monopol des Katholizismus in Polen und Irland und mit Abstrichen auch in Italien und Spanien. In Deutschland hingegen, wo seit dem 16. Jahrhundert zwei große christliche Kirchen um die Vorherrschaft kämpfen, hat sich die Säkularisierung dagegen ebenso ausgewirkt wie beispielsweise in den Niederlanden. Folgt man dem Marktmodell von Finke und Stark, dann müsste es genau umgekehrt sein.

Die Schwächen von Peter L. Bergers Desäkularisierungsthese liegen an anderen Punkten. Berger nimmt, so scheint mir, die Kirchenaustritte in Europa und speziell auch in Deutschland zu wenig zur Kenntnis, zu wenig auch die seit den siebziger Jahren rapide zurückgehende Zahl der Taufen von Neugeborenen sowie der kirchlichen Hochzeiten, zu wenig vor allem den Einfluss des Sports und anderer Freizeitbeschäftigungen an den Wochenenden, auch und gerade an Sonntagen, selbst am Sonntagmorgen, der traditionellen Zeit des Kirchgangs. Er bagatellisiert, wie mir scheint, den tatsächlichen Fortschritt der Säkularisierung. Davon, dass die meisten Kinder in Europa inzwischen auch die elementarsten Dinge aus der Geschichte des Christentums sowie aus der christlichen Lehre nicht mehr kennen, nimmt er keine Notiz. Was wir in Europa mit wenigen Ausnahmen finden, ist also weniger eine Veränderung in der institutionellen Lokalisierung von Religion als vielmehr eine progressive Marginalisierung des Religiösen in allen Bereichen des Lebens, in Wissenschaft und Forschung, in der Medizin und im Gesundheitswesen, in der Erziehung, in den Medien der Massenkommunikation, kurzum im Alltagsleben.

Die in dem von Anton Rauscher herausgegebenen Band vorgetragene Gegenposition, dass die Religion auch in den USA inzwischen viel von ihrem einst großen Einfluss verloren habe, kann freilich auch nicht überzeugen. Die amerikanischen Autoren, die sich in diesem Band äußern, argumentieren fast durchweg von einer konservativ-katholischen Position aus. So nehmen sie den Aufschwung der Evangelikalen in den USA ebenso wenig zur Kenntnis wie die Erfolge der Pfingstbewegung. Sie lamentieren, statt zu analysieren. In diesem Band finden wir an keiner Stelle einen Vergleich der Verhältnisse in den USA und in Europa. Dass aber auch der Katholizismus in den USA im letzten Jahrzehnt mit besonderen Problemen zu kämpfen hatte, wird nicht weiter erläutert.

In besonderem Maße lohnt, so scheint mir, die Auseinandersetzung mit der von Norris und Inglehart vertretenen Position. Ich muss gestehen, dass ich von ihrem Buch zunächst sehr beeindruckt war. Denn aus meinen eigenen Forschungen über das 17. Jahrhundert – auch einem Zeitalter von Not, Angst und Hoffnungslosigkeit – wusste ich sehr wohl, dass in schweren Zeiten und unter desolaten Lebensumständen viele Menschen Zuflucht in der Religion suchen.[13] Ebenso gilt es das von Norris und Inglehart vorgetragene Argument, dass es einen Zusammenhang zwischen Immigration und Religion gebe, zu würdigen. Bei genauerer Analyse kann jedoch auch ihre Position nicht in allen Punkten überzeugen.

Was Europa betrifft, so gehen Norris und Inglehart davon aus, dass der religiöse Charakter von Nationen langfristig festgelegt sei. In diesem Zusammenhang zählen sie nun aber Deutschland zu den Nationen mit einem protestantischen Charakter. Sie über-

[13] LEHMANN, HARTMUT: Das Zeitalter des Absolutismus. Gottesgnadentum und Kriegsnot, Stuttgart 1980, 105–169. Es handelt sich hier um eine Thematik von universeller Bedeutung. Siehe zum Beispiel ANTROBUS, PEGGY: The Global Women's Movement. Origins, Issues and Strategies, London 2004, 71f., die darlegt, dass der Fundamentalismus bei Armen in der Dritten Welt rapide an Einfluss gewinnt, weil dessen Vertreter den Armen Dienste anbieten, die sie vom Staat nicht erhalten, weil sie den Armen helfen, ihre bedrohte kulturelle Identität zu bewahren, und weil sie es verstehen, wie die Not und das Elend der Armen für ihre Ziele zu instrumentalisieren.

sehen dabei völlig, dass Deutschland seit dem 16. Jahrhundert in konfessioneller Hinsicht zweigeteilt war und ferner, was noch wichtiger ist, dass sich von der heute in Deutschland lebenden Bevölkerung etwa ein Drittel zum Katholizismus bekennt, etwa ein weiteres Drittel zum Protestantismus und dass das letzte Drittel in religiös-kirchlicher Hinsicht ungebunden ist.[14] Von einer dominanten protestantischen Tradition kann also gar keine Rede sein. Dazu kommt, dass die Zahl der aktiven Gläubigen vor allem im protestantischen Lager sehr viel kleiner ist als das Drittel, das sich nominell zum Protestantismus zählt. Zu fragen ist, ob solche Fehleinschätzungen nicht doch zu Fehlurteilen führen.

Von ihren eigenen Prämissen her hätten Norris und Inglehart außerdem der Frage nachgehen müssen, warum, was Deutschland betrifft, die Religiosität in den neuen Bundesländern nicht deutlich höher ist als in den alten. Denn dort, in der ehemaligen DDR, bestehen seit der Vereinigung der beiden Teilstaaten in besonderem Maße jene sozialen Unsicherheiten und Ängste, die ihrer Meinung nach das Wachstum von Religiosität fördern. Wie alle heute verfügbaren Daten jedoch zeigen, ist genau das Gegenteil der Fall. Die Entkirchlichung, gar Dechristianisierung, ist in den neuen Bundesländern besonders stark. Daran hat sich seit 1989 nichts geändert. Ganz offensichtlich beeinflussen somit andere Faktoren den Fortschritt der Säkularisierung als nur die Relation von Not/Unsicherheit und Sicherheit/Saturiertheit, auf die sich Norris und Inglehart beziehen. Zu ergänzen ist, dass die Interpretation dieser beiden Autoren auch, was die USA betrifft, so lange auf schwachen Füßen steht, als sie von Durchschnittswerten für das ganze Land ausgehen. Die USA sind, wie auch die letzten Wahlen zeigen, in regionaler Hinsicht sehr unterschiedlich, und ebenso gravierend sind die Unterschiede auf ethnischem, sozialem, wirtschaftlichem und kulturellem Gebiet. Jede summarische Aussage ist, so scheint mir, irreführend. Zumindest käme es darauf an, die religiöse Orientierung und die religiöse Praxis von Latinos, von schwarzen Amerikanern sowie von der weißen Mittelschicht, die in *suburbia* lebt, zu unterscheiden.

[14] KRECH, VOLKER: Kleine Religionsgemeinschaften in Deutschland. Eine religionssoziologische Bestandsaufnahme, in: Hartmut Lehmann (Hg.): Religiöser Pluralismus im vereinten Europa. Freikirchen und Sekten, Göttingen 2005, 116–144.

Es lohnt sich hingegen, den von Norris und Inglehart erwähnten Zusammenhang von Migration beziehungsweise Immigration und Religiosität weiterzuverfolgen und zu vertiefen. Zwar scheint mir der Einfluss der ersten puritanischen Siedler im Hinblick auf die weitere Entwicklung durchaus begrenzt. Von großer Bedeutung war jedoch die Masseneinwanderung des 19. Jahrhunderts. Zigtausende, gar Millionen von Menschen aus aller Welt, vor allem aber aus Europa kamen damals in die Neue Welt. Für viele von ihnen war der Abschied aus der Heimat eine traumatische Erfahrung. Im Englischen gibt es dafür den zutreffenden Begriff des *uprooting*, der Entwurzelung. Für viele bedeutete die gefahrvolle Überquerung des Atlantiks eine erneute Traumatisierung; dazu kam der Kulturschock, dem sie nach ihrer Ankunft unvermittelt ausgesetzt waren. Alles war, so schien es, anders als daheim und anders, als sie es erwartet hatten. In diesen schweren ersten Wochen, Monaten und Jahren fanden viele der Neuankömmlinge effektive Hilfe und menschliche Zuwendung von Seiten der Kirchen. Dort, in den Kirchengemeinden, fanden sie Personen, die ihre eigene Sprache verstanden, dort fanden sie Anschluss an Gruppen von Menschen, die Verständnis für ihr Schicksal hatten. Und in den Predigten wurden nicht selten Texte aus dem Alten Testament ausgelegt, die von Vertreibung, Not und Gottvertrauen handelten. Auf eine zwar stille, aber deswegen doch sehr effektive Weise gelang es dadurch, aus verzweifelten Immigranten zuversichtliche Neubürger zu machen. Natürlich trug die ethnische Gliederung vieler Kirchen in den USA dazu bei, dass die Neuankömmlinge Kirchengemeinden finden konnten, in denen sie sich schon bald heimisch fühlten. So blieben viele von ihnen diesen religiösen Gemeinschaften auch dann noch treu, als die drängendsten Probleme, die Neuankömmlinge zu lösen hatten, gelöst worden waren. Anders formuliert: Aus kirchendistanzierten Emigranten aus Europa wurden auf diese Weise kirchentreue Neubürger, die auch noch in der zweiten und dritten Generation den Kirchengemeinden, denen sie sich angeschlossen hatten, treu blieben.[15]

Festzuhalten ist somit, dass nicht im 17./18. Jahrhundert Amerika ein besonders „frommes" Land wurde, sondern dass erst im

[15] Dazu LEHMANN, HARTMUT (Hg.): Religion und Migration im Zeitalter der Globalisierung, Göttingen 2005, sowie JENKINS, PHILIPP: The Next Christendom. The Coming of Global Christianity, Oxford 2002, 73f, 219.

Zuge der Masseneinwanderungen des 19. Jahrhunderts das *Christian America* entstand. Der Mythos vom *melting-pot* hat lange, allzu lange die besondere Bedeutung der ethnischen Prägung vieler Kirchengemeinden in den USA verdeckt. Bis ins 20. Jahrhundert hinein trug die ethnische Ausrichtung der kirchlichen Gruppen viel zu ihrer Attraktivität bei, da die Mitglieder dieser Kirchen, indem sie sich mit Gleichgesinnten Sonntag für Sonntag trafen, ihre eigene kulturelle Identität bewahren konnten. Der hohen Kirchlichkeit in den USA eignet somit auch ein Element kultureller Defensive in einer multiethnischen und multikulturellen Gesellschaft. In diesem Zusammenhang ist auch die hohe Mobilität der Amerikaner von Bedeutung. Denn die Auswirkungen der Binnenmigration waren, was die Bereitschaft zu religiöser Bindung betrifft, die gleichen wie bei der Einwanderung aus fremden Ländern.

Außerdem hat die Masseneinwanderung der letzten dreißig Jahre zu einer nochmaligen Verstärkung des religiösen Elements in den USA beigetragen. In Europa wird, so scheint mir, nicht genügend zur Kenntnis genommen, dass die USA etwa um 1970 die Schleusen für Neueinwanderer wieder weit geöffnet hatten. Das hat dazu geführt, dass in den letzten dreißig Jahren annähernd dreißig Millionen Immigranten in die USA geströmt sind. Die Folgen sind bekannt. Die meisten von ihnen besitzen inzwischen das Wahlrecht, und viele von ihnen haben sich konservativen politischen Kreisen sowie charismatisch-evangelikalen kirchlichen Gruppen angeschlossen. Diese Richtungen dominieren inzwischen auch die religiöse Szene in den Massenmedien, nicht mehr die traditionellen Denominationen wie Presbyterianer und Kongregationalisten, von den Quäkern ganz zu schweigen.

Aus der Sicht meiner eigenen Forschungen scheint es mir außerdem notwendig, die von Norris und Inglehart vorgetragenen Argumente um drei Gesichtspunkte zu erweitern, wenn man das *puzzle*, das sie ansprechen, lösen will. Zu berücksichtigen ist Folgendes:

1. der Gegensatz zwischen freiwilliger Kirchenmitgliedschaft in den USA und nomineller Kirchenzugehörigkeit in Europa,
2. die Bedeutung des Zusammenhangs von Nationalismus beziehungsweise nationaler Machtpolitik und Religion,
3. die spezifische Erfahrung der Europäer mit „politischen Religionen“ im 20. Jahrhundert.

Der erste dieser Punkte ist schon oft dargelegt worden. Deshalb genügen hier einige Stichworte. Worauf es in diesem Zusammenhang ankommt, ist die Tatsache, dass man in den meisten europäischen Ländern in eine der etablierten Kirchen hineingeboren wird. Man gehört dieser Kirche an, gleichgültig, ob man aktiv oder passiv ist, und man gehört ihr so lange an, bis man austritt. In den USA tritt man hingegen in eine Kirchengemeinde ein. Das ist ein bewusster Akt, der in der Regel dazu führt, dass das neue Mitglied sich auch in dieser Kirche engagiert. Dieses Engagement impliziert dann nicht nur die Teilnahme am Gottesdienst. Es gehören auch das Gespräch mit den anderen Kirchenmitgliedern nach dem Gottesdienst dazu, häufig auch eine gemeinsame Mahlzeit, selbstverständlich auch die direkte finanzielle Unterstützung dieser Gemeinde. Dies alles führt zu vielfältigen Bindungen, die weit über das religiös-kirchliche Element hinausweisen, auch wenn sie um eine bestimmte Kirchengemeinde herum entstanden. Das Element des *voluntaryism* erklärt deshalb zumindest zum Teil das erstaunlich große Maß an kirchlichem Engagement in den USA. Die eigene Kirchengemeinde vermittelt Bindung, Orientierung und Identifikation.

Zum zweiten Punkt ist anzuführen, dass sich in den USA in Zeiten militärischer Siege und militärischer Niederlagen, beim Sieg im Zweiten Weltkrieg ebenso wie bei der Niederlage im Vietnamkrieg, das Bekenntnis zur Politik des eigenen Landes und das Bekenntnis zur Religion auf eine beeindruckende Weise ergänzten und gegenseitig bestärkten. Die Präsidenten lebten diese Verbindung vor und die Bevölkerung akzeptierte sie, von wenigen Ausnahmen abgesehen. Gute amerikanische Patrioten sind gute Christen, hieß die Parole, und gute Christen sollten auch gute amerikanische Patrioten sein. Seit jeher hatten deshalb die Quäker als konsequente Pazifisten keinen einfachen Stand in der amerikanischen Gesellschaft. In unserem Zusammenhang kommt es jedoch auf den Unterschied zu Europa an. Und hier ist festzuhalten, dass nicht nur in Ländern wie Großbritannien und Frankreich, die zu den Siegermächten des Zweiten Weltkriegs gehörten, sondern auch in Ländern wie Deutschland und Italien, den Verlierern dieses Krieges, inzwischen kaum noch eine Verbindung besteht zwischen den Zielen nationaler Machtpolitik und religiösem Bekenntnis. Zwischen beiden Sphären besteht ein breiter Graben. Vielleicht ist Polen das letzte europäische Land, in dem wir den Zusammenhang von nationaler Politik und religiöser Ausrichtung noch finden können. Zu vermuten ist jedoch, dass dieser Zusammenhang auch in Polen im Zuge der europäischen Einigung verloren gehen wird. Denn auf europäischer Ebene werden Politik und Religion so konsequent getrennt, wie dies in Frankreich seit langem der Fall ist. Wenn im Zusammenhang der Diskussion über die Aufnahme der Türkei in die europäische Union Europa als ein Kontinent bezeichnet wird, der vom Christentum geprägt sei, in den die Türkei einfach nicht passe, so ist das eher eine historische Reminiszenz als eine Aussage über das tatsächliche religiöse Leben in Europa zu Beginn des 21. Jahrhunderts. In einigen Fällen ist es wohl auch eine Art Hilfsargument, um irgendwie sinnvolle Grenzen für das vereinte Europa zu markieren. In anderen Fällen scheint es mir aber auch ein politisch höchst gefährlicher Ausdruck von Xenophobie, speziell von Islamophobie.

Schließlich gilt es zu betonen, dass die Skepsis vieler Europäer gegenüber Religion und Kirchlichkeit auch mit ihren Erfahrungen mit den großen politischen Religionen im 20. Jahrhundert zu tun hat. Denn es ist keinesfalls so, dass die Europäer zu keinem Zeitpunkt bereit gewesen wären, sich zu engagieren. Wenn man die Zeit nach dem Ersten Weltkrieg betrachtet, dann gehörten „Believing and Belonging“ für viele Europäer zu den wichtigsten Dingen ihres Lebens: Sie wollten glauben, und sie wollten zu Parteien gehören, die diesen Glauben vertraten. So glaubten viele Europäer nach 1918/19 an den Sieg der klassenlosen Gesellschaft und traten sozialistischen oder kommunistischen Parteien bei. Andere glaubten an den Sieg der weißen Rasse und widmeten ihr Leben faschistischen Parteien und dem Nationalsozialismus. Der Rassismus wurde 1945 besiegt, die Hoffnung auf den Sieg des Kommunismus war vier Jahrzehnte später endgültig vorbei. Was auf Dauer blieb, ist nun aber Skepsis, eine tiefe Skepsis gegenüber blinder Gläubigkeit, auch und gerade gegenüber der Durchsetzung politischer und ideologischer Ziele mit militärischer Gewalt. Auch in diesem Punkt ist der Gegensatz zu den USA offensichtlich.

Was das Verhältnis von Religion und Politik in den USA betrifft, so muss die Interpretation von Norris und Inglehart in dreierlei Hinsicht ergänzt werden:

1. durch den Hinweis auf die Bedeutung der freiwilligen Kirchenzugehörigkeit in den USA,
2. durch den Hinweis auf den Zusammenhang von Migrationserfahrung und religiöser Bindung,
3. durch den Hinweis auf den Glauben an die exzeptionelle Rolle der USA in der Weltpolitik.

Für den Erfolg der Säkularisierung in Europa sind demgegenüber andere Faktoren zu berücksichtigen:

1. die Tradition der in der Regel nur nominellen Kirchenzugehörigkeit,
2. eine weitgehende Desillusionierung gegenüber einer religiösen Begründung nationaler Machtpolitik,
3. die schlechten Erfahrungen mit allen Formen und Richtungen politischer Religion.

Dieses Ergebnis ist freilich, so ist zu betonen, nur eine Art Momentaufnahme. Denn in Europa sind die religiösen Verhältnisse einer weiteren rapiden Transformation ausgesetzt. So ist auch in Europa in den letzten zwei Jahrzehnten eine deutliche Zunahme von Kirchen wie der Pfingstbewegung zu beobachten, von religiösen Gruppierungen somit, die auf freiwilliger Mitgliedschaft beruhen. Noch wichtiger mag es sein, dass das Europa von heute ein Immigrationskontinent ist. Damit dürften auch in Europa im Laufe der kommenden Jahrzehnte all jene psychologischen Mechanismen greifen, die im 19. Jahrhundert zur Entstehung des „christlichen Amerika“ beigetragen haben. Schließlich ist nicht zu übersehen, dass inzwischen mehrere Tausend Missionare aus Ländern der Dritten Welt in Europa tätig sind. Europa ist für sie ein Missionsland, und die Missionare, die nach Europa kommen, kümmern sich nicht nur um ihre Landsleute, die nach Europa ausgewandert sind, sondern werfen ihre Netze viel weiter aus. Insofern mag es sehr wohl sein, dass die Säkularisierung Europas nicht ein welthistorisches Pilotprojekt darstellt, dem die anderen Länder und Kulturen über kurz oder lang folgen werden, sondern eher eine weltgeschichtliche Episode, die in ein oder zwei Generationen vorüber ist. Für Historiker, Politikwissenschaftler und Religionssoziologen, die sich mit diesen Transformationen vor einem transatlantischen Horizont beschäftigen, ergeben sich damit faszinierende Ausblicke. Damit sie diese Veränderungen den politisch Verantwortlichen verständlich machen können, liegen vor ihnen wichtige Aufgaben.

Rainer Prätorius

Religiöse Politik und politisierte Religion in den USA: Was ist neu daran?

1. Einführung

Ein Präsident, der sich gerne und häufig zu seiner Religiosität bekennt; eine quälende Kontroverse um eine junge Frau im Wachkoma, bei der Fragen der passiven Sterbehilfe in massiv religiöse Debatten mündeten; ein General, der die Irak-Intervention in den Begriffen eines christlichen „Kreuzzuges" aufwertet; ein republikanischer Kongressabgeordneter, der die demokratische Opposition als Verächter des christlichen Glaubens brandmarkt; Klagen von Kadetten der Air Force Academy, sie seien dort offiziell geduldeter evangelikaler Indoktrination ausgesetzt – das sind nur einige ausgewählte „Medienschnipsel", die im Jahre 2005 aus den USA zu uns herüberkamen. Sie erwecken einen Eindruck, den man durch ähnlich sortierte Meldungen noch weiter bestärken könnte: Das öffentliche Leben der USA ist danach mit einem religiösen Bekennertum infiziert, das allmählich auch die Neutralität der politischen Institutionen gefährdet. Diese Religiosität kommt in der Wahrnehmung gerade deutscher Zeitungsleser immer aus derselben Richtung: Fundamentalistische und evangelikale Christen seien demnach auf dem „Marsch durch die Institutionen" und prägten den immer religiöseren Ton der US-Politik. Daran mag vieles wahr sein, dennoch ist es die These dieses Aufsatzes, dass diese verbreitete Einschätzung haarscharf am eigentlichen Problem vorbeizielt und damit das Neue an der gegenwärtigen Situation ebenso knapp verfehlt.

Das Ergebnis knapp vorweggenommen: Das Neue und das Bedenkliche an der gegenwärtigen Lage ist nicht die schiere Menge der religiösen Einwirkung auf öffentliche und politische Geschehnisse, es ist nicht einmal primär die Herkunft dieses Einflusses. Vielmehr sind es die *Umstände*, unter denen sich eine politisierte Religion präsentiert, die gegenwärtig verändert erscheinen und die eine gewisse Besorgnis wecken.

Diese Besorgnis ist natürlich parteiisch. Sie ist gespeist aus einer Sympathie für die große historische Leistung der USA. Über den Tatbestand, dass dieses Land unter den demokratischen, hoch entwickelten Industrienationen dadurch hervorsticht, dass es der praktizierten Religiosität eine ungebrochene Kontinuität und einen außergewöhnlichen Rang gewährt, ist wahrlich genug geschrieben worden.[1] Erklärungsversuche für dieses Phänomen diskutiert Hartmut Lehmann in diesem Band, darauf kann verwiesen werden.[2] In vielen Erklärungsversuchen kommen Elemente der Balance vor: Nicht nur in der politischen Gewaltenteilung, sondern auch im Gesellschaftlichen und Kulturellen habe sich diese Nation als fähig erwiesen, Widerstrebendes in einen produktiven Ausgleich, in ein tolerables Kräftespiel zumindest, zu bringen. Das gilt auch für Religion. Gerade wo es an Eindeutigkeit mangelte, wo Paradoxien auftraten, lagen Ursachen für die Integrationskraft und die Stabilität der USA. Das soll nachfolgend stichwortartig nochmals in Erinnerung gerufen werden, um danach zu fragen, ob die Gegenwart eher zu einer schädlichen Eindeutigkeit tendiert.

2. Alte Kräfte der Balance

Zu den zahlreichen Paradoxien, die der religiös-politischen Geschichte der USA eigen sind, gehört die Anziehungskraft, die dieses so stark vom Christentum geprägte Land auch auf Immigranten mit anderer Religion stets ausgeübt hat. Selbst in der gegenwärtigen Konstellation, in der viele konservative Politiker die „christliche Identität" der USA ausdrücklich betonen, ist der Zuzug von Hindus und Muslimen beispielsweise ungebrochen – die religiöse Pluralität gewinnt an nichtchristlichen Komponenten hinzu,[3] ganz so, wie bereits im vergangenen Jahrhundert die USA schutzsu-

[1] Eine halbwegs repräsentative Literaturliste würde eine mehrseitige Fußnote erzeugen. Ich erlaube mir daher die Egozentrik, auf meinen eigenen Versuch einer Überblicksdarstellung zu verweisen: PRÄTORIUS, RAINER: In God We Trust. Religion und Politik in den USA, München 2003 (mit Literaturhinweisen).

[2] Siehe in diesem Band: LEHMANN, HARTMUT: Sonderweg Europas oder Sonderweg Amerikas? Religiosität und Kirchlichkeit im transatlantischen Vergleich.

[3] Vgl. ECK, DIANA L.: A New Religious America. How a „Christian Country" has now Become the World's Most Religiously Diverse Nation, New York 2001.

chenden Juden Europas als sicherste Gewähr von Toleranz galt. Die Verbindung von expliziter Religiosität und politischer Offenheit wird gemeinhin der Gründungsgeschichte zugeschrieben: Die bis dahin vorbildlose, strikte Trennung von Staat und Kirche wurde gerade auch von entschieden Religiösen (wie den Baptisten) mitgetragen, da sie diesen Minderheitenschutz gegenüber den dominanten Konfessionen der Eliten sicherte.[4] Weil die organisierte Religion keine Staatsautorität im Rücken hatte, wurde sie auch nicht von den Konflikten erschüttert, die um die Einnahme dieser Autorität tobten: Egal, wo sich der Amerikaner des 19. Jahrhunderts politisch einordnete, er/sie fand immer auch eine religiöse Gemeinschaft, die sich mit der politischen Parteinahme vereinbaren ließ. Europäische Radikale und Sozialisten hingegen gerieten im 19. Jahrhundert nicht allein in Entfremdung zur Staatsmacht, sondern auch zur autoritätsstützenden Religion des Staatskirchentums.

Staatsferne und politische Integrationskraft bilden darum nur einen Scheinwiderspruch in der amerikanischen Religionsgeschichte. Ähnlich verhält es sich mit dem individualistischen und dem assoziativen Grundzug darin. In ihren calvinistischen Komponenten haben sich amerikanische Frömmigkeitstraditionen immer gut mit individuellem Leistungs- und Erwerbsstreben vertragen; gleichzeitig war Religion stets das wichtigste Gemeinschaftsangebot, das diese Gesellschaft zu offerieren hatte. Die Aufnahme immer neuer Immigranten, die Chance mobiler Menschen, am neuen Wohnort Einbindung zu finden, die Organisation von Mildtätigkeit und Anleitung für die Jugend – dies waren Leistungen, die in anderen Nationen stabilere, lokale Netzwerke übernahmen oder die auch von säkularen (zum Beispiel staatlichen) Einrichtungen übernommen wurden. In den USA hingegen gab die Religion dem individuellen Streben nicht nur moralischen Flankenschutz, sie milderte auch seine Schärfen, indem sie solidarische und gesellige Auffangnetze bot und kollektive Identitäten in der Region und Ethnie stabilisieren half.

Auch das Bild der religiösen Pluralität ist ein schillerndes – doch gleichfalls nicht zum Nachteil der Integrationskraft. Die Vielfalt der Religionsgemeinschaften und ihr permanenter Wandel

[4] Siehe: KRAMNICK, ISAAC/MOORE, LAURENCE R.: The Godless Constitution. The Case against Religious Correctness, New York/London 1997, 110ff.

durch stetige Neugründungen bedeuten nämlich nicht, dass die religiöse Landschaft der USA einem völlig strukturlosen Flickenteppich gleiche. In der rückblickenden, politologischen Deutung findet sich dieses Nebeneinander von Pluralität und Dominanzkultur reflektiert als Wettbewerb zwischen „liberalen“ und „demokratischen“ Interpretationen.[5] Erstere betonen die Auseinandersetzungen um religiöse Freiheit als Gruppenkonflikte, die dadurch zu einem befriedeten Ausgleich gelangen, dass die Verfassung der politisierten Religion durch das Trennungsgebot scharfe Grenzen gesetzt habe. Letztere heben hervor, dass der amerikanische Weg nur deshalb gelungen sei, weil unterhalb der Konkurrenz der Anschauungen eine konsensuelle „Tiefenstruktur“ gelegen habe: Letztlich sei im souveränen Volk eine unbestrittene Grundanschauung über religiöse und ethische Werte wirksam gewesen, die das Zusammenleben und die Akzeptanz der Institutionen gesichert habe.

Da selbst nach schwersten Krisen (wie dem Bürgerkrieg) der Appellwert der auf Gottesglauben gegründeten Nation in die Politik zurückkehrte, sehen die Verfechter der religiös-ethischen Verwurzelung wenig Anlass, diese Interpretation auf die Gründungsphase allein zu begrenzen. Sie tritt darum häufig in aktueller Version als politische Polemik gegen „liberale“ Beliebigkeit, also konservativ, auf. Das sollte aber nicht davon ablenken, dass als Beschreibung der historischen Verhältnisse sie einen beachtlichen Wert hat: Die Pendelausschläge zwischen „liberalen“ und „demokratischen“ Interpretationen der US-Geschichte drücken darum nicht nur akademische Moden aus, sondern entsprechen der realen Mischung der Traditionen, die eben *auch* das Verlangen nach einer *einenden*, religiösen Grundanschauung als politische Triebkraft immer wieder hervorbrachten.

Dieses Verlangen aber wurde abgemildert durch den fortbestehenden Pluralismus. Es gab zwar für etwa zwei Jahrhunderte einerseits ein politisches religiöses Lager, das beanspruchen konnte, dem gesuchten Konsens relativ nahe zu kommen, aber dieses Lager war andererseits quantitativ nicht mehr die Mehrheitsform des amerikanischen Glaubens und qualitativ eine eher milde Domi-

[5] Vgl.: EISENACH, ELDON J.: Emerging patterns in America's political and religious self-understanding, in: Studies in American Political Development 18/1 (2004), 44–59, hier 45.

nanz. Die Rede ist hier vom protestantischen *mainline*:[6] einem religiösen Spektrum, das über lange Zeit in den politischen, wirtschaftlichen und kulturellen Eliten überrepräsentiert und das für die Öffnung des amerikanischen Glaubens gegenüber den Wandlungen aus Wissenschaft, Technik, gesellschaftlicher und politischer Pluralisierung maßgeblich war. Diese Anpassungsfähigkeit gegenüber allem Neuen, das aus einer säkularen Welt aufkam, hat den *mainline*-Protestanten nach Ansicht von Kritikern ein aufgeweichtes, entkerntes Christentum eingetragen,[7] das den Zeitgeist nicht mehr anleitend verarbeitet, sondern ihm sich kapitulierend beugt.

Immerhin hat aber diese Version des Christentums sich auch als gesprächsbereit gegenüber anderen Konfessionen und Religionen erwiesen; ökumenischer Brückenschlag und internationales Engagement gingen hauptsächlich von liberalen Protestanten, nach dem Zweiten Vatikanum dann auch von Katholiken aus. Auch wenn zwischen diesen beiden Glaubensströmungen bis in die zwanziger Jahre des 20. Jahrhunderts noch tiefe Animositäten auftraten, so ist doch das Verhältnis in der zweiten Jahrhunderthälfte eher durch eine pragmatisch getönte Annäherung geprägt gewesen.

Ein Grund dafür ist auch, dass *Mainline*-Protestanten und Katholiken (sowie das Reformjudentum) sich durch Philanthropie und kulturelles Engagement hervortaten. Diese praktizierte Religiosität brachte die Glaubensrichtungen in pragmatischen Kontakt zueinander und bestärkte selbst bei säkularen Menschen die uramerikanische Ansicht, dass es gut für den Einzelnen und für die Gesellschaft sei, eine Religion zu haben – gleich welche.[8] Die praktische Relevanz dieser weltzugewandten Religiosität forderte aber auch ihren Preis: Dieser bestand in der zunehmenden Bedeutung hauptamtlicher und weltlich anmutenden Beschäftigungen im Gemeindeleben. Im Vergleich dazu konnten evangelikale und pfingstliche Glaubensrichtungen, die weniger sozialpolitisches und

[6] Dazu: PRÄTORIUS, RAINER: Marginalisiert in der Mitte. Das politische Geschick des *mainline*-Protestantismus, in: Manfred Brocker (Hg.): God bless America. Politik und Religion in den USA, Darmstadt 2005, 68–88.

[7] ORWIN, CLIFFORD: The unravelling of christianity in America, in: The Public Interest, 155 (2004), 20–36, hier 22f.

[8] LEINBERGER, PAUL/TUCKER, BRUCE: The New Individualists. The Generation after the Organization Man, New York 1991, 146f.

kulturelles Engagement entfalteten, ihre Laienkomponente glaubwürdiger pflegen und den Eindruck wahren, die Gemeinde sei primär Ort der spirituellen Begegnung unter Gleichen, nicht die Drehscheibe komplexer, professioneller Tätigkeiten von Spezialisten.[9] Dies ist nur *ein* Grund für den wachsenden Zuspruch, den konservative und glaubensstrenge Richtungen in den letzten Jahrzehnten erfuhren. Bevor wir uns weiteren Gründen zuwenden, seien zunächst noch einmal die Konstellationen vor den entsprechenden Wandlungen zusammengefasst.

Politisches Engagement aus religiösen Antrieben war immer schon eine wohlvertaute Erscheinung im öffentlichen Leben der USA. Häufig trat dieses Engagement aber an *beiden* Seiten einer Streitfrage auf: In den Bürgerrechts- und in den Vietnamkriegskonflikten der sechziger Jahre wurde sowohl von „rechts“ wie von „links“ aus unverkennbar religiösen Motivationen Position bezogen. Religiöse Politik im Ganzen war also eher indifferent gegen die Gräben in der Gesellschaft – und dort, wo sie einigermaßen spezifisch und einflussreich auftrat, wirkte sie eher wie ein konsenssuchendes Angebot. Die liberalen Protestanten, Katholiken und Juden, die ab der Mitte des 20. Jahrhunderts die politischen, kulturellen und wirtschaftlichen Institutionen überproportional durchsetzten, nutzten ihren Einfluss nicht dazu, anderen Glaubensrichtungen das Leben zu erschweren, sie profilierten sich vielmehr philanthropisch, internationalistisch und ökumenisch, also in einer Weise, die an die idealisierte Selbstbeschreibung der USA als offenen, pluralistischen Zufluchtsortes für die ganze Welt erinnerte.

Konflikte zwischen Glaubensrichtungen wurden nicht nur durch diese moderate Führungsrolle abgemildert, sondern auch schlicht durch die Größe des Landes: konservative, evangelikale Christen und progressive Juden mochten sich möglicherweise für lange Zeit feindselig betrachtet haben, doch sie fanden wenig Gelegenheit, ihre wechselseitige Abneigung auszuleben. Die Distanz zwischen Nord und Süd, zwischen urbanen und ländlichen Lebensformen stand solchen Konfrontationen im Wege. Auch wenn

[9] Zu diesen paradoxen Rückwirkungen des Engagements: WUTHNOW, ROBERT/ EVANS, JOHN H.: Introduction, in: dies. (Hg.): The Quiet Hand of God. Faith-Based Activism and the Public Role of Mainline Protestantism, Berkeley u.a. 2002, 1–24 (sowie der Sammelband insgesamt).

Menschen aus ihren Glaubensgründen sehr unterschiedliche Leben führten, sahen sie oft kaum einen Grund, dies zum *politischen* Streit mit anders orientierten Menschen zu machen. Die Trennungsgebote der Verfassung fanden auch im Alltagsleben eine Bestätigung darin, dass es als unhöflich galt, solche Divergenzen in das gesellige Gespräch zu tragen. Religionszugehörigkeit zum Gegenstand ausgrenzender Selbstprofilierung zu machen war in den Konversationsgewohnheiten der Mittel- und Oberschichten ebenso unwillkommen, wie dem Gespräch eine einseitige, politische Wendung zu geben. Natürlich bestanden während des gesamten 20. Jahrhunderts auch fundamentalistische religiöse Strömungen jenseits dieses konsensuellen *middle-class*-Lebensstils[10] fort, aber sie fochten diesen weit weniger an als beispielsweise die gegenkulturellen Turbulenzen der sechziger Jahre.

Die Kräfte der Mäßigung und des Konsenses, die zuvor auch mit Überzeichnung herausgestrichen wurden, sollten im Gedächtnis bleiben, wenn nun ebenso knapp markiert wird, was sich an dem Einfluss der Religion auf die Politik jüngst geändert hat.

3. Die Krise der integrativen Traditionen

Die kulturelle Dominanz des *Mainline*-Glaubens hatte in den fünfziger und frühen sechziger Jahren des vergangenen Jahrhunderts zwei charakteristische Erscheinungsformen vorzuweisen. Die eine dieser Formen war die stimmige Verknüpfung des aufgeschlossenen, liberalen Christentums mit einer optimistischen Deutung der Rolle der USA in der Weltpolitik.[11] Der breite anti kommunistische Konsens innerhalb der politischen und religiösen Eliten ordnete die Verteidigung jeglicher Religionsfreiheit als Kampfauftrag der demokratieschützenden Mission der eigenen Nation zu. Auch die ökumenische Aufgeschlossenheit fand hier eine Antriebskraft: Dass US-Christen damals bereit waren, ihre Nation als „jüdisch-christlich" zu definieren, hatte viel damit zu

[10] BARITZ, LOREN: The Good Life. The Meaning of Success for the American Middle Class, New York u.a. 1990.

[11] VINZ, WARREN L.: Pulpit Politics. Faces of American Protestant Nationalism in the Twentieth Century, Albany 1997, 137ff.

tun, dass Israel und das Judentum als Verbündete im Kampf gegen den atheistischen Totalitarismus interpretiert wurden.[12]

Dieses harmonische Weltbild überlebte bekanntlich die Vietnam-Ära nicht. Gerade in den liberaleren Kirchen wurde die Gleichsetzung christlicher Werte mit einem weltweiten Auftrag der amerikanischen Demokratie durch inneren Dissens angefochten; dass eine bestimmte Form eines wohlverstandenen Patriotismus nahezu zwangsläufig aus dem gelebten Glauben wachse, konnte dort nicht mehr als stillschweigender Konsens gelten.

Nicht anders erging es der zweiten Erscheinungsform: dem *positive thinking*. Die fünfziger und sechziger Jahre erlebten eine Konjunktur des lebensgestaltenden Herangehens an Religion, die flankiert war von einem allgemeinen Boom psychotherapeutischer, erziehungs- und eheberatender sowie populärsoziologischer Angebote. Gerade die *Mainlin*"-Kirchen offerierten ihre Botschaft häufig im Gewand einer allgemeinen Lehre vom ethisch begründeten und subjektiv erfüllten Leben. Unmerklich wurde dadurch das Religiöse von der Unterordnung unter Gottes Gebot und der Einordnung in eine glaubende Gemeinschaft umgewertet in eine persönliche Lebensgestaltung: Ich glaube, weil es mir gut tut.

Doch damit wird religiöses Empfinden tendenziell austauschbar: zunächst gegen anderes religiöses Empfinden, sodann gegen andere Angebote, die Lebenshilfe, Sinnstiftung und Spiritualität liefern. In dieser Weise hat der *Mainline*-Glaube selbst die Wurzeln dafür gelegt, dass er ab den sechziger Jahren der Hauptleidtragende der Tendenz war, die Religiosität als eine persönliche Wahlentscheidung ansah, die gegebenenfalls durch neue Wahlentscheidungen ersetzt werden könnte. Die protestantischen, etablierten Kirchen verloren während der letzten Zeit kontinuierlich an Mitgliedschaft, während andere Religionsgemeinschaften und die Bevölkerung insgesamt weiter wuchsen. Dafür gibt es viele Gründe, aber eine Ursache ist die oben angesprochene Lockerung der Bindungen. Neue Formen der Religiosität und Spiritualität, von Meditation bis „New Age", gehören in das Spektrum der eingeschlagenen Abwanderungswege ebenso wie konservativere Varianten des Christentums. Schon in den siebziger Jahren kons-

[12] SILK, MARK: Spiritual Politics. Religion and America since World War II, New York u.a. 1988, 42ff.

tatierten Religionssoziologen, dass für viele Menschen ein Glaube, der jeglichen Wandel der modernen, säkularen Welt aufnehmen, reflektieren und positiv „verarbeiten" will, nicht mehr attraktiv ist.[13] Die Nachfrage nach Gemeinschaften, in denen Religion eine Zuflucht oder ein Gegenentwurf in der hoch rationalisierten und trotzdem verunsichernden Moderne darbietet, bleibt hingegen stabil, ja wächst sogar da und dort.

Unter den Gründen des relativen Zuwachses evangelikaler, pfingstlicher und fundamentalistischer Varianten mögen auch demographische Faktoren eine Rolle spielen (konservative, bibeltreue Christen heiraten früher und haben mehr Kinder), aber Übertritte spielen ebenfalls eine Rolle. Sie wirken sich in der jüngeren Vergangenheit sichtbarer aus, weil die Wanderung in der Gegenrichtung nicht mehr so häufig auftritt wie Jahrzehnte zuvor. Noch in der Mitte des 20. Jahrhunderts war sozialer Aufstieg ein verbreitetes Motiv für Konfessionswechsel. Wer aus bescheidenen Verhältnissen und einer Südstaatenbaptistengemeinde stammte, mochte geneigt sein, im Zuge einer Karriere im Staatsdienst, im Topmanagement oder an einer Eliteuniversität zu den Kirchen seiner Standesgenossen überzutreten – also zum Beispiel Presbyterianer oder Episkopaler zu werden. Diese Motivation ist dahin: Der oder die Angehörige einer strengen, bibeltreuen Glaubensrichtung hat heute beste Chancen, in den obersten Etagen von Politik, Wirtschaft und Militär Menschen der gleichen Ausrichtung anzutreffen.

Die evangelikale und konservative Glaubensausrichtung hat also gleich an mehreren Fronten gewonnen. Sie hat breitere Verankerung in den Eliten gefunden, sie hat sich in ihrem Anhang stabilisiert und ausgeweitet, aber sie hat auch vorher nie da gewesenen politischen Einfluss erlangt. Über den letztgenannten Aspekt ist so viel geschrieben worden, dass er manchmal das gesamte Thema „Politische Religion in den USA" allein zu okkupieren scheint. Als Ausgleich dieser Schieflage sollen an dieser Stelle darum nur einige Bemerkungen genügen.

Die evangelikale Tradition in den USA trug für etliche Jahrzehnte einen politikabgewandten Wesenszug. Sie fühlte sich in

[13] KELLEY, DEAN M.: Why Conservative Churches Are Growing. A Study in Sociology of Religion, New York u.a. 1972.

vielen Anschauungen (zum Beispiel im Festhalten an der biblischen Schöpfungslehre) vom modernistischen Zeitgeist übergangen, so dass sie ihre eigene Kultur eher in Abkapselung des selbstzentrierten Gemeindelebens weiterpflegte. Aus diesem Grund aber konnte sie auch mit Andersdenkenden koexistieren, weil sie sich nicht in ihren Glaubensfesten herausgefordert fühlte. Südstaatliche Baptisten zum Beispiel blieben treue Anhänger der Demokratischen Partei, weil sie diese Partei in ihrer Südstaatenvariante als Garanten ihres weiß-hegemonialen Lebensstiles ansahen und weil andere Kräfte in derselben Partei nichts taten, was an dieser Subkultur rüttelte. Mit den *Civil-rights*-Gesetzen der sechziger Jahre begann dies sich zu ändern, viele entfremdete Weiße, häufig christlich Konservative, wechselten damals zu den Republikanern über.

Loyalitätswechsel ist als solcher bereits ein Akt der Politisierung; dieser Akt erzeugt auch die Erfahrung, im Vergleich zu treuer Folgebereitschaft zielgerichteteren Einfluss nehmen zu können. Dieses „Damaskus"-Erlebnis der Politisierung widerfuhr den bibeltreuen, konservativen Christen ein zweites Mal, diesmal sogar in einer noch fundamentaleren Herausforderung: nämlich in Gestalt der Supreme-Court-Entscheidung Roe versus Wade, die 1973 den Schwangerschaftsabbruch freigab.[14] Diese Entscheidung löste eine fast explosionsartige Organisationsentwicklung im christlich-konservativen Spektrum aus, die nur dadurch zu erklären ist, dass die Anti-Abtreibungskampagnen für viele Engagierte ein Eckstein in der Abwehr gegen den Liberalismus und die „Kulturrevolution" der sechziger Jahre schlechthin waren.

Eine oft übersehene Ironie bei dieser Entwicklung war, dass der christliche Konservatismus die Formen der linken Kampagnenpolitik der sechziger Jahre erfolgreich kopierte. Dazu zählte das Ansetzen an lokalen, in Alltagserfahrungen sinnfälligen Streitthemen, das moralisierende Aufladen der Konflikte und der Aufbau dezentraler Netzwerke, die neben dem Engagement auch Gemeinschafts- und Zugehörigkeitserlebnisse vermittelten.

Die Massenmedien illustrierten den Eintritt der Evangelikalen in die Politik hauptsächlich an national sichtbaren Großorganisationen (Moral Majority, Christian Coalition, Family Research

[14] BALMER, RANDALL: Blessed Assurance. A History of Evangelism in America, Boston 1999, 82ff.

Council etc.), doch das lenkt davon ab, dass die tatsächliche Erfolgsgeschichte etliche Etagen tiefer, an den „Graswurzeln" also, geschrieben wurde. Die viel beachteten Organisationen durchlebten in den letzten Jahren so manche Krisen, doch für den christlich-konservativen Einfluss ist das eher unerheblich. Er hat sich aus Gründen verfestigt, die kaum einer Organisation „von oben" bedürfen.

Die im vorigen Abschnitt erwähnte „Koexistenz durch räumliche Distanz" ist nicht mehr so charakteristisch für die USA. Der klassische Evangelikale, der weitab von dem urbanen Liberalen in ländlicher Abgeschiedenheit lebt, wird zur Randerscheinung. Heute treffen häufiger alle diese Lebensstile und Weltanschauungen in gemeinsamen, suburbanen Lebenslagen aufeinander. Die Kinder gehen auf dieselben Schulen und ziehen darum die Eltern in Konflikte in den Vertretungsgremien über Schulbücher, Sexualkunde, Evolutionslehre oder Schulgebet hinein. Dies ist nur ein Beispiel für die auf *lokaler* Ebene polarisierenden Konflikte um Werte, Lebensstile und ethische Orientierungen, die häufig gerade von christlich-konservativer Seite angeheizt werden,[15] diese Seite hat sich auch in der Regel als überlegen in der dauerhaften Mobilisierung erwiesen.

Die Mobilisierung wiederum hat ihren Niederschlag in den internen Machtverhältnissen der Republikanischen Partei gefunden. Auch ohne Orchestrierung von oben sind heute in dieser Partei in vielen Bundesstaaten Kandidaten- und Delegiertennominierungen gegen das erklärte Missfallen der christlichen Rechten nicht mehr vorstellbar. Die Republikaner sind nicht „in der Hand" der evangelikalen Aktivisten, aber sie scheuen jeden gravierenden Konflikt mit ihnen. In dieser Weise stehen sie für eine „Versüdlichung"[16] der amerikanischen Politik, die genau diese kalkulierende Rücksichtnahme – auch über Parteigrenzen hinweg – mit enthält. Eine Bevölkerungsverlagerung in die Südstaaten hinein ist seit fünf Jahrzehnten zu beobachten. Sie wurde durch viele Faktoren begünstigt: Erfindung der Klimaanlagen, betriebliche Standortent-

[15] Weitere Fallstudien und Beispielbereiche in dem Sammelband von SHARP, ELAINE B. (Hg.): Culture Wars and Local Politics, Lawrence 1999.

[16] Vgl. COCHRAN, AUGUSTUS B.: Democracy Heading South. National Politics in the Shadow of Dixie, Lawrence 2000.

scheidungen zugunsten gewerkschaftsfeindlicher Staaten, Pensionärsmobilität sind nur einige der relevanten Stichworte. Landläufige Meinung war lange, dass dadurch der Süden sich dem Rest der Nation angleiche. Der umgekehrte Effekt ist aber mindestens ebenso augenfällig. Das überdurchschnittliche Wachstum der in den Südstaaten stark repräsentierten, evangelikalen und pfingstlichen Glaubensrichtungen ist nur ein Beleg dafür. Offenbar finden auch Zugezogene aus dem Norden häufig Geschmack an einer religiösen Integration, die sie vorher nur vom Hörensagen kannten. Rücksichtnahme auf dieses festgefügte, konservative Milieu ist heutzutage politisches Überlebensgebot. George W. Bush konnte sich nur durch Erfolge in den Südstaaten während des Vorwahlkampfes 2000 durchsetzen; er hat sich seitdem immer wieder bemüht gezeigt, den Erwartungen seiner vermuteten Unterstützer zu entsprechen.

Die christlichen Konservativen haben es verstanden, eine weitere Technik der „68er" erfolgreich zu kopieren: die Selbstinszenierung in einer Opferrolle.[17] Die Behauptung, man sei randständig, bedrängt oder gar verfolgt in einer Welt, die fest im Griffe säkularer und liberaler Kräfte sei, ist ein Ostinato in vielen Verlautbarungen dieses Lagers. Sie erfüllt zwei Zwecke: Einerseits mobilisiert sie die Spendenbereitschaft und das Engagement der eigenen Anhänger, andererseits ermöglicht sie es, eine Verschiebung im Verhältnis von Religion und Politik als gebotenen, fairen Ausgleich erscheinen zu lassen.

Der letztgenannte Aspekt kann beispielsweise an den gegenwärtigen Veränderungen in der Sozialpolitik illustriert werden. Seit Beginn seiner Amtszeit hat sich Präsident Bush unter dem Schlagwort „Faith Based Initiative" massiv dafür eingesetzt, dass sozialpolitische Programme verstärkt über religiös ausgerichtete Träger abgewickelt werden, die dafür auch Gelder aus dem Bundeshaushalt entgegennehmen dürfen. Diese Verquickung von Staat und Religion, die unstreitig Fragen mit Bezug auf das Trennungsgebot des ersten Verfassungszusatzes aufwirft, ist auch bei religiösen Organisationen nicht allenthalben begrüßt worden. Bei jenen religiösen Empfängern, die öffentliche Gelder gerne dafür ver-

[17] WATSON, JUSTIN: The Christian Coalition. Dreams of Restoration, Demands of Recognition, Houndmills/London 1999, 129ff.

wenden, um Strafgefangene spirituell anzuleiten, Jugendfürsorge mit religiöser Unterweisung zu verbinden oder Hilfsprogramme als Abwehr drohender Schwangerschaftsabbrüche zu offerieren, wird dies mit einem oft wiederkehrenden Argumentationsmuster gerechtfertigt.[18] Auch die herkömmliche, staatliche Sozialfürsorge sei nicht religiös neutral, sondern sie folge den Glaubensgrundsätzen des „säkularen Humanismus"; sie sei geprägt durch das atheistisch-naturwissenschaftliche Menschenbild, das an den liberalen Universitäten den angehenden Sozialberufen gelehrt werde. Wenn nach dieser Interpretation nun religiöse Anbieter ihren Anteil an den staatlich geförderten Sozialleistungen reklamieren, dann treten sie nur für Prinzipien ein, die in der amerikanischen Kultur hoch geschätzt werden: Pluralität, Chancengleichheit und Konkurrenz sowie Minderheitenschutz. Mit ähnlichen Mustern wird beispielsweise auch für die Anerkennung einer modifizierten Schöpfungslehre im schulischen Biologieunterricht argumentiert. Die Theorie des *intelligent design* wird konträr zum biologischen Wissensstand als eine gleichberechtigte Hypothese neben der Hypothese „Evolutionstheorie" angepriesen; es gehe nicht um religiöse Indoktrination, sondern lediglich um die Offenheit einer noch unentschiedenen Diskussion. Wenngleich diese Argumentation mit dem Gestus einer bedauernswerten, unterdrückten Position vorgetragen wird, hat sie doch Unterstützung von höchster Seite: Auch Präsident George W. Bush wünscht, dass die Schüler sich mit beiden Theorien als gleichwertigen Sichtweisen auseinander setzen.[19]

Zweifel an der vorgegebenen Bescheidenheit sind auch aus anderen Gründen statthaft. In der Frage des obligatorischen Schulgebets und der religiösen Beteuerung im Verfassungsgelöbnis (*pledge of allegiance*) beziehen christliche Konservative nämlich eine durchaus hegemoniale Position. Die Durchsetzung religiöser Inhalte – sei es nur in Gestalt eines allgemein beschworenen Glaubens an Gott – wird hier nicht als nur eine Stimme im Chor des Pluralismus gerechtfertigt, sondern als ein Tribut an die behaup-

[18] Vgl. OLDOPP, BIRGIT/PRÄTORIUS, RAINER: „Faith Based Initiative": Ein Neuansatz in der US-Sozialpolitik und seine Hintergründe, in: Zeitschrift für Sozialreform 48/1 (2002), 28–52, hier 34–37.

[19] Washington Post, 3.8.2005.

teten Fundamente der Nation. Die immer wiederkehrende Proklamation der USA als einer aus dem christlichen Glauben heraus gegründeten Nation lassen das „pluralistische“ Agieren der Evangelikalen in den Augen vieler Kritiker als taktische Übergangsforderung erscheinen.[20] Das wäre dann aber eine Ausdeutung der geistig-sittlichen Grundlagen der Nation, die angesichts der eingetretenen Pluralisierung der USA in ethnischer, kultureller, religiöser und politischer Hinsicht auf Zurückweisung stoßen muss, da diese Interpretation des Christlichen weniger inklusiv erscheint als einst die Version des *Mainline*-Protestantismus.

Zu dieser geringeren Konsensfähigkeit haben verschiedene Wandlungen beigetragen – darunter die gewachsene Eindeutigkeit des politischen Engagements aus religiösen Motiven. Evangelikale Antriebe waren in der Demokratischen Partei nachweisbar – Jimmy Carter war sicherlich der prominenteste Vertreter dieser Richtung. Als *organisiertes* Bestreben zumindest hat heute hingegen eine weitgehende Konzentration auf die Republikaner sich verfestigt. Wer sich als bibeltreuer, konservativer Christ definiert und nach einem politischen Amt strebt, wird gegenwärtig nahezu zwangsläufig diesen Karrierepfad einschlagen. Das kann bei Mitmenschen, die weder die religiöse Orientierung noch die Parteipräferenz teilen, latente Bedrohungsgefühle wecken. Da beide Einstellungen wie ein Konglomerat auftreten, erwecken sie den Eindruck, dass sie gerade durch ihre Bündelung Schlagkraft gewinnen und zu einem abgestimmten Versuch werden, der gesamten Gesellschaft und Kultur die zugrunde liegenden Werthaltungen überzustülpen. Die anhaltende Diskussion über eine Polarisierung[21] der Politik, der Lebensstile und der Weltanschauungen in den USA ist unter anderem durch derartige Beobachtungen ausgelöst worden.

Bereits an dieser Stelle kann der entscheidende Unterschied zwischen den im vorigen Abschnitt skizzierten Traditionen und der heutigen Situation, in der politisierte Religion auftritt, zwischenbilanziert werden. In plakativer Form lautet die Gegenwarts-

[20] In dieses Horn stößt selbst der „Economist“ mit seinem „Special Report“ über die christliche Rechte in der Ausgabe vom 23.06.2005.

[21] Greenblatt, Alan: The partisan divide. Are politics more polarized than ever?, in: CQ Researcher 14/16 (2004), 373–396.

diagnose: Den integrativen religiösen Strömungen mangelt es an der Vitalität, den vitalen Strömungen hingegen an der Integrationskraft. Dieser Befund soll nachfolgend in Grundzügen weiter ausgeführt werden. Ein Beispiel liefert die „Medialisierung" der Glaubenspraxis. Ein fester Bestandteil des Lamentos konservativer und evangelikaler Christen ist es, in einer feindlichen Welt zu leben, die durch „liberale" und unmoralische Massenmedien geprägt sei. Jeder europäische Tourist wird aber wohl bestätigen, dass das amerikanische Fernsehen weit prüder ist als das heimische und dass konservative Sichtweisen in den Printmedien und im TV bestens zur Geltung kommen. Die Opferstilisierung verliert aber auch ihre Glaubwürdigkeit, weil konservative Christen eine eigenständige, machtvolle Medienpräsenz haben.[22] Eigene Fernsehkanäle, Buchclubs, Zeitschriften, Websites, Tourismusunternehmen, Video- und Audioprogramme sind nur einige der Ausprägungen dieses prosperierenden Teilmarktes. Christliche Unterhaltungsbestseller, Eheanbahnungsinstitute, Schulen und Universitäten ermöglichen es, sich praktisch durch alle Stadien und Sphären des Lebens zu bewegen, ohne dabei den vermeintlich sündigen Einflüssen der „normalen" Medienkultur ausgesetzt zu sein. Die „Medialisierung" des Glaubens verfestigt also einerseits das Leben in der christlich-konservativen Teilkultur, macht es tendenziell sogar hermetisch. Andererseits sind die Auswirkungen eher problematisch – auch in dieser Teilkultur, besonders aber im moderaten und liberalen *mainline*. Das überbordende Angebot an religiösen Produkten erzeugt die Versuchung, Religiosität in der genau entsprechenden Weise zu praktizieren: als individualisierten „Konsum". Die suburbane Lebensform der Mittelschichten steigert diese Versuchung: Viele Bewohner stehen unter großem Zeitdruck, wenn sie die Arbeitsbelastung eines Doppelverdienerhaushaltes, lange Wegstrecken und das verbleibende Familienleben unter einen Hut bringen wollen. Das Partizipieren an einem geregelten Gemeindeleben alter Art erscheint dann wie ein weiteres, einengendes Zeitkorsett. Dies erklärt die Attraktivität von

[22] DIAMOND, SARA: The personal is political: the role of cultural projects in the mobilization of the Christian Right, in: Amy E. Ansell (Hg.): Unraveling the Right. The New Conservatism in American Thought and Politics, Oxford 2001, 41–55, hier 43–48.

„Cafeteria"-Religiosität – abholbar in Gestalt von Medienangeboten oder jederzeit aufsuchbaren religiösen „Multiplexen" (*megachurches*), die es erlauben, die Teilnahme am Ritus bequem mit Einkaufen, Freizeitgestaltung und Kinderbetreuung zu kombinieren.

Evangelikale und pfingstliche Gemeinden haben es weit besser verstanden, solche Gewohnheiten positiv in ihre Angebotspalette aufzunehmen. Diese Innovationen fügen sich nämlich eher in ein Gemeindeleben, das um persönliches Seelenheil und spirituelle Bereicherung kreist, als in die religiösen Partizipationsformen des *mainline*, die gesellschaftliche Verantwortung, Pflichten und kulturelle Öffnung betonen.[23] Es entsteht die Gefahr, dass eine *bestimmte* Form des Gemeindelebens durch stark individualisierte Glaubenspraxis ausgedörrt wird. Es ist dies ein Leben in festgefügten Netzwerken und Institutionen, aus denen heraus auch weltliches Engagement in sozialen, kulturellen und lokalen Angelegenheiten erwächst – Nebenresultate, die Religiosität in der Vergangenheit auch für Menschen mit abweichenden Weltanschauungen so konsensfähig gemacht hatten. Stärker in den Vordergrund tritt hingegen das Angebot einer religiösen „Erlebniswelt", die mehr auf das subjektive und kollektive Gestimmtsein setzt und wenig Ein- und Unterordnung in feste, dauerhafte Strukturen abverlangt.

Diese Tendenz kann natürlich auch den evangelikalen Gemeinden langfristig Mitgliedschaft und Teilnahme entziehen. Gerade für die vorher geschilderte Stärke, die Mobilisierung an den „Graswurzeln" der Republikanischen Partei, kann sich das als schädlich erweisen, denn diese Mobilisierung braucht intakte, lokale Netzwerke. Kurzfristig fällt es schwer, eine solche Schwächung auszumachen. Für die dominanten Formen der Kampagnenpolitik (zum Beispiel gegen Abtreibung und Homosexuellenrechte) scheinen auch die weniger organisierten, emotionalisierenden Varianten der Religionsdarbietung als Stimulans gut geeignet.

Für die konsenssuchende Politik des *mainline* ist dieser Wandel hingegen bedenklicher, gräbt er doch gerade die Ressourcen für die pragmatische Selbstpräsentation im Sozialen ab. Ohnehin hat dieses Lager nicht mehr die hervorgehobene Position auf die-

[23] Zu diesen Kontrasten vgl. CHAVES, MARK: Congregations in America, Cambridge/London 2004, 119–123.

sem Politikfeld, die ihm einst zukam. Die erwähnte „Faith Based Initiative“ hat bewirkt, dass auch evangelikale und fundamentalistische Gemeinden ihr Interesse an Projekten zum Beispiel der Jugend-, Gefangenen- und Drogenhilfe entdeckt haben. Auch die Ökumene ist kein Privileg der eher liberalen Kirchen mehr. Im Gegenteil: Es gibt Symptome einer „Ökumene von unten“, die unter eher konservativen Vorzeichen aufkommt. Im protestantischen *mainline* wird schon seit geraumer Zeit eine Kluft zwischen häufig progressiv eingestellten Pfarrern und Funktionären einerseits und konservativen Teilen der Mitgliedschaft andererseits beobachtet.[24] Dem entsprechen andere Beobachtungen der Soziologie: dass zum Beispiel bei Wahlen nicht so sehr die Zugehörigkeit zu einer bestimmten Konfession prägend für die liberale oder konservative Präferenz ist, sondern die Intensität der religiösen Bindung. Anders – und vereinfacht – ausgedrückt: Wer häufiger in die Kirche geht und strikter an die wörtliche Geltung der Bibel glaubt, stimmt mit größerer Wahrscheinlichkeit für republikanische Kandidaten – gleich, ob als Katholikin, Methodist oder Lutheraner. Für die Kirchenführer solcher Gemeinden entsteht daraus die unangenehme Lage, dass die „Lauen“ ihnen oft in gesellschaftspolitischen Wertungen näher stehen als ausgerechnet manche der treuesten Kirchgänger. Evangelikale (wie die Southern Baptists) können von keiner vergleichbaren Distanz berichten – das stärkt im Vergleich die Fähigkeit dieser Gemeinden, politische Fragen überhaupt zu thematisieren und eine bündige Positionsnahme aus der Religion heraus zu formulieren. Die konservativen Mitglieder des *mainline* hingegen werden häufig *außerhalb* ihres kirchlichen Verbandes angesprochen – beispielsweise in der Kampagnenpolitik und durch überkonfessionelle, thematisch ausgerichtete Organisationen (insbesondere zu *moral issues*); sie finden sich dann in der erwähnten „Ökumene von unten“ wieder, die sich gegenüber der alten, eher elitären Ökumene verselbstständigt hat.

Zusammenfassend lässt sich feststellen, dass politische Einflussnahme aus religiösen Antrieben eine Konstante der amerikanischen Geschichte ist. Die Nation hat sich alles in allem über die Jahrhunderte hinweg in frappierendem Maße als fähig erwie-

[24] REICHLEY, A. JAMES: Faith in Politics, Washington, D.C., 2002, 254ff.

sen, solche Einflüsse zu integrieren oder produktiv zu kanalisieren. Das Bedenkliche an der gegenwärtigen Situation ist nicht das schlichte Vorhandensein bedeutender Kräfte, die ihre Religiosität in politische Richtungsvorgaben ummünzen wollen, sondern die veränderte Konstellation, in der dieses Bestreben wirkt. Die dominanten Versionen des Christentums sind nicht mehr die inklusiven und moderaten, auch ökumenische und sozialfürsorgliche Kooperationsbeziehungen gehen nicht mehr ausschließlich von diesen aus. Die alte Balance zwischen Gemeinschaftsbildung und Individualisierung in der amerikanischen Religion scheint sich zu individualistischen, konsumierenden Aspekten hin zu neigen. Der gesellschaftsstabilisierende und konsensstiftende Ertrag einer sozial engagierten, pragmatisch gewendeten Gemeindefrömmigkeit verliert dadurch an Ausstrahlung. Ebenso mindert sich die friedensstiftende Wirkung eines „Konsenses durch Distanz“ in der neuen suburbanen Mittelschichtgesellschaft. Werthaft aufgeladene Politikkonflikte im lokalen Kontext drücken das aus. In dieser Atmosphäre ist auch der erste Verfassungszusatz, die Trennung von Staat und Kirche, nicht mehr die unbestrittene Ausgangsposition aller Glaubensrichtungen: Versuche, die USA als „christliche Nation“ zu definieren, gewinnen an Lautstärke, wenn nicht gar an Boden.

Die alten Konsens- und Integrationsmechanismen sind also beschädigt. Das klingt wie eine Krisendiagnose – ist auch so gemeint. Nur sollte zugleich im Gedächtnis bleiben, dass „Krise“ auch eine schöpferische Umbruchphase bezeichnen kann. Die USA haben in dieser Weise in zahlreichen historischen „Krisen“ zu neuen Arrangements des Verhältnisses von Religion und Politik gefunden: Die gegenwärtige Etappe könnte sich sehr wohl in diese Kontinuität einreihen.

JOSEF BRAML

Das politische Erfolgskonzept der Christlichen Rechten in den USA: Vom fundamentalistischen Sektierertum zum politischen Pragmatismus

Religiöse Konservative sind in den USA am einflussreichsten, wenn sie Teil einer größeren konservativen Koalition sind. Dieses pragmatische Verständnis bildet die Grundlage für die Machtsymbiose zwischen der Republikanischen Partei und dem Organisationsgeflecht der so genannten Christlichen Rechten.[1] Diese Entwicklung ist das Ergebnis eines langwierigen Lernprozesses sowohl der republikanischen Parteistrategen als auch der Christlichen Rechten, der sie von den Anfängen fundamentalistischen Sektierertums in ein Stadium des politischen Pragmatismus führte. Welche Rolle spielen christlich rechte Interessengruppen bei der Beschaffung republikanischer Mehrheiten im Kongress und für das Weiße Haus? Gelingt es der religiösen Rechten, ihr politisches Gewicht bei den Wahlen in politische Repräsentation und

[1] In der wissenschaftlichen Fachliteratur wird der „jüngere Konservatismus in seinen beiden Spielarten“ differenziert. Dabei interpretiert man den intellektuelleren „Neokonservatismus“ à la Irving Kristol – ursprünglich Linke, die zum Konservatismus konvertierten – wie auch den Konservatismus der „religiösen Rechten“ (*Religious Right*), synonym auch als „christliche Rechte“ (*Christian Right*) bezeichnet, als „Reaktion auf die tiefgreifenden und rapiden sozialen, ökonomischen, demographischen, innen- und außenpolitischen Veränderungen der sechziger und siebziger Jahre“. Beide Spielarten des „jüngeren Konservatismus“ werden von vorwiegend ökonomischen Interessen verpflichteten „Altkonservativen“ oder „älteren Konservativen“ (früher auch als „Rockefeller-Republikaner“ bezeichnet) unterschieden. Siehe LÖSCHE, PETER: Thesen zum amerikanischen Konservatismus, in: Aus Politik und Zeitgeschichte (APuZ), B49/1982, 37–45; Michael Minkenberg untersuchte ebenfalls „neuere konservative Gruppierungen und Strömungen im Kontext sozialen und kulturellen Wandels“, siehe MINKENBERG, MICHAEL: Neokonservatismus und neue Rechte in den USA, Baden-Baden 1990; ebenso analysierte Manfred Brocker die „Entwicklungsdynamik der (neuen) christlichen Rechten im System der intermediären Interessenvermittlung der USA“, siehe BROCKER, MANFRED: Protest – Anpassung – Etablierung. Die christliche Rechte im politischen System der USA, Frankfurt a.M. 2004.

praktische Politik umzusetzen? Hat dies Auswirkungen auf die außenpolitischen Positionen Washingtons?

1. Der religiöse Faktor in der amerikanischen Gesellschaft

Die religiöse Landschaft der USA ist durch Vielfalt geprägt, wobei die Anteile der verschiedenen Konfessionen an der Gesamtbevölkerung in den vergangenen Jahrzehnten relativ konstant geblieben sind:[2] Insgesamt bezeichnen sich über 80% der Amerikaner als Christen. Die Protestanten sind mit mehr als der Hälfte der Gesamtbevölkerung die größte Denomination, wobei die konservativeren (weißen) Evangelikalen mit 25,4% zur stärksten Gruppe angewachsen sind. Sie verweisen die liberaleren (so genannten *Mainline-*)Protestanten mit 22,1% auf Platz zwei. Wie sie ist auch die Gruppe der schwarzen Protestanten seit den sechziger Jahren leicht geschrumpft – auf knapp 8% im Jahr 1996. Römisch-katholisch sind 21,8% der Amerikaner.

Der Anteil der säkular orientierten Bevölkerung hat sich seit Mitte der sechziger Jahre beinahe verdoppelt und beträgt heute 16,3%. Dieser Säkularisierungstrend gab überzeugten Glaubenshütern – vor allem evangelikalen Protestanten – Anlass, der gesellschaftlichen „Dekadenz" und dem „Verfall moralischer Werte" entgegenzuwirken. Evangelikale Protestanten, vor allem die Traditionalisten unter ihnen, haben eine auf das Jenseits gerichtete individuelle Heilserwartung, lehnen sozial-reformerische Ideen ab und engagieren sich dafür, traditionelle Glaubenssätze und -praktiken zu bewahren und gegen die Moderne und den Liberalismus zu verteidigen. „Rechtgläubige" (*true believers*) beziehen politisch Stellung für „traditionelle amerikanische Werte" und gegen Säkularismus, Feminismus und Kulturrelativismus. Außenpolitisch setzen sich konservative Evangelikale für ein militärisch schlagkräftiges Amerika und den Schutz Israels ein.

Die Distanz zwischen Religion und Politik wurde in den letzten drei Jahrzehnten deutlich geringer:[3] Rechtgläubige Amerika-

[2] KOHUT, ANDREW/GREEN, JOHN/KEETER, SCOTT/TOTH, ROBERT: The Diminishing Divide. Religion's Changing Role in American Politics, Washington, D.C., 2000, 18.

[3] KOHUT/GREEN/KEETER/TOTH: The Diminishing Divide, 18.

ner sind politischer geworden. Evangelikale Protestanten machen mittlerweile knapp ein Viertel (2000: 24%) der als Wähler registrierten Amerikaner aus.[4] Sie sind ein wichtiger Bestandteil der republikanischen Wählerschaft geworden: Innerhalb von gut drei Jahrzehnten (1964–2000) erhöhte sich der Prozentsatz der bekennenden Republikaner unter den Evangelikalen, und zwar sowohl bei den „engagierten" (von 42% auf 74%) als auch bei den „anderen" (von 30% auf 49%). Dieser Trend verstärkte sich insbesondere seit Mitte der achtziger Jahre. Zudem verdoppelte sich der republikanische Stimmenanteil unter den Katholiken – sowohl bei den „engagierten" (von 24% auf 57%) als auch bei den „anderen" (von 20% auf 43%).[5]

Die Zugehörigkeit zu einer bestimmten Konfession ist oft ein Indiz für die politische Einstellung der Menschen, die ihr angehören. Die Tiefe der persönlichen Überzeugung und der Grad des Engagements sind weitere wichtige Indikatoren. „Engagierte" Vertreter unterscheiden sich von „anderen" durch Häufigkeit von Kirchenbesuch und Gebet, die herausragende Bedeutung, die sie dem Glauben für ihr eigenes Leben zumessen, und das Festhalten an traditionellen Glaubenssätzen wie zum Beispiel dem Glauben an Himmel und Hölle.[6] Engagierte Gläubige tendieren zu konservativeren politischen Einstellungen und haben eine merklich höhere Affinität zu den Republikanern. Demgegenüber bevorzugen weniger Engagierte tendenziell die Demokratische Partei.

Entsprechend ausgeprägt sind auch Selbstverständnis und Selbstbewusstsein politischer Strategen der so genannten Christlichen Rechten, wie sich an den Aussagen des christlich rechten Wortführers und Präsidenten der Organisation American Values, Gary Bauer, ablesen lässt: „Für einige in den liberalen Medien ist die Bezeichnung christliche Rechte beinahe ein Schimpfwort, aber das

[4] 1987 waren es noch 19%. Siehe KOHUT/GREEN/KEETER/TOTH: The Diminishing Divide, 4.

[5] Anteil der Konfessionen an der Gesamtbevölkerung: engagierte evangelikale Protestanten 16%, andere evangelikale Protestanten 8%, engagierte Katholiken 9%, andere Katholiken 12%. Quelle: Ich danke John Green und Scott Keeter für ihre unveröffentlichte Auswertung von „National-election-studies"-Daten.

[6] Kohut u.a. entwickelten diese Unterscheidung, indem sie die genannten Faktoren zu einem Gesamtindex addierten. Siehe KOHUT/GREEN/KEETER/TOTH: The Diminishing Divide, 164.

ist meiner Meinung nach eine treffende Beschreibung". Tatsächlich handelt es sich laut Bauer „um Leute, die regelmäßig in die Kirche gehen und politisch konservativ sind." Und diese Verbindung ist laut Bauer „ein sehr wichtiges Trennkriterium amerikanischer Politik".[7]

Empirische Regressionsanalysen – mit denen sich der Einfluss bestimmter Faktoren isoliert betrachten lässt – kommen zu dem Ergebnis, dass in den USA „der Einfluss religiöser Zugehörigkeit auf das Wahlverhalten beträchtlich ist und dem Einfluss demographischer Faktoren wie Einkommen und Bildungsniveau gleichkommt".[8] Aus historischer Perspektive wird deutlich, dass religiöse Faktoren seit den achtziger Jahren deutlich größeren Einfluss auf das Wahlverhalten gewonnen haben.[9] Im Wahlkampf 2004 wurde offensichtlich, dass religiös motivierte moralische Kriterien einmal mehr eine wahlentscheidende Rolle spielen würden: In einer Umfrage vom November 2003 bekundeten etwa die Hälfte (48%) der Republikaner oder der ihnen Nahestehenden, dass Religion ein wichtiger Faktor bei ihrer Wahlentscheidung ist, bei den Demokraten waren es nur 28%.[10] Religion ist für zwei Drittel (64%) der wahlberechtigten Amerikaner – so eine weitere Gallup-Analyse im März 2004[11] – ein wahlentscheidendes Kriterium.[12] Für Präsident Bush und die Parteistrategen der Republikaner galt es, dieses religiöse Potenzial bei den Kongress- und Präsidentschaftswahlen zu aktivieren.

Mit Erfolg: Der amtierende Präsident konnte seine ohnehin starke Wählerbasis evangelikaler Christen erweitern. Nach den Berechnungen John Greens von der University of Akron erhöhte sich Bushs Wähleranteil unter weißen Evangelikalen von 71% im Jahre 2000 auf 76% bei seiner Wiederwahl 2004 (78% laut CNN

[7] BAUER, GARY: Interview mit Josef Braml, 22.7.2003.

[8] Übersetzt aus KOHUT/GREEN/KEETER/TOTH: The Diminishing Divide, 86f.

[9] Ebd., 86f.

[10] Siehe WINSEMAN, ALBERT: Bringing Faith into the Voting Booth. Part II, Gallup-Analyse, 16.12.2003.

[11] Siehe LYONS, LINDA: Political and Religious Convictions, Gallup-Analyse, 2.3.2004.

[12] Vgl. auch Umfrage vom 16.3.–4.4.2004. Siehe GREENBERG, ANNA/BERKTOLD, JENNIFER: Evangelicals in America, in: Religion and Ethics News Weekly, 5.4.2004, 13.

National Exit Poll).[13] George W. Bush gelang es darüber hinaus, bei katholischen Wählern seinen Stimmenanteil zu erhöhen, ja mehr Stimmen als sein (katholischer) Herausforderer John Kerry zu gewinnen: 52% versus 47% für Senator Kerry.[14] Dabei konnte Präsident Bush konfessionsübergreifend vor allem auf praktizierende Gläubige zählen: Je häufiger Amerikaner in die Kirche gehen, desto eher waren sie geneigt, für ihn zu votieren (vgl. Tabelle 1).

Gehen in die Kirche	Anteil (%)	Davon haben Bush gewählt (%)	Davon haben Kerry gewählt (%)
Wöchentlich	41	61	39
Gelegentlich	40	47	53
Nie	14	36	62

Tabelle 1: Zusammenhang zwischen Kirchgang und Wahlgang 2004. Quelle: CNN National Exit Poll.

Die von den Republikanern und der religiösen Rechten angestrebte „moralische Mehrheit" wurde auch in Umfragen bei den Wahlen deutlich: Auf die Frage, welches Thema am wichtigsten für die persönliche Wahlentscheidung war, wurden „moralische Werte" am häufigsten genannt, gefolgt von den Themenbereichen Wirtschaft/Arbeitsplätze, Terrorismus und Irak. Amerikaner, denen die Irakfrage und Wirtschaftsfragen am wichtigsten waren, entschieden sich mit überwältigender Mehrheit für den Herausforderer John Kerry. Der wiedergewählte Präsident Bush hingegen fand die größte Unterstützung bei Wählern, denen moralische Wertfragen am Herzen lagen und denen der Terrorismus Sorgen bereitete (vgl. Tabelle 2).

[13] Siehe GOODSTEIN, LAURIE/YARDLEY, WILLIAM: Bush benefits from efforts to build a coalition of faithful, in: New York Times, 5.11.2004, und CNN NATIONAL EXIT POLL, http://www.cnn.com/ELECTION/2004/pages/results/states/US/P/ 00/epolls.0.html, abgerufen am 7.12.2004.

[14] CNN National Exit Poll.

Als wichtigstes Thema angegeben	Anteil (%)	Davon haben Bush gewählt (%)	Davon haben Kerry gewählt (%)
Moralische Werte	22	80	18
Wirtschaft/Arbeitsplätze	20	18	80
Terrorismus	19	86	14
Irak	15	26	73
Krankenversicherung	8	23	77
Steuern	5	57	43
Schule/Ausbildung	4	26	73

Tabelle 2: Wahlentscheidende Themen bei der Präsidentschaftswahl 2004. Quelle: CNN National Exit Poll.

Nach der Wahl wurde eine heftige Debatte darüber geführt, ob „moralische Werte“ wirklich ausschlaggebend waren. Kritiker des hier genannten CNN National Exit Poll führten ins Feld, dass die gewählte Fragemethode mit vorgegebenen Antworten suggestiv gewesen sei und dadurch „moralische Werte“ höher eingestuft worden seien, als dies bei offener Fragestellung der Fall gewesen wäre. Ausgewiesene Statistikexperten waren sich in dieser Frage ebenso uneinig. Um die wahlentscheidenden Faktoren genauer zu bestimmen, führte das Gallup-Institut eine weitere Umfrage durch, in der die Teilnehmer einer Umfrage unmittelbar vor den Wahlen nach dem Urnengang (vom 3. November bis 12. Dezember 2004) erneut befragt wurden – ohne dabei vorgegebene Antwortkategorien zu verwenden. Erwartungsgemäß kamen moralische Gründe insgesamt nicht mehr so häufig zur Sprache (15%). Eine genauere Analyse der Daten verdeutlichte jedoch einmal mehr, dass die Wähler des Wahlsiegers George W. Bush am häufigsten moralische Werte/religiöse Überzeugungen (mit 25%) als wichtigstes Kriterium ihrer Wahlentscheidung nannten, gefolgt vom Thema Terrorismus (21%).[15] Es bleibt aber schwierig, diese beiden Themenkomplexe analytisch voneinander zu trennen, ging Präsident Bush doch auch mit „moralischer Klarheit“ (*moral clarity*) gegen die Terroristen vor; George W. Bush demonstrierte seinen Anhängern Führungsstärke und Entschlossenheit, indem er – anders als sein Herausforderer Senator Kerry, dem man Wankelmütigkeit unterstellte – klar zwischen richtig und falsch, ja zwischen „gut“ und „böse“ unterschied.

[15] Jones, Jeffrey: Different Influences Found for Bush, Kerry Voters, Gallup-Analyse, Washington, D.C., 16.12.2004.

Sollten nicht massive wirtschaftliche Probleme und damit verbunden eine Verschlechterung der Lebensverhältnisse eintreten, dürften neben den Sicherheitsfragen religiös motivierte moralische Kriterien auch bei künftigen Wahlen eine mitentscheidende Rolle spielen und die Demokraten weiterhin vor große Herausforderungen stellen. Mittlerweile haben einige Demokraten dieses strategische Defizit erkannt. In einem „offenen Brief an Demokraten" machen federführende Strategen wie Ronald Asmus, Philip Gordon, Will Marshall und James Rubin ihren Parteifreunden die national security challenge, die Herausforderung der Demokraten beim Thema „nationale Sicherheit", deutlich: „Diese neue Gefahr [durch islamistische Terroristen] stellt die Willenskraft und Standhaftigkeit jener Leute und Parteien auf den Prüfstand, die sich Hoffnungen machen, Amerika zu führen. Keine politische Partei wird an die Macht kommen oder sie erhalten – noch verdient sie es –, wenn sie nicht den Menschen ein Grundgefühl an Sicherheit zu geben imstande ist." Dabei sei „moralische Klarheit" unabdingbar: „Moral clarity in this fight is essential." Denn, so die Strategen weiter, „Amerikaner werden keinen politischen Führern vertrauen, die nicht energisch ihre Ideale verteidigen."[16] Damit versuchen sie den Republikanern den *moral high ground* streitig zu machen. Diese wiederum sehen in den Nachahmungsversuchen des politischen Gegners ihre Erfolgsstrategie bestätigt.

2. Pragmatische Machtsymbiose zwischen Republikanern und Christlich Rechten

„Wenn die Republikanische Partei konservative religiöse Wähler benötigt, so gilt auch umgekehrt: Evangelikale, Sozial-/Moralkonservative und vor allem die Christliche Rechte benötigen die Republikaner. Religiöse Konservative sind am einflussreichsten, wenn sie Teil einer größeren konservativen Koalition sind, und die Re-

[16] ASMUS, RONALD u.a.: Our National Security Challenge. An Open Letter to Democrats, Progressive Policy Institute (PPI) Letter, 6.2.2005, http://www.ppionline.org/ppi_ci.cfm?knlgAreaID=450004&subsecid=900020&contentid=253152, abgerufen am 9.3.2005.

publikanische Partei ist dafür die zugänglichste Institution."[17] Dieses pragmatische Verständnis bildet die Grundlage für die Machtsymbiose zwischen der Republikanischen Partei und dem Organisationsgeflecht der Christlichen Rechten. 72% der Evangelikalen glauben denn auch, dass es ihnen gelungen ist, die Gesellschaft zu verändern. Sieben von zehn sind davon überzeugt, Einfluss auf die Politik der Bush-Administration zu haben. Diese Perzeption ist eine wichtige Voraussetzung dafür, dass sich christlich Rechte weiterhin politisch engagieren und mit den Republikanern arrangieren: Jene evangelikalen Christen, die glauben, dass sie „viel Einfluss" auf die Bush-Administration haben, können ebenso vermehrt dem Wählerpotenzial des amtierenden Präsidenten zugerechnet werden.[18] Diese Entwicklung ist das Ergebnis eines langwierigen Lernprozesses sowohl der republikanischen Parteistrategen als auch der Christlichen Rechten, der sie von den Anfängen fundamentalistischen Sektierertums in ein Stadium des politischen Pragmatismus führte. Persönlichkeiten, die religiöse Autorität sowie Hochachtung unter evangelikalen Christen genießen, wie Pat Robertson, Jerry Falwell, Franklin Graham, James Dobson, Paul Weyrich, Gary Bauer oder Ralph Reed – um einige der prominentesten zu nennen, die gleichwohl der allgemeinen Bevölkerung wenig bekannt sind –,[19] gaben der abstrakten Idee der *Christian Right* Gestalt und Kohäsion, indem sie ein Organisationsgeflecht an der politischen Basis schufen.

3. Politische Organisation der religiösen Rechten

Schon in den siebziger Jahren bemühte sich der Katholik Paul Weyrich darum, Gläubige verschiedener Religionen zu einer politischen Ökumene zusammenzuführen. Bei einem Treffen, das der evangelikale Reverend Jerry Falwell 1979 in Lynchburg/Virginia organisiert hatte, entwickelte Weyrich den Gedanken einer mora-

[17] GREEN, JOHN/GUTH, JAMES/KELLSTEDT, LYMAN/SMIDT, CORWIN: Murphy Brown revisited. The social issues in the 1992 election, in: Michael Cromartie (Hg.): Disciples and Democracy. Religious Conservatives and the Future of American Politics, Washington, D.C., 1994 (Übersetzung J.B.).

[18] Siehe GREENBERG/BERKTOLD: Evangelicals in America, Questionnaire, 14.

[19] Ebd., 5.

lischen Mehrheit in Amerika, die es zu organisieren gelte. Die Moral Majority war aus der Taufe gehoben. Die religionsübergreifende Bewegung wollte sich im Sinne der gemeinsamen Werteorientierung – „*pro-life*, *pro-family*, *pro-traditional moral*, *pro-America* und *pro-Israel*“ – politisch engagieren. Abtreibung zum Beispiel war nicht mehr nur ein Thema der Evangelikalen oder der Katholiken, vielmehr war es aus der Sicht dieser politischen Glaubensgemeinschaft ein moralisches, religionsübergreifendes Thema. In den Worten Jerry Falwells verstand sich die „Moralische Mehrheit“ nicht nur als christliche Organisation, sie war auch willens, mit jedem zusammenzuarbeiten, „der unsere Ansichten zu Familie, Abtreibung, starker militärischer Verteidigung und Israel teilt“.[20] Damit besetzte die christliche, nunmehr religiöse Rechte wichtiges politisches Terrain. Nur etwas mehr als die Hälfte der Evangelikalen war damals in die Wählerlisten eingetragen (Bundesdurchschnitt: knapp über 70%). Um das enorme Potenzial von ca. sechzig bis siebzig Millionen Wählern zu mobilisieren, beteiligten sich auch die Kirchen an Initiativen zur Wahlregistrierung. Mit Erfolg: Weiße Evangelikale sind heute politisch aktiver als die übrige Bevölkerung. Ein größerer Anteil (82% gegenüber 77% des Bevölkerungsdurchschnitts) ist als Wähler registriert und zählt zu den aktiven Wahlgängern: 65% (gegenüber 61% des Bevölkerungsdurchschnitts).[21]

Selbst wenn die Organisation der Moral Majority als solche seit Mitte der achtziger Jahre nicht mehr existiert, wirkt die politische Idee, eine moralische Mehrheit im Lande zu organisieren, in Form verschiedener neuer und professionellerer Organisationsformen weiter.[22] Graswurzel-Organisationen, Political Action Committees (PACs), Think-Tanks und Interessengruppen der Christlichen Rechten – wie die Christian Coalition, American Values, Campaign for Working Families PAC, Family Research Council (FRC), Focus

[20] Zitiert aus McAlister, Melani: Epic Encounters. Culture, Media, and U.S. Interests in the Middle East, 1945–2000, Berkeley/Los Angeles 2001, 193.

[21] Siehe Greenberg/Berktold: Evangelicals in America, Questionnaire, 14.

[22] Für eine gute Übersicht des christlich rechten Netzwerkes und seiner führenden Netzwerker in den achtziger und neunziger Jahren siehe Minkenberg, Michael: Die christliche Rechte und die amerikanische Politik von der ersten bis zur zweiten Bush-Administration, in: Aus Politik und Zeitgeschichte (APuZ), B 46/2003, 23–32, hier 24–26.

on the Family, National Right to Life Committee (NRLC), Concerned Women for America (CWA), Eagle Forum – finden in den Büros mächtiger Republikaner im Abgeordnetenhaus große Aufmerksamkeit.[23] Denn das Organisationsgeflecht der Christlichen Rechten auf der Graswurzelebene ist in mehrfacher Hinsicht nützlich: zum einen bei der Wahlkampffinanzierung und zum anderen bei der direkten permanenten Wählermobilisierung.

4. Permanente Kampagne

In den USA ist die Schwäche der Parteien institutionell angelegt. Im Wahlkampf wird ein Abgeordneter oder Senator in seinem Wahlkreis beziehungsweise Einzelstaat nicht primär als Parteivertreter, sondern als politischer Einzelunternehmer wahrgenommen, der nicht zuletzt auch von Interessengruppen auf der Grundlage seines persönlichen Abstimmungsverhaltens finanziert und definiert wird. Mitgliederstarke, gut organisierte Einrichtungen und Interessengruppen haben deshalb durch ihre Wählermobilisierung und ihr effektives Bündeln von Wahlkampfzuwendungen eine starke Stimme in der politischen Debatte und in der Gesetzgebung. Ein wirksames Mittel, um Einfluss auf den Gesetzgebungsprozess und die Wiederwahl zu nehmen, sind so genannte Wählerprüfsteine (*scorecards*) und Orientierungshilfen für Wähler (*voter guides*). Die Christian Coalition, die prominenteste Organisation der Christlichen Rechten, ist wie viele andere Interessengruppen darum bemüht, ihre Anhängerschaft auf das Abstimmungsverhalten einzelner Abgeordneter aufmerksam zu machen.

Dieser externe Einfluss ist als erheblich einzuschätzen, vor allem auch bei Kongresswahlen. Da US-Abgeordnete und Senatoren keiner Parteidisziplin unterworfen sind, können sie sich auch nicht hinter ihr verstecken. Einzelne Politiker laufen ständig Gefahr, im Rahmen einflussreicher Kampagnen an den Pranger gestellt und gegebenenfalls bei der Kandidatur um eine Wiederwahl persönlich zur Rechenschaft gezogen zu werden. Sie wägen deshalb bei jeder einzelnen Abstimmung gründlich ab, wie sie sich

[23] So die legislative Mitarbeiterin des damaligen Mehrheitsführers Tom DeLay; FUNDERBURK, DEANA: Interview mit Josef Braml, 16.7.2003.

bei den nächsten Wahlen für sie persönlich auswirken könnte. Themenspezifischen Kampagnen, an denen sich oft eine Vielzahl christlich rechter Interessengruppen, Graswurzel-Organisationen und interessengebundener Think-Tanks beteiligen, werden über Netzwerke koordiniert. Ziel ist es, den unmittelbaren Einfluss bei der legislativen Willensbildung zu erhöhen und mögliche kontraproduktive Wirkungen abzuschwächen, die den langfristigen Zusammenhalt der republikanischen Wählerkoalition gefährden könnten.

5. Themen und Netzwerke der religiösen Rechten

Was sind die wesentlichen politischen Voraussetzungen für den Machterhalt der Republikaner und der Christlichen Rechten? Für die Strategen einer umfassenden republikanischen Wählerkoalition war und bleibt es eine besondere Herausforderung, die Christliche Rechte zu integrieren, ohne dabei andere Wähler zu verlieren. Denn es gilt, ein breites Spektrum von Republikanern – vom wirtschafts- und wertelibertären bis hin zum wertkonservativen, christlich rechten Pol – unter einem Dach zu halten. Strategen der Christlichen Rechten und der Republikanischen Partei konzentrieren sich deshalb auf einigende wirtschafts- und außen-, vor allem sicherheitspolitische Themen im Kampf gegen den Terrorismus. Innenpolitische Auseinandersetzungen über heikle Themen wie Abtreibung werden abgeschwächt und in die Außenpolitik verlagert, zumal außenpolitische Auseinandersetzungen und Erfolge vielversprechender und weniger riskant für den Zusammenhalt des eigenen Lagers sind. Die verschiedenen und divergierenden Positionen werden in Netzwerken aufeinander abgestimmt.

5.1 Innenpolitik

Im Gegensatz zur Außen- und auch Wirtschaftspolitik sind so genannte *cultural/social issues*, Themen der Sexualmoral wie Abtreibung oder Homosexualität, denkbar schlecht geeignet, um eine dauerhafte Wählerkoalition zu schmieden.

5.1.1 Themen der Sexualmoral

Bei Themen der Sexualmoral wie Abtreibung oder Homosexualität ist es schwierig, einen tragfähigen gemeinsamen Nenner für die verschiedenen politischen Vorstellungen zu finden. Bewegt sich die Wahlkampfplattform zum Beispiel zu sehr in Richtung absoluter Abtreibungsgegner, könnten weniger strikte Abtreibungsgegner und -befürworter verprellt werden. Beim Thema „Gleichgeschlechtliche Ehe" beziehungsweise „staatlich geförderte Lebensgemeinschaften" machen sich vor allem Homosexuelle im eigenen Lager für eine Liberalisierung stark. Der Kampf der „Rechtgläubigen" (*true believers*) gegen „Modernität" und für „wahre Werte" hält wiederum wirtschaftsliberal denkende Republikaner auf Distanz.[24] So wurden die Hoffnungen derjenigen enttäuscht, die erwartet hatten, dass die sexuellen Eskapaden Clintons den Einfluss der Evangelikalen erheblich steigern und einen erdrutschartigen Stimmenzuwachs zugunsten der Republikaner bewirken würden. Die moralische Hexenjagd schreckte im Gegenteil viele gemäßigte Republikaner ab und half, die Linke zu aktivieren. Paul Weyrich, ein führender strategischer Kopf der Christlichen Rechten, erklärte nach dieser Enttäuschung gar den „Kulturkrieg" für verloren und sah einen Erfolg der „moralischen Mehrheit" in unerreichbare Ferne gerückt.[25]

Nach diesen Erfahrungen gehen republikanische und christlich rechte Wortführer auch in der Gesetzgebung pragmatischer vor. Zum Beispiel bremste Bush, nachdem es ihm gelungen war, die so genannte *partial-birth abortion* unter Strafe zu stellen,[26] weiter gehende Erwartungen, indem er darauf hinwies, dass Amerikaner noch nicht bereit seien für ein generelles Verbot von Abtreibungen. Der legislative Zwischenerfolg ist für den Präsidenten politisch weniger problematisch, als es die Einschränkung anderer Abtreibungspraktiken wäre. Denn es handelt sich hierbei um eine

[24] MURRAY OLDFIELD, DUANE: The Right and the Righteous. The Christian Right Confronts the Republican Party, Lanham 1996.

[25] WEYRICH, PAUL: Separate and free, in: Washington Post, 7.3.1999, B7.

[26] Der so genannte *Partial-Birth Abortion Ban* stellt ein Verfahren zum Schwangerschaftsabbruch unter Strafe, bei dem der Fötus getötet wird, wenn sich der obere Teil des Körpers bereits außerhalb des Mutterleibes befindet. Das Gesetz, der *Partial-Birth Abortion Ban Act of 2003*, wurde von Präsident Bush am 5.11.2003 unterzeichnet (Partial-Birth Abortion Ban Act of 2003, P.L. 108–105, 117 Stat. 1201).

Abtreibungsform, die auch in der Bevölkerung mehrheitlich abgelehnt wird. Mit den Worten eines republikanischen Mitarbeiters im Kongress: „Das war vielleicht das erfolgreichste *Pro-life*-Thema innerhalb der letzten Dekade, was die PR und die Mobilisierung unserer politischen Basis angeht. [...] Das ist eines der Themen, das die [rechte] Basis mobilisiert, aber das Zentrum nicht abschreckt."[27] Ein zu harter politischer Kurs in der Abtreibungsfrage wäre mit dem Risiko des Verlusts von Wählern in der politischen Mitte verbunden und würde den Zusammenhalt der eigenen Koalition gefährden.

5.1.2 Wirtschaftspolitische Glaubenssätze

Republikaner sind sich einig in der Zielsetzung, den Einfluss des Staats auf die Wirtschaft zu reduzieren. Als Wirtschaftssubjekte gelten Individuen in freier Verantwortung. Staatliche Interventionen in der Wirtschafts- und Sozialpolitik sind demzufolge überflüssig, ja kontraproduktiv: „Staatliche Regulierung schafft mehr Probleme, als sie löst." Zu dieser Aussage bekennen sich auch 59% der engagierten evangelikalen Christen in den USA.[28] „Defunding the government" ist der gemeinsame Nenner der Republikaner – außer bei militärischen und sicherheitspolitischen Funktionen. „Weniger Sozialstaat" und „Weniger Steuern" sind Glaubenssätze konservativen Wirtschaftsdenkens in den Vereinigten Staaten. Wirtschaftslibertär überzeugte Republikaner glauben an die unsichtbare Hand des Marktes. Für viele *Born-again-Christians* und überzeugte Evangelikale sind persönliche Verfehlungen und unmoralisches Handeln die Ursache für wirtschaftliches Versagen: „Schwarze sind meist selbst verantwortlich für ihre Lage", meinen zum Beispiel etwa zwei Drittel (64%) der engagierten Evangelikalen.[29] Die Idee staatlicher Sozialleistung und Wohlfahrt hat in diesem Denken keinen Platz. Dieses konsensstiftende wirtschaftspolitische Gedankengut wird über Organisationen und Interessengruppen in praktische Politik übersetzt und über Netzwerke koordiniert.

[27] Übersetzt aus FELDMANN, LINDA: The Impact and limits of Abortion Bill. Passed by the Senate, a „Partial-Birth" Ban may satisfy conservatives – yet still be struck down, in: Christian Science Monitor, 23.10.2003.

[28] Siehe Umfragedaten des Pew Research Center, zitiert aus KOHUT/GREEN/KEETER/TOTH: The Diminishing Divide, 130.

[29] Ebd., 131.

5.1.3 Abstimmung in Netzwerken

Die religiöse Rechte kann in Anlehnung an die politikwissenschaftlichen Konzepte Hugh Heclos beziehungsweise Winand Gellners als „Themennetzwerk“[30] oder „Tendenzkoalition“[31] begriffen werden. Das Themennetzwerk der Christlichen Rechten besteht aus Personen, Organisationen und Institutionen verschiedener Bereiche – Exekutive, Kongress, Medien, Universitäten, Interessengruppen, Graswurzel-Organisationen und Think-Tanks – mit gemeinsamen Wertvorstellungen und Problemperzeptionen, das heißt gemeinsamen Weltbildern. Diese Tendenzkoalitionen oder *advocacy coalitions* können parteiübergreifend wirken, aber „sie können sich parteipolitisch durchaus verdichten“.[32] Den gemeinsamen Nenner bilden ähnliche Interessen und politische Überzeugungen, über die sich Themennetzwerke (so genannte *issue networks*) definieren und politisch organisieren.

Um die politische Verbindung zu stärken, haben die Republikaner das moralische Netzwerk der Christlichen Rechten mit dem wirtschaftspolitischen verknüpft. Grover Norquist, Präsident der Americans for Tax Reform (ATR) und Vertrauter Karl Roves, organisiert in seinem Büro in Washington ein wöchentliches „Wednesday Meeting“ mit mittlerweile 100 bis 150 Amtsträgern der Legislative und Exekutive sowie Vertretern von Interessengruppen und Basisorganisationen, bei dem vorwiegend über fiskal- und außenpolitische Themen diskutiert wird. Das „Lunch Meeting“ von Paul Weyrich, Chairman und CEO der Free Congress Foundation, an dem regelmäßig ca. siebzig Personen teilnehmen, findet ebenfalls mittwochs in der Nähe des Parlamentsgebäudes auf dem Capitol Hill statt; hier geht es um moralische Fragen der Sozialpolitik, nationale Sicherheit und andere außenpolitische Themen. Bei beiden Treffen sind unter anderen auch die oben vorgestellten Organisationen der Christlichen Rechten vertreten. Die Treffen sind zeit-

[30] Vgl. HECLO, HUGH: Issue networks and the executive establishment, in: Samuel Beer/Anthony King (Hg.), The New American Political System, Washington, D.C., 1978, 87–124.

[31] Vgl. GELLNER, WINAND: Ideenagenturen für Politik und Öffentlichkeit. Think Tanks in den USA und in Deutschland, Opladen 1995, 26–27.

[32] Siehe GELLNER: Ideenagenturen für Politik und Öffentlichkeit, 26; SABATIER, PAUL: Advocacy-Koalitionen, Policy-Wandel und Policy-Lernen. Eine Alternative zur Phasenheuristik, in: PVS-Sonderheft 24 (1993), 116–148.

lich so aufeinander abgestimmt, dass Teilnehmer des einen auch das andere besuchen können. Norquists und Weyrichs Netzwerke koordinieren ihre Aktivitäten am politischen Spielfeldrand, greifen aber auch direkt in die Auseinandersetzung im zentralen Entscheidungssystem ein. Umgekehrt nehmen die führenden Köpfe der Legislative und Exekutive an den Mittwochsrunden teil, um das taktische Vorgehen bei geplanten Gesetzesinitiativen oder die Aufstellung des Teams für künftige Wahlkämpfe zu besprechen und politischen Nachwuchs aus den eigenen Reihen ins Spiel zu bringen.

Auch im Parlament wird Politik über Netzwerke Gleichgesinnter oder Gleichinteressierter gesteuert. Aufgrund der schwachen Rolle amerikanischer Parteien im Gesetzgebungsprozess haben im Kongress informelle Gruppen, so genannte *caucuses* oder *congressional member organizations*, zentrale Bedeutung.[33] *Caucuses* können parteiübergreifend wirken, sie können aber auch parteiintern bestimmte Gruppierungen bündeln. Die Zugehörigkeit von Abgeordneten zu solchen Arbeitsgruppen ist ein für Wähler und Interessengruppen wichtiges Orientierungsmerkmal: „Wenn wir im Gesetzgebungsverfahren die nötigen Abstimmungen brauchen", erklärt der Lobbyist Jeffrey DeBoer, „müssen wir nicht jedes Mal von vorn anfangen. Wir haben eine Basis von Unterstützern, auf die wir zählen können." Oder: *one-stop shopping*, wie es der Wirtschaftspraktiker gern nennt.[34] Auch aus Sicht der Parteiführung sind diese Gruppen berechenbar, besonders wenn es darum geht, bei bestimmten Abstimmungen Mehrheiten einzuschätzen und zu schmieden.

Abgeordnete und Senatoren mit moralisch konservativer, christlich rechter Gesinnung sind im Kongress gut organisiert: Eine der einflussreichsten Gruppen ist das 85 Mitglieder starke *Republican Study Committee* (RSC) im Abgeordnetenhaus. Bis Mitte der neunziger Jahre wurde es vom späteren Mehrheitsführer Tom DeLay geführt – in Kooperation mit Jim Backlin, inzwischen Cheflobbyist der Christian Coalition. Man hält moralische Werte hoch und sieht sich als „konservatives Gewissen" der Republi-

[33] Siehe zum Beispiel CALDWELL, CHARLES: Government by caucus. Informal legislative groups in an era of congressional reform, in: Journal of Law and Politics 5 (1989), 625–655.

[34] Zitat von Jeffrey DeBoer, President und Chief Operating Officer des real Estate Roundtable, übersetzt aus OTA, ALAN: Republican Study Committee revels in conservative clout, in: Congressional Quarterly Weekly, 27.9.2003, 2334ff.

kanischen Partei.[35] Die Nähe zur Führung im Repräsentantenhaus verschafft dem RSC eine wichtige Rolle – vor allem wenn es gilt, Spannungen zwischen wirtschaftslibertären und wertkonservativen Parteimitgliedern auszugleichen. Die Wertkonservativen, eine Gruppe von etwa vierzig Abgeordneten, sind im *Value Action Team* (VAT) zusammengeschlossen. Das VAT wird vom republikanischen Abgeordneten Joseph Pitts geleitet und koordiniert die Positionen verschiedener Interessengruppen, Think-Tanks und anderer externer Akteure im legislativen Prozess. Laut Lori Waters vom Eagle Forum sind in diesem informellen Netzwerk etwa dreißig bis vierzig Organisationen, insbesondere die christlich rechten, regelmäßig vertreten. Umgekehrt kann die politische Führung im Abgeordnetenhaus Unterstützung an der Basis aktivieren, um Themen mit moralischem Gehalt in ihrem Sinne zu beeinflussen.[36]

Das vor kurzem etablierte Pendant auf der Senatsseite wird vom republikanischen Senator Sam Brownback geleitet.[37] Auch hier treffen sich gleichgesinnte Senatoren oder ihre federführenden Mitarbeiter wöchentlich und koordinieren ihre legislative Arbeit mit religiösen Interessengruppen. Leitende Netzwerker des Abgeordnetenhauses sind ebenfalls beteiligt, um die Aktivitäten beider Kammern zu koordinieren. Senator Sam Brownback und der Abgeordnete Joseph Pitts stimmen sich regelmäßig ab und senden ihren jeweiligen Gruppen in Senat und Abgeordnetenhaus ein wöchentliches Briefing über anstehende Themen und aktuelle Interessenlagen.[38] Der Einfluss des Netzwerkes reicht bis in die Senatsführung.[39] Die Zirkel auf beiden Seiten des Kapitols bestehen zu etwa einem Drittel aus Kongressmitarbeitern und zu zwei Dritteln aus Externen: Graswurzel-Organisationen, Interessengruppen, Lobbyisten und Think-Tanks.[40] Diese Zirkel und Netzwerke beschäftigen sich immer häufiger mit außenpolitischen Fragen.

[35] Ebd., 2338.

[36] WATERS, LORI: Interview mit Josef Braml, 14.7.2003.

[37] So die federführende Mitarbeiterin des Abgeordneten Joseph Pitts; DIGGS, CINDY: Interview mit Josef Braml, 17.7.2003.

[38] So die legislative Mitarbeiterin des republikanischen Mehrheitsführers im Abgeordnetenhaus; FUNDERBURK: Interview mit Josef Braml, 16.7.2003.

[39] HANSEN, KRISTIN: Interview mit Josef Braml, 11.7.2003.

[40] So die Einschätzung von Jim Backlin, Cheflobbyist der Christian Coalition; BACKLIN, JIM: Interview mit Josef Braml, 16.7.2003.

5.2 Außenpolitik

Moralische Positionen spielen auch in der Außenpolitik eine zusehends sichtbare Rolle. Indem Strategen der Republikaner heiklen Themen wie Aids oder Abtreibung die Spitze in der innenpolitischen Auseinandersetzung nehmen und die Themen selbst in die außenpolitische Arena verschieben, entstehen neue Betätigungsfelder für die Christliche Rechte, ohne dass dabei gemäßigtere Wähler abgeschreckt werden. „Die amerikanische Wählerschaft war tief gespalten in diesen Kulturkriegen, und niemand hätte sie gewonnen.“[41] Mit diesen Worten erklärt Richard Cizik, Direktor der National Association of Evangelicals in Washington, die Abkehr von innenpolitischen Stellungskriegen und die Hinwendung der *Christian Right* zu außenpolitischen Themen. Auch in anderer Hinsicht spielt Außenpolitik – in der eigenen Wählerkoalition – eine konsensstiftende Rolle. Mit dem Terrorismus wurde eine neue Bedrohung virulent, die ein enges Zusammenrücken im Kampf gegen den äußeren Feind notwendig erscheinen lässt.

5.2.1 Irakkrieg

Für Präsident Bush und seine Parteigänger war der Waffengang im Irak nur eine weitere Schlacht im langwierigen Krieg gegen den Terrorismus. Dennoch blieben vor der Intervention Zweifel, ob Amerika dem Kurs seines Obersten Befehlshabers geschlossen folgen würde. Die Amerikaner standen nicht einmütig hinter ihrem Präsidenten, sie waren in der Irakfrage geteilter Meinung. Angesichts der mangelnden parteiübergreifenden Unterstützung war Präsident Bush umso mehr auf den Rückhalt seiner Basis angewiesen. Es hing also sehr viel davon ab, wie er seine Anhänger auf den Waffengang gegen den irakischen Diktator einstimmte. George W. Bush assoziierte schließlich nicht nur die Lage im Irak mit der existenziellen Bedrohung Amerikas durch Massenvernichtungswaffen in den Händen von Terroristen, sondern machte seinen Landsleuten auch die historische Mission Amerikas deutlich: „Wir gehen mit Zuversicht voran, weil dieser Ruf der Geschichte das richtige Land erreicht hat. [...] Die Freiheit, die wir schätzen, ist nicht Amerikas

[41] Zitiert in: KRISTOF, NICHOLAS: The Evangelicals. International aid, for heaven's sake, in: International Herald Tribune, 22.5.2002, 6 (Übersetzung J.B.).

Geschenk an die Welt, sie ist das Geschenk Gottes an die Menschheit. Wir Amerikaner glauben an uns, aber nicht nur an uns. Wir geben nicht vor, alle Wege der Vorsehung zu kennen, aber wir vertrauen in sie, setzen unser Vertrauen in den liebenden Gott, der hinter allem Leben und der gesamten Geschichte steht. Möge Er uns jetzt leiten. Und möge Er weiterhin die Vereinigten Staaten von Amerika segnen."[42]

Besonders nach dieser kriegsvorbereitenden Rede zur Lage der Nation vom 28. Januar 2003 wurde dem Präsidenten eine merklich größere Zustimmung für seine Politik von weißen „wiedergeborenen" (*born-again*) Protestanten zuteil als vom Rest der Bevölkerung.[43] In einer weiteren Umfrage Mitte Februar 2003 wurde deutlich, dass 59% der Bevölkerung den Krieg befürworteten, darunter 70% derjenigen, die sich als „Mitglieder der religiösen Rechten" identifizierten. Neben der parteipolitischen Unterstützung spielten also auch religiöse Motive eine Rolle: 62% der Amerikaner, denen Religion „sehr wichtig" ist, unterstützten den Krieg und 49% derjenigen, denen Religion „nicht sehr wichtig" ist.[44]

Mit seiner wegweisenden Rede zur Lage der Nation wollte der *Commander in Chief* seine Anhänger auf den Waffengang vorbereiten. Seine Wortwahl mag europäische Beobachter irritieren, vielen seiner Landsleute gab sie jedenfalls Zuversicht. George W. Bush ist nicht der erste Präsident, der religiöse Rhetorik bemüht, um seine Politik zu legitimieren und Unterstützung zu mobilisieren. Gerade in Krisenzeiten – Amerika sieht sich seit dem 11. September 2001 im Krieg – fand das Bemühen um eine religiöse Sinngebung immer wieder Eingang in „historische" Reden amerikanischer Präsidenten.[45] Der amtierende Präsident (und sein Chef-Redenschreiber Michael Gerson) gibt sich den evangelikalen Christen darüber hinaus häufig durch die Wahl seiner Sprache als einen

[42] Siehe BUSH, GEORGE W.: Bericht zur Lage der Nation, 28.1.2003 (Übersetzung der amerikanischen Botschaft in Berlin, USINFO-B-DE).

[43] Siehe NEWPORT, FRANK/CARROLL, JOSEPH: Support for Bush Significantly Higher among More Religious Americans, Gallup-Umfrage-Analyse, 6.3.2003.

[44] Umfrage vom 17.–19.2.2003; siehe NEWPORT, FRANK: Support for War Modestly Higher among More Religious Americans. Those Who Identify with the Religious Right Most Likely to Favor Military Action, Gallup News Service, 27.2.2003.

[45] Vgl. JUNKER, DETLEF: Power and Mission. Was Amerika antreibt, Freiburg i. Brsg. 2003.

der Ihren zu erkennen. Diese Rhetorik ist identitätsstiftend und rückt das „von Gott beinahe auserwählte [*almost chosen*]“ Amerika (so schon Abraham Lincoln) in die unmittelbare Nähe des auserwählten Volkes Israel.

5.2.2 „Jüdisch-christliche Schicksalsgemeinschaft“

Indem Präsident Bush mit „moralischer Klarheit“ gegen Terroristen vorgeht, sehen ihn seine politischen Verbündeten auch fest an der Seite Israels – ein Kernanliegen der christlich rechten wie der jüdischen Lobby. Vor der Zäsur 9/11 fanden bei allzu deutlicher Parteinahme für Israel vielerorts und selbst im eigenen Lager kritische Stimmen Gehör, die zwischen dem nationalen Interesse Amerikas und jenem Israels differenzierten. Nach den traumatischen Anschlägen vom 11. September 2001 betonen mehr Amerikaner die „jüdisch-christliche Schicksalsgemeinschaft“ und suchen gemeinsam Sicherheit im Kampf gegen den Terrorismus. Sie fühlen sich denselben Feindseligkeiten ausgesetzt und ebenso verwundbar wie die Israelis in ihrem Heimatland. Besonders für evangelikale Christen ist das Wohlergehen Israels eine Frage der nationalen Sicherheit Amerikas: „Amerika wird keine freie Nation bleiben, wenn wir Israels Freiheit nicht verteidigen.“[46] Mit diesem Satz brachte Jerry Falwell den Kerngehalt der „jüdisch-christlichen Schicksalsgemeinschaft“ schon Anfang der achtziger Jahre zum Ausdruck. Zwanzig Jahre später sprach der republikanische Abgeordnete Tom DeLay, bekennender evangelikaler Christ aus Texas und damaliger Mehrheitsführer im Abgeordnetenhaus, erneut von dem „Schicksal, das Amerika und Israel teilen“.[47]

Viele evangelikale Protestanten sehen in der Gründung des Staats Israel ein Zeichen für die Erfüllung biblischer Weissagungen: Jesus Christus wird erst dann wiederkommen, wenn Israel in seinen alttestamentarischen Grenzen etabliert ist. Erst dann ist der Boden für den Entscheidungskampf (Armageddon) bereitet, bei dem das „Gute“ endgültig über das „Böse“ siegen wird. Auch

[46] Übersetzt aus DOBSON, ED/FALWELL, JERRY/HINDSON, EDWARD (Hg.): The Fundamentalist Phenomenon. The Resurgence of Conservative Christianity, Garden City 1981, 215.

[47] Siehe FINEMAN, HOWARD/LIPPER, TAMARA: A very mixed marriage, in: Newsweek, 2.6.2003.

wenn man dieser Eschatologie nicht folgen möchte, handelt es sich aus der Sicht des christlich Rechten Gary Bauer dennoch um eine – von der allgemeinen Bevölkerung besser nachvollziehbare – grundsätzlich moralische Angelegenheit: „Bei den christlichen Zionisten herrscht ein sehr starker Glaube an den Abraham-Bund.[48] Sie wären sehr ungehalten, wenn auch nur ein winziger Teil des Landes für ein Friedensversprechen aufgegeben würde. Ich denke, dass eine größere Gruppe von Christen ihre Opposition gegen die Preisgabe von Land eher moralisch als religiös begründet, wobei das moralische Argument lautet, dass man Bösewichtern gegenüber keine Konzessionen machen soll."[49] Christlich rechte Leitfiguren wie Gary Bauer legen ihr ganzes Gewicht in die politische Waagschale, damit gewährleistet wird, dass Israel der terroristischen Bedrohung in gleicher Manier begegnen kann wie Amerika.[50]

Das politische Interesse christlich Rechter am Heiligen Land bedeutet, dass die Pro-Israel-Lobby in den letzten zehn Jahren deutlich stärker geworden ist.[51] In Verbindung mit der ohnehin gewichtigen Lobby Israels sorgt das politische Gewicht der Christlichen Rechten dafür, dass der Handlungsspielraum der Exekutive enger wird: „Eine US-Administration, die eine harte Haltung gegenüber Israel einnehmen wollte, weiß, dass sie vom Kongress umgehend kritisiert und vielleicht auch ausgehebelt wird."[52]

5.2.3 Internationale Aids-Hilfe

Auch in der Aids-Politik betrieb die Christliche Rechte massives Lobbying und fand beim Präsidenten und seinen Beratern ein offenes Ohr: „Frühere republikanische Administrationen erwiderten häufig unsere Telefonanrufe. [...] Diese Administration hingegen ruft uns an, um uns zu fragen: ‚Was haltet ihr davon?'"[53]

[48] Der Begriff *Abrahamic Covenant*, auch „Bund am Sinai" genannt, bezeichnet Gottes Bündnis mit Abraham und seinen Nachkommen: die Segnung und Landverheißung.

[49] BAUER: Interview mit Josef Braml, 22.7.2003.

[50] Ebd.

[51] So Norman Ornstein vom American Enterprise Institute (AEI). Übersetzt aus KITFIELD, JAMES: The ties that bind and constrain, in: National Journal, 20.4.2002.

[52] Norman Ornstein übersetzt aus KITFIELD: The ties that Bind and constrain.

[53] So Richard Land, ein Vertrauter Karl Roves und Vertreter der Southern Baptist Convention. Übersetzt aus BUMILLER, ELISABETH: Evangelicals sway white house on human rights issues abroad, in: New York Times, 26.10.2003.

Das wurde auch bei der Initiative des Präsidenten deutlich, 15 Milliarden US-Dollar zur Verfügung zu stellen, davon fast zehn Milliarden neuer Mittel,[54] um in den am stärksten betroffenen Ländern Afrikas und der Karibik eine Trendwende in der Ausbreitung und Bekämpfung von Aids zu bewirken. Bei genauerem Hinsehen wird jedoch deutlich: Vor- und außereheliche Enthaltsamkeit haben in dem Gesetz oberste Priorität, ein Drittel der bilateralen Hilfe zur Aids-Prävention soll für Abstinenzprogramme verwendet werden. Es war einmal mehr der Republikanische Abgeordnete Joseph Pitts, Leiter des Value Action Team (VAT), der den entsprechenden Gesetzänderungsantrag im Abgeordnetenhaus einbrachte.[55] Des Weiteren versagte Präsident Bush dem multinationalen Globalen Hilfsfonds zur Aids-Bekämpfung (Global Fund) eine üppigere Zuweisung von Mitteln. Dafür erhalten nationale religiöse Organisationen mehr staatliche Mittel; ihnen ist es freigestellt, im Kampf gegen die Epidemie auf die Bereitstellung von Kondomen zu verzichten. Indem die Vereinigten Staaten nunmehr auf nationale Hilfskanäle (vor allem die US Agency for International Development, USAID) setzen, können sie die Art der Hilfe kontrollieren: So gehen zum Beispiel auch keine Gelder an Organisationen, die in irgendeiner Form in anderen Bereichen oder Projekten Abtreibung unterstützen.

5.2.4 Abtreibung und Entwicklungshilfe

Als eine seiner ersten Amtshandlungen reaktivierte Bush die von seinem Vorgänger Clinton außer Kraft gesetzte „Mexico-City"-Politik, wonach es USAID untersagt ist, Gelder an Organisationen zu geben, die in ihren Familienplanungsprogrammen Abtreibung nicht ausschließen. Im Juli 2003 fror die Bush-Administration den vom Kongress bewilligten[56] Beitrag von 34 Millionen US Dollar für den Weltbevölkerungsfonds (UN Population Fund, UNFPA) ein, nachdem Abtreibungsgegner dem Fonds unterstellt hatten, mit seinen Mitteln Zwangsabtreibungen und Sterilisationen in China unterstützt zu haben. Dies geschah, obwohl Außenminister Po-

[54] United States Leadership Against HIV/AIDS, Tuberculosis, and Malaria Act of 2003. P.L. 108–25, 117 Stat. 711 (H.R. 1298).

[55] Vgl. National Journal: $15 billion AIDS package clears house, in: National Journal, 5.3.2003.

[56] Fiscal Year (FY) 2002 Foreign Operations Appropriations, P.L. 107–115.

well zuvor den Anschuldigungen auf der Grundlage einer Untersuchung des State Department widersprochen hatte.[57] Im September wurden die dem UN-Bevölkerungsfonds vorenthaltenen Gelder nationalen Organisationen zugewiesen (dem Child Survival and Health Programs Fund des USAID). Ein weiterer Versuch, im Rahmen der Haushaltsgesetzgebung für die Haushaltsjahre 2004 und 2005 jeweils fünfzig Millionen US-Dollar für den UN-Bevölkerungsfonds zu autorisieren, scheiterte an der Vetodrohung des Präsidenten.[58] Insgesamt ziehen religiöse Aktivisten für ihren Präsidenten eine gute Zwischenbilanz, da sie eine „180-Grad-Wende gegenüber dem Kurs der Clinton-Delegierten" beobachten konnten.[59] Diese politischen Ergebnisse sind einerseits dem Präsidenten geschuldet; die *Christian Right* kann sie andererseits aber auch dem eigenen, pragmatischeren Engagement und ihrer Professionalisierung gutschreiben.

6. Etablierung eines religiös-moralischen Weltbildes

Wie wichtig und tragfähig ist die moralisch fundierte außenpolitische Plattform bei dem Bemühen, die Allianz der Republikaner mit der Christlichen Rechten zu festigen? Ein außenpolitischer Themenfokus ist für Amtsinhaber Bush wichtig, um dauerhafte republikanische Mehrheiten auf religiös rechter Basis zu gewährleisten. Der Kampf gegen den Terrorismus könnte neue Macht- und Wertestrukturen etablieren, die langfristig wirkmächtig bleiben: Ein derartiges religiöses Establishment würde nicht nur weiterhin versuchen, das Weltbild und den Kurs amerikanischer Außenpolitik zu beeinflussen, sondern auch für den innenpolitischen Rückhalt zur militärischen Durchsetzung seiner Werte sorgen.

Für die Strategen der Republikaner bleibt es ein schwieriger Balanceakt, die Christliche Rechte gewogen zu halten, ihr Wähler- und Wahlkampfpotenzial zu mobilisieren, ohne dabei die Un-

[57] Vgl. PURDUM, TODD: U.S. refusal on Population Fund is blow for Powell, in: International Herald Tribune, 24.7.2002, 3.

[58] Vgl. Congressional Quarterly Weekly: Fall Agenda. Foreign Relations Authorization Act, Bills: HR 1950, S 925, in: Congressional Quarterly Weekly, 30.8.2003, 2078.

[59] So Wendy Wright, Senior Policy Director der Concerned Women for America, übersetzt aus: SANGILLO, GREGG: Abortion. Going global, in: National Journal, 11.1.2003.

terstützung gemäßigter, werteliberaler Republikaner aufs Spiel zu setzen. Die Aufrechterhaltung der Allianz mit der Republikanischen Partei ist auch für die Strategen der Christlichen Rechten nach wie vor eine heikle Gratwanderung: Das Ringen um politische Macht erfordert pragmatische Zugeständnisse. Vor allem in der innenpolitischen Auseinandersetzung läuft man Gefahr, die moralischen Prinzipien preiszugeben, die zur Mobilisierung der eigenen Basis wichtig waren und die insofern eine Grundvoraussetzung für die politische Arbeit bilden. Christliche Fundamentalisten hegen strikte Überzeugungen, nach denen die Welt in Gut und Böse aufgeteilt ist; im politischen Spektrum hingegen müssen Kompromisse im pragmatischen Graubereich gefunden werden, die sich den Schwarz-Weiß-Kategorien einer dichotomen Weltsicht entziehen.

Konsensfähige außenpolitische Themen sind wichtig, um eine dauerhafte Koalition zu schmieden. Besonders Fragen der nationalen Sicherheit bieten eine tragfähige Plattform, auf der sich konservative Eliten und Wähler verschiedener Richtungen versammeln können – und ein Bindemittel, um die Kohäsion einer breiteren dauerhaften republikanischen Mehrheit zu gewährleisten. Angesichts der terroristischen Bedrohung scheint ein inneres Zusammenrücken im Kampf gegen den äußeren Feind notwendig. Laut Präsident Bush haben die Terroristen vom 11. September den „*American way of life*“ angegriffen, einen Weg, der von Gott vorgezeichnet sei. Amerika fühlt sich zwar angeschlagen, aber dennoch gewappnet und ist sich gewiss, unter der starken Führung seines Präsidenten das „Böse“ zu besiegen.

Karl Rove, der strategische Kopf der Republikaner und Vertraute des Präsidenten, versucht, eine permanente republikanische Mehrheit aufzubauen. Diese strukturelle Mehrheit würde ein *realignment*, eine dauerhafte Veränderung der Wählerstruktur und damit des Wahlverhaltens, voraussetzen.[60] Sie vollzöge sich neben wirtschaftlichen und werteorientierten Fragen vor allem im

[60] Da der Begriff *realignment* im gängigen Sinne eine bleibende Veränderung beschreibt, ist ein sicherer Befund erst ex post möglich. Man kann aber dennoch strukturelle Faktoren analysieren und auf ein entsprechendes Potenzial hinweisen. Siehe SUNDQUIST, JAMES: Dynamics of the Party System. Alignment and Realignment of Political Parties in the United States, Washington, D.C., 1993, 5–6.

Hinblick auf Themen der nationalen Sicherheit. Die Sicherheitsbedrohung bot dem Präsidenten eine Gelegenheit, in Wahlkämpfen für seine entschlossene Politik gegen den Terrorismus zu werben. Das Thema der nationalen Sicherheit war entscheidend bei den Zwischenwahlen 2002, bei den Wahlen 2004 und wird auch künftig Priorität im Kalkül der Wähler und Wahlstrategen der Republikaner haben.

Die politische Sprengkraft der Anschläge vom 11. September 2001 wird umso deutlicher erkennbar, wenn man sich vergegenwärtigt, dass frühere massive Umstrukturierungen von Parteiloyalitäten im Gefolge nationaler Krisen erfolgten.[61] Zu einer Wählerschaft von dreißig Millionen Menschen, die im Sicherheitssektor ihren Lebensunterhalt verdienen,[62] kommen nunmehr jene unzähligen Amerikaner hinzu, die um ihr Leben fürchten. Das Datum „Nine Eleven“ – die neue Bedrohungslage und deren Perzeption – könnte durchaus tektonische Verschiebungen in der Wählerstruktur zeitigen, wenn es dem Präsidenten und seiner Partei in den Augen der Amerikaner gelingt, entschlossen im Kampf gegen den Terrorismus zu handeln und das Land vor weiteren Angriffen zu schützen. Für den wahrscheinlichen Fall, dass sich der Kampf gegen den Terrorismus noch lange hinziehen wird, werden die Wahlkampfstrategen der Republikaner und vor allem die Christliche Rechte sicherheitspolitische „Existenzfragen“ sowie moralische und religiöse Themen im Zentrum der politischen Agenda zu halten versuchen und damit auch den Rahmen für die Auseinandersetzung um die politische Macht in den Vereinigten Staaten festlegen.

Aus der historisch fundierten Perspektive Walter Russell Meads vom Council on Foreign Relations, eine der scharfsinnigsten Beobachter amerikanischer Außenpolitik, ist das politische Erstarken konservativer evangelikaler und fundamentalistisch-religiöser Bewegungen eine der bedeutsamsten kulturellen Entwicklungen in den Vereinigten Staaten. Sie bildet die Grundlage für ein neuartiges (außen)politisches Establishment. Dieses neue religiöse

[61] Siehe CLUBB, JEROME/FLANIGAN, WILLIAM/ZINGALE, NANCY: Partisan Realignment. Voters, Parties, and Government in American History, Beverly Hills 1980.

[62] Siehe ALLIN, DANA/GORDON, PHILIP/O'HANLON, MICHAEL: The Democratic Party and foreign policy, in: World Policy Journal 20/1 (2003), 7–16.

Establishment werde zusehends versuchen, seiner Weltsicht politische und militärische Kraft zu verleihen: „In dem Maße, wie sich amerikanische Außenpolitik um den Kampf mit Fanatikern im Mittleren und Nahen Osten [*Middle East*] dreht, die ihrerseits daran glauben, einen religiösen Krieg gegen die Vereinigten Staaten zu führen, wird die religiöse Führung konservativer Protestanten eine Hauptrolle dabei spielen, die Werte und Ideen zu artikulieren, für die viele Amerikaner bereit sein werden zu kämpfen."[63] Damit bleiben Faktoren eines möglichen *realignment* im nationalen wie internationalen Kontext wirksam.[64] Die Machtsymbiose zwischen der religiösen Rechten und den Republikanern würde Sinn machen: Sie könnte ein polarisierendes Weltbild in der amerikanischen politischen Auseinandersetzung etablieren, das Fernwirkungen auf die reale Welt haben wird.

[63] Siehe MEAD, WALTER RUSSELL: Power, Terror, Peace, and War. America's Grand Strategy in a World at Risk, New York 2004, 95.

[64] Die christlich rechte Unterstützung kann laut Ernst-Otto Czempiel auch zur innenpolitischen Legitimierung einer „Ideologie amerikanischer Weltführung" genutzt werden: „Während der christliche Fundamentalismus das politische Vorhaben in eine theologisierte Weltsicht einordnete, in der nicht um Interessen, sondern um Werte gekämpft wurde, setzte die neokonservative Führungsgruppe das durch die Moralisierung unanfechtbar und selbstimmunisierend gewordene Konzept in konkrete Außenpolitik um." Siehe CZEMPIEL, ERNST-OTTO: Die Außenpolitik der Regierung George W. Bush, in: Aus Politik und Zeitgeschichte (APuZ), B45/2004, 16–23, hier 16.